Verfassungsidentität und Ewigkeitsgarantie

# SCHRIFTEN
# zum internationalen und zum öffentlichen
# RECHT

Herausgegeben von Gilbert Gornig

Band 101

PETER LANG
Frankfurt am Main · Berlin · Bern · Bruxelles · New York · Oxford · Wien

Karlheinz Rode

# Verfassungsidentität und Ewigkeitsgarantie

## Anmerkungen zu einem Mythos der Deutschen Staatsrechtslehre

PETER LANG
Internationaler Verlag der Wissenschaften

**Bibliografische Information der Deutschen Nationalbibliothek**
Die Deutsche Nationalbibliothek verzeichnet diese Publikation in der Deutschen Nationalbibliografie; detaillierte bibliografische Daten sind im Internet über http://dnb.d-nb.de abrufbar.

Gedruckt auf alterungsbeständigem,
säurefreiem Papier.

ISSN 0943-173X
ISBN 978-3-631-62138-7



www.peterlang.de

**Meiner Frau**

## Vorwort

Die vorliegende Studie entstand aufgrund von Anregungen einiger Leser meines 2010 erschienenen Buches zur Rechtsbindung von Staatszielbestimmungen. Eine zentrale Frage, die sich aus dem zu dieser Zeit gerade heftigst diskutierten Lissabon–Urteil ergab, konnte ich angesichts der damals anstehenden Fragestellungen nicht hinreichend beantworten.

Gemeint sind die literarischen Aussagen und die Rechtsprechung des Bundesverfassungsgerichts zur „Verfassungsidentität", zur „Integrationsverantwortung" und zur berühmten „Ewigkeitsklausel". Die jetzige Untersuchung soll dies nachholen.

Sie konnte – wieder einmal – nur Gestalt annehmen mit der tatkräftigen und kompetenten Mitarbeit von Frau Erika Heydel, Müllrose, am Computer. Ich bin ihr zu tiefem Dank verpflichtet.

Dank schulde ich außerdem Frau cand. jur. Christina Münstermann, die mir bei der Arbeit mit der Literatur, der Anlage des Literaturverzeichnisses und ähnlichen Dingen tatkräftig zur Seite gestanden hat.

Berlin, im August 2011

K. Rode

## Inhaltsverzeichnis

## Abkürzungen

| | |
|---|---|
| aaO. | am angegebenen Ort |
| Abs. Abs.-Nr. | Absatz , Abs.-Nr. |
| a. M. | Anderer Meinung |
| a. F. | Alte Fassung |
| Anm. | Anmerkung |
| AÖR | Archiv des Öffentlichen Rechts |
| APuZ | Aus Politik und Zeitgeschichte |
| Art. | Artikel |
| Aufl. | Auflage |
| BayVBl. | Bayerische Verwaltungsblätter |
| Bd. | Band |
| BGBl. | Bundesgesetzblatt |
| BGBl. I | Bundesgesetzblatt Teil I |
| BGBl. II | Bundesgesetzblatt Teil II |
| BT-Drs. | Verhandlungen des Deutschen Bundestages/Drucksachen |
| BVerfG | Bundesverfassungsgericht |
| BVerfGE | [Sammlung der] Entscheidungen des Bundesverfassungsgerichts |
| BVerwGE | [Sammlung der] Entscheidungen des Bundesverwaltungsgerichts |
| Diss. | Dissertation |
| DJZ | Deutsche Juristen-Zeitung |
| DÖV | Die Öffentliche Verwaltung |
| DtZ | Deutsch-deutsche Rechts-Zeitung |
| DuR | Demokratie und Recht |
| DVBl. | Deutsches Verwaltungsblatt |
| EA | Europa-Archiv |
| EVG | Europäische Verteidigungsgemeinschaft |
| f | folgende [Seite] |
| ff | folgende [Seiten] |
| Fn. | Fußnote |
| GG | Grundgesetz |
| HbStR | Handbuch des Staatsrechts der BRD |
| Hrsg. | Herausgeber |
| JA | Juristische Arbeitsblätter |

| | |
|---|---|
| JÖR NF | Jahrbuch des Öffentlichen Rechts der Gegenwart Neue Folge |
| Jura | Juristische Ausbildung |
| JuS | Juristische Schulung |
| JW | Juristische Wochenschrift |
| JZ | Juristenzeitung |
| Kap. | Kapitel |
| MDR | Monatsschrift für deutsches Recht |
| MDHS | Maunz,Theodor/Dürig,Günter/Herzog,Roman/Scholz,Rupert |
| M./K. | von Münch, Ingo/Kunig, Phillip |
| v. M/Kl. | von Mangoldt, Hermann /Klein,Friedrich |
| m. w. N. | mit weiteren Nachweisen |
| n. F. | neue Fassung |
| NJW | Neue Juristische Wochenschrift |
| Nr. | Nummer |
| NSDAP | Nationalsozialistische Deutsche Arbeiterpartei |
| RG | Reichsgericht |
| Rn. | Randnummer |
| S. | Seite/Satz |
| SJZ | Schweizerische Juristenzeitung |
| Sp. | Spalte |
| u. a. | und andere |
| VerwA | Verwaltungsarchiv |
| vgl. | vergleiche |
| VVDStRL | Veröffentlichungen der Vereinigung der Deutschen Staatsrechtslehrer |
| WRV | Weimarer Reichsverfassung (Verfassung des Deutschen Reichs vom 11. August 1919) |
| ZfP | Zeitschrift für Politik |
| ZParl | Zeitschrift für Parlamentsfragen |
| ZRP | Zeitschrift für Rechtspolitik |

## Kommentare

Dreier (Hrsg.), Grundgesetzkommentar, zitiert: Bearbeiter in Dreier, GG

Bonner Kommentar, zitiert: Bearbeiter in BK

v. Mangoldt, Herman / Klein, Friedrich / Starck, Christian, Das Bonner Grundgesetz, Bd. 1, 4. Aufl. 1999, zitiert: Bearbeiter in v. Mangoldt/Klein/Starck

Sachs (Hrsg), Grundgesetz Kommentar, 3. Aufl. 2003 GG, zitiert: Bearbeiter in Sachs

v. Münch, Ingo / Kunig, Philip (Hrsg.) Grundgesetz-Kommentar, zitiert: Bearbeiter in v. Münch, Kunig

Schmidt–Bleibtreu, Bruno / Klein, Franz, Kommentar zu Grundgesetz, 9. Aufl., 1999, zitiert: Bearbeiter in Schmidt-Bleibtreu/Klein

# Einleitung

Mit seinem Lissabon–Urteil hat das Bundesverfassungsgericht – neben anderen - zwei verwunderliche Formulierungen an die Oberfläche der staatsrechtlichen Begriffsflut gespült: Die eine, die sogenannte „Verfassungsidentität“, bezieht sich offenbar auf die vermeintlich unabänderlichen Rechtsinhalte des Art 79 Abs. 3 GG, die andere auf die sich aus diesen Inhalten ergebende so genannte „Integrationsverantwortung“ deutscher Stellen mit der damit verbundenen „Identitätskontrolle“ - ganz vorrangig aber die des Gerichts selbst im Rahmen der Verwirklichung eines vereinten Europas.

Obwohl sich gerade aus dieser „Integrationsverantwortung“ bereits knapp ein Jahr nach dem Lissabon–Urteil mit dem „Mangoldt–Urteil“ desselben Senats der erste nicht unerwartete Eklat ergab, soll das Schwergewicht der vorliegenden Studie beim Begriff der „Verfassungsidentität“ und der damit verbundenen „Identitätskontrolle“ liegen. Wie kaum ein anderer des Grundgesetzes dürften diese Begriffe ideologisch vorbelastet sein. Und dies seit mehr als 220 Jahren, obwohl es die Wörter selbst in jener Zeit überhaupt noch nicht gab.

Zur Blüte gelangte der Begriff der Verfassungsidentität in den 90er Jahren des vergangenen Jahrhunderts. Verdächtigt ist – der Verfasser mag sich irren - *Paul Kirchhof* mit seinem Aufsatz „Die Identität der Verfassung in ihren unabänderlichen Inhalten“.

Was *Kirchhof* mit philosophischer Verklärung beschreibt, ist der uralte und allgemein bekannte Mythos der Ewigkeitsklausel, wie auch immer dieser „universale Menschheitsgedanke“ wie ein Meteorit in das Grundgesetz hineingelangt ist.

Nach weitaus überwiegender Meinung hält man ihn jedenfalls für ein Etwas, das man nur schwer wieder los wird. Denn – soweit ist *Kirchhof* Recht zu geben - „Verfassung ist Maßstab für werdendes Recht“ und „gibt keine positivrechtliche Erkenntnisquelle für sein Entstehen“. *Kirchhofs* Konsequenz „aus diesem verfassungsjuristischen Axiom“ ist allerdings aufsehenerregend: „Art. 79 Abs. 3 GG unterbindet die Frage nach dem Ursprung und Anfang des Verfassungsgesetzes“. Das ist zumindest erstaunlich, denn *Kirchhof* hatte die Frage des Entstehens von Verfassungen, also doch auch des Anfangs des Verfassungsgesetzes, gerade im Vorkapitel gestellt und ausführlich beantwortet. Aber immerhin, man wird an Thesen der Astrophysik von Urknall und Relativitätstheorie erinnert.

Und man glaubt bald selbst, dass – wie *Kirchhof* meint - „das Verfassungsgesetz sodann an die Grenzen menschlicher Verstehensfähigkeit“ stoße.

Man fragt sich, wieso eigentlich? Denn er beschreibt doch selbst sehr bald altbekannte Vorstellungen, die zwar der Robustheit der Thesen *Carl Schmitts* und *Sieyès`* entkleidet sind, im Ergebnis und in den Rechtsfolgen aber auf dasselbe hinaus laufen. Der Urgeist des pouvoir constituant ist wie vor mehr als zweihundert Jahren – allerdings in einem anderen Aggregatzustand – nämlich als „Sprachbild“, von dem man nicht erkennen kann, ob ihm überhaupt eine, und wenn, dann welche, normative Funktion zukommt. Als „Umschreibung der Rechtserzeugungsquelle fingiert(!) es, dass es die Verfassungsgebung im Handeln einer Nationalversammlung oder eines Staatsvolkes ihren Entstehungsgrund habe“. Genau eine solche „Fiktion der Wirklichkeit“ hatte *Kelsen* als logisch verfehlt *Georg Jellinek* im Zusammenhang mit dem Problem des Staatswillens bereits vor hundert Jahren vorgeworfen.

Im Lissabon–Urteil geht das Bundesverfassungsgericht weniger subtil mit dem Begriff der „verfassungsgebenden Gewalt des Volkes um und beschreibt die „Verfassungsidentität“, nämlich die Ewigkeitsklausel des Art. 79 Abs. 3 GG, gewohnt apodiktisch.

„Die Verletzung der in Art. 79 Abs. 3 GG festgelegten „Verfassungsidentität“ ist aus der Sicht des Demokratieprinzips zugleich ein Übergriff in die verfassungsgebende Gewalt des Volkes. Die verfassungsgebende Gewalt hat insofern den Vertretern und Organen des Volkes kein Mandat erteilt, über die Verfassungsidentität zu verfügen. Keinem Verfassungsorgan ist die Kompetenz eingeräumt, die nach Art. 79 Abs. 3 GG grundlegenden Verfassungsprinzipien zu verändern. Darüber wacht das Bundesverfassungsgericht. Mit der so genannten Ewigkeitsgarantie reagiert das Grundgesetz einerseits auf historische Erfahrungen einer schleichenden oder auch abrupten Aushöhlung der freiheitlichen Substanz einer demokratischen Grundordnung. Es macht aber auch deutlich, dass die Verfassung der Deutschen in Übereinstimmung mit der internationalen Entwicklung gerade auch seit Bestehen der Vereinten Nationen einen universellen Grund besitzt, der durch positives Recht nicht veränderbar sein soll.“

Damit ist der Begriff der „Verfassungsidentität“, sieht man einmal von einem marginalen Verweis im Maastricht-Urteil ab, in die höchstrichterliche Rechtsprechung eingeführt. Welche Dimensionen er entwickeln kann, ahnt man, liest man den vorangehenden Absatz des Urteils:

„Ob diese Bindung schon wegen der Universalität von Würde, Freiheit und Gleichheit sogar für die verfassungsgebende Gewalt gilt, also für den Fall, dass das deutsche Volk in freier Selbstbestimmung, aber in einer Legalitätskontinuität zur Herrschaftsordnung des Grundgesetzes sich eine neue Verfassung gibt (vgl. *Isensee*, in: *Isensee/Kirchhof*, HStR VII, 1992, § 166 Rn. 61 ff; *Moelle*, Der Verfassungsbeschluss nach Art. 146 GG, 1996, S. 73 ff; *Stückrath*, Art. 146 GG: Verfassungsablösung zwischen Legalität und Legitimität, 1997, S. 240 ff; vgl. auch BVerfG 89, 155 < 180 >), kann offen bleiben. Innerhalb der Ordnung des Grundgesetzes jedenfalls sind die Staatsstrukturprinzipien des Art. 20 GG, also die Demokratie, die Rechts- und Sozialstaatlichkeit, die Republik, der Bundesstaat sowie die für die Achtung der Menschenwürde unentbehrliche Substanz elementarer Grundrechte in ihrer prinzipiellen Qualität jeder Änderung entzogen.“

Auch ohne sich die geistesgeschichtlichen und rechtsphilosophischen Hintergründe dieses Verfassungsverständnisses im Einzelnen sofort vor Augen zu führen, erkennt man die problembeladene und äußerst fragwürdige Position des höchsten deutschen Gerichts, besetzt mit acht Richtern, die sogar des öfteren diese Positionen nicht einmal einheitlich vertreten: Für umfangreiche Bereiche, soweit sie den Föderalismus und die in Art. 1 und 20 GG niedergelegten Grundsätze berühren, wird die – wie man meinen könnte - selbstverständliche Auseinandersetzung der demokratischen politischen Kräfte im Staat aufgehoben und eine entsprechende Gesetzgebung unter Hinweis auf die berühmte „Ewigkeitsgarantie“ des Art.79 Abs. 3 GG mit der sich dahinter verbergenden nicht in Frage gestellten, nahezu omnipotenten „verfassungsgebenden Gewalt des Volkes“ verboten. Vor Zeiten soll diese „Gewalt“ einmal als reales Phänomen gewirkt, eine möglicherweise auf alle Zeiten hinaus unantastbare Verfassung erzeugt und mit bestimmten unanfechtbaren Regeln versehen haben.

Diese fast geisterhafte Kraft wird heute nicht nur vom Bundesverfassungsgericht, sondern auch von einer weit verbreiteten „herrschenden Lehre“ als „pouvoir constituant“ bezeichnet. Obwohl dieser Begriff erst gegen Ende des 18. Jahrhunderts entstanden ist, empfindet man den Hauch des Mittelalters. *Frank Schorkopf* (Staat und Recht, vom 16.7.2009) spricht von einer „unverfügbaren, apriorische Konstitution“ unseres Staates.

Es wird sich im Laufe der Untersuchung zeigen, dass das dem Begriff des „pouvoir constituant“ zugrunde liegende Gedankenmaterial schwer befrachtet ist mit ideologischen Vorstellungen unterschiedlichster Art. Sie sind nicht geeignet, wissenschaftliche Aussagen mit dem Anspruch rationaler Kontrollierbarkeit intellektuell zu begründen.

Denn nach dem Lissabon-Urteil des Bundesverfassungsgerichts ist vor allem ein Weiteres zu beachten: Was und welche gedanklichen Inhalte dieser pouvoir constituant im Einzelnen geregelt hat, bestimmt im Wesentlichen als „Wächter“ - wenn andere Organe versagen - das Bundesverfassungsgericht selbst im Rahmen seiner Integrationsverantwortung“, und die wieder vor dem Hintergrund und dem Gewicht des § 31 BVerfGG.

Das Gericht bringt also deutlich zum Ausdruck, dass es, wenn die anderen Staatsorgane die Ihnen insoweit obliegenden Pflichten nicht hinreichend wahrnehmen, nur selbst befugt ist, im Zusammenhang mit der Europäischen Vereinigung jene Grenzen zu prüfen und inhaltlich zu bestimmen, die gemäß Art. 79 Abs. 3 GG der pouvoir constituant der deutschen Politik verfassungsrechtlich gesetzt hat, mit anderen Worten, auf welche Weise die durch diese Vorschrift zu beachtende „Verfassungsidentität" der Bundesrepublik Deutschland gewahrt bleibt und auf welche Weise nicht. Das bedeutet weiter, dass das Bundesverfassungsgericht angesichts des § 31 BVerfGG mit letzter Verbindlichkeit über die Tatbestandsinhalte des Art. 79 Abs. 3 GG, d. h. über den deutschen Föderalismus, über Begriffe wie Menschenwürde, Menschenrechte, Republik, Demokratie, Sozialstaatlichkeit und Bundesstaatlichkeit entscheidet und damit den Gesetzgeber jederzeit in seinem Sinne zu korrigieren vermag. In einem demokratischen Staatswesen ist das fürwahr eine außerordentliche Kompetenz, deren Problematik nicht zuletzt in der juristischen Interpretation von z. T. undefinierbaren und schwer konkretisierbaren Verfassungsbegriffen wie den oben genannten angelegt ist. Sie wird einen zentralen Punkt der vorliegenden Studie ausmachen.

Im Untertitel nennt der Verfasser das derzeitig überwiegende Verständnis des Art. 79 Abs. 3 GG „einen Mythos der deutschen Staatsrechtslehre". Das wird im Einzelnen nachzuweisen sein, bedarf an dieser Stelle jedoch angesichts der vielfältigen und mehrdeutigen Verwendung des Wortes Mythos eines kurzen Hinweises: Seit der Antike verbindet man mit dem Wort Erzählungen von Göttern, Helden und ähnlichen irdischen und überirdischen Gestalten, die, aus welchen Gründen auch immer, einen besonderen positiven oder negativen Rang einnehmen und dadurch Vorbildfunktionen bzw. das Gegenteil gewinnen.

Diese Bedeutung gibt es zwar auch heute noch, jedoch hat sich die Begrifflichkeit in unterschiedliche Spielarten aufgespalten, die hier nicht von Interesse sind. Wenn die vorliegende Studie von „Mythos" spricht, ist in einem verengenden Sinne der so genannte „politische Mythos" gemeint, wie er in jüngerer Zeit vor allem von Medienwissenschaftlern entwickelt worden ist, und zwar häufig unter Bezugnahme auf historische Personen oder historische Ereignisse, die ein „sinn- oder identitätsstiftendes" Wirkungspotential in sich tragen, das sich plötzlich oder allmählich zu unwiderstehlicher und unwidersprochener Geltungskraft entfaltet.

Die tatsächlichen Ereignisse werden kaum noch empirisch nachgeprüft und verlieren mit der Zeit auf diese Weise immer mehr an Profil und Substanz. Was bleibt ist das scheinbar sinn- und identitätsstiftende Gedankenmaterial, das in Politik und Rechtswissenschaft dann nicht selten vermeintlich saubere wissenschaftliche Begründungen zu liefern vermag.

Einen solchen „sinn- und identitätsstiftenden" Mythos gibt es auch in Bezug auf Art. 79 Abs. 3 GG. Er ist jedem Verfassungsrechtler bekannt und hat auch zum Begriff der „Verfassungsidentität" seinen Beitrag geleistet. Es ist die Geschichte des 1748 in Frejus geborenen *Emmanuel Joseph Sieyès*, eines Priesters und bischöflichen Generalvikars sowie – als Vertreter des Klerus seiner Diözese – Mitglied der Provinzialstände der Provinz Orleanais. Seine im Januar 1789 erschienene revolutionäre Kampfschrift „Qu èst – ce que le Tiers Etat?" (Was ist der Dritte Stand?) wurde rasch zu einem fast märchenhaften „Bestseller" und ermöglichte ihrem Autor einen ebenso märchenhaften Aufstieg in den verschiedensten Staatsorganen der Französischen Revolution. Die zahlreichen widerspruchsvollen Umstände seiner großen Karriere bis zu seinem Tode im Jahr 1836 gerieten in der Folgezeit mehr oder weniger aus dem Blickwinkel der Staatstheoretiker.

Die größte Anerkennung erfuhr *Sieyès* dann aber viele Jahre später im Verein mit dem 140 Jahre später geborenen *Carl Schmitt* in Deutschland. Über dessen 1928 publizierte „Verfassungslehre" gewinnen seine Überlegungen dann (allerdings erst nach dem zweiten Weltkrieg) überraschend einen immensen Einfluss auf die heute herrschende Lehre und Rechtsprechung zum Grundgesetz, vor allem zur Präambel und zu Art. 79 Abs. 3 GG. Darauf wird im Folgenden eingehend zurückzukommen sein, denn erst die Enttarnung dieses Mythos ermöglicht einen klaren Blick auf die so genannte „Ewigkeitsklausel".

Schließlich noch einige wenige Bemerkungen zur gedanklichen Anlage der Studie: Berücksichtigt man die Tatsache, dass zentrales Argumentationsmaterial konkret zur Ausgangsfrage sich über heute mehr als 220 Jahre erstreckt, dass Literatur und Rechtsprechung des Bundesverfassungsgerichts sich in hohem Maße zusätzlich immer wieder auf noch viel ältere naturrechtliche Gedankengänge berufen und man in den Kontexten selten erfährt, welche Spielarten solcher Positionen rechtsphilosophisch eigentlich gemeint sind, konnte es kaum gelingen, eine streng deduktive Gedankenführung und Argumentationskette durchzuhalten. Es blieb zwar der Anknüpfungspunkt – die möglichst einsichtige Interpretation des Art. 79 Abs. 3 GG – immer derselbe. Die vorhandenen Stellungnahmen aber auch rechtliche Sachverhalte zu Details sind aber so vielfältig, dass sie sich einer exakt deduktiv angelegten Ordnung entziehen. Soweit der Verfasser dem Rechnung tragen musste, hat er sich zu singulären Fragestellungen, wenn es nicht zu vermeiden war, mit ebenso singulären „Anmerkungen" begnügt.

Dass der Untertitel dieser Studie von „Anmerkungen" spricht, soll aber über das Gesagte hinaus noch ein Weiteres andeuten: Art. 79 Abs. 3 GG ist und bleibt eine der rätselhaftesten Vorschriften unseres Grundgesetzes, genau so rätselhaft wie die Sicherheit, mit der einige Autoren, aber auch das Bundesverfassungsgericht ihre Interpretationen verkünden. Der Verfasser meint zwar, das Problem einer vertretbaren Lösung zugeführt zu haben. Dennoch verbleibt ein rational nicht zu beschreibendes „Gefühl“ des Vorbehalts. Aber vielleicht ist dies nur das berechtigte Gefühl für die inzwischen gewonnene Einsicht in die Subjektivität jeder wissenschaftlichen Aussage.

## Erster Abschnitt

## A Terminologie und Thesen des Bundesverfassungsgerichts zur „Verfassungsidentität" und „Integrationsverantwortung" im Lissabon-Urteil

Die in der Studie zum Ausdruck kommende nicht unerhebliche Kritik an der Rechtsprechung des Bundesverfassungsgerichts verlangt zunächst – schon aus Gründen der Fairness – die genaue Kenntnisnahme dessen, was das Gericht in seiner Rechtsprechung, vor allem im Lissabon-Urteil wörtlich gesagt hat[1].

Zur so genannten „Verfassungsidentität" heißt es dort[2] zu Anfang: „Das demokratische Prinzip ist nicht abwägungsfähig; es ist unantastbar (vgl. BVerfGE 89, 155 <182>). Die verfassungsgebende Gewalt der Deutschen, die sich das Grundgesetz gab, wollte jeder künftigen politischen Entwicklung eine unübersteigbare Grenze setzen. Eine Änderung des Grundgesetzes, durch welche die in Art. 1 und Art. 20 GG niedergelegten Grundsätze berührt werden, ist unzulässig (Art. 79 Abs. 3 GG). Mit der so genannten Ewigkeitsgarantie wird die Verfügung über die Identität der freiheitlichen Verfassungsordnung selbst dem verfassungsändernden Gesetzgeber aus der Hand genommen. Das Grundgesetz setzt damit die souveräne Staatlichkeit Deutschlands nicht nur voraus, sondern garantiert sie auch.

Das Gericht fährt dann fort:[3] „Die Verletzung der in Art. 79 Abs. 3 GG festgelegten Verfassungsidentität ist aus der Sicht des Demokratieprinzips zugleich ein Übergriff in die verfassungsgebende Gewalt des Volkes. Die verfassungsgebende Gewalt hat insofern den Vertretern und Organen des Volkes kein Mandat erteilt, über die Verfassungsidentität zu verfügen. Keinem Verfassungsorgan ist die Kompetenz eingeräumt, die nach Art. 79 Abs. 3 GG grundlegenden Verfassungsprinzipien zu verändern. Darüber wacht das Bundesverfassungsgericht.

---

[1] BVerfGE 123, 267 ff = NJW 2009, 2267 ff; das Urteil wird im Folgenden zitiert mit Abs.-Nr. nach http: //www.bverfg.de/entscheidungen/es20090630 2bve000208.html; zur Weiterentwicklung vgl. die Mangoldt-Entscheidung EuGH, NJW 2005, 369 ff und BVerfG, Beschluss vom 6.7.2010, 2 BvR 2661/06; dazu *Bauer*, NJW 2006, 6 ff; *Wuermeling,* in Europa- Professionell vom 30.8.2010; *Rath,* taz vom 26.8.2010.

[2] Abs.-Nr. 216 unter Hinweis auf BVerfGE 89, 155 ff (182).

[3] Abs.-Nr. 218.

Mit der so genannten Ewigkeitsgarantie reagiert das Grundgesetz einerseits auf historische Erfahrungen einer schleichenden oder auch abrupten Aushöhlung der freiheitlichen Substanz einer demokratischen Grundordnung. Es macht aber auch deutlich, dass die Verfassung der Deutschen in Übereinstimmung mit der internationalen Entwicklung gerade auch seit Bestehen der Vereinten Nationen einen universellen Grund besitzt, der durch positives Recht nicht veränderbar sein soll.[4]

Wie weit diese bindende Wirkung nach Ansicht des Gerichts geht bzw. gehen könnte, wird schon in Abs.-Nr. 217 festgestellt:[5] „Ob diese Bindung schon wegen der Universalität von Würde, Freiheit und Gleichheit sogar für die verfassungsgebende Gewalt gilt, also für den Fall, dass das deutsche Volk in freier Selbstbestimmung, aber in einer Legalitätskontinuität zur Herrschaftsordnung des Grundgesetzes sich eine neue Verfassung gibt (vgl. *Isensee*, in: *Isensee/Kirchhof*, HStR VII, 1992, § 166 Rn. 61 ff; *Moelle*, Der Verfassungsbeschluss nach Art. 146 GG, 1996, S. 73 ff; *Stückrath*, Art. 146 GG: Verfassungsablösung zwischen Legalität und Legitimität, 1997, S. 240 ff; vgl. auch BVerfGE 89, 155 <180>)[6], kann offen bleiben. Innerhalb der Ordnung des Grundgesetzes jedenfalls sind die Staatsstrukturprinzipien des Art. 20 GG, also die Demokratie, die Rechts- und die Sozialstaatlichkeit, die Republik, der Bundesstaat sowie die für die Achtung der Menschenwürde unentbehrliche Substanz elementarer Grundrechte in ihrer prinzipiellen Qualität jeder Änderung entzogen."

Schließlich folgt im Zusammenhang mit der vom Gericht ebenfalls herausgestellten „Europafreundlichkeit"[7] des Grundgesetzes, deren Problematik hier nicht weiter nachgegangen werden soll, der Verweis auf die Begrenzung integrationspolitischer Rechtshandlungen durch die Verfassungsidentität des Art. 79 Abs. 3 GG.[8]

„Die Ermächtigung zur europäischen Integration erlaubt eine andere Gestaltung politischer Willensbildung als sie das Grundgesetz für die deutsche Verfassungsordnung bestimmt. Dies gilt bis zur Grenze der unverfügbaren Verfassungsidentität (Art. 79 Abs. 3 GG). Der Grundsatz der demokratischen Selbstbestimmung und der gleichheitsgerechten Teilhabe an der öffentlichen Gewalt bleibt auch durch den Friedens- und Integrationsauftrag des Grundgesetzes sowie den verfassungsrechtlichen Grundsatz der Völkerrechtsfreundlichkeit (vgl.

---

4 Abs.-Nr. 218.

5 Abs.-Nr. 217.

6 Authentische Zitate des Bundesverfassungsgerichts in Abs.-Nr. 217.

7 Dazu Rode, Rechtsbindung, S.164 ff.

8 Abs.-Nr. 228 ff.

BVerfGE 31, 58 <75 f>; 111, 307 <317>; 112, 1 <26>; BVerfGK 9, 174 <186>) unangetastet.[9]

Gewisse materiale Inhalte dieser Begrenzung der Regelungsgewalt des Gesetzgebers, also solche, zu deren Übertragung an die EU deutsche Stellen nicht befugt sind, erfährt man erst in Zusammenhang mit dem ebenfalls neu eingeführten Begriff der „Integrationsverantwortung“ und deren Auswirkung auf die Einzelermächtigungsbestimmungen der europäischen Verträge. „Das Grundgesetz kann nach Art. 23 Abs. 1 S. 3 GG an die Entwicklung der Europäischen Union angepasst werden; zugleich wird dieser Möglichkeit durch Art. 79 Abs. 3 GG, auf den die Norm verweist, eine absolute Grenze gesetzt. Der durch Art. 79 Abs. 3 GG geschützte Mindeststandard darf auch durch die Einbindung Deutschlands in überstaatliche Strukturen nicht unterschritten werden.“[10]

Deshalb kann es - „nach Maßgabe der Integrationsermächtigung des Art. 23 Abs. 1 GG in Verbindung mit der Präambel, Art. 20, Art. 79 Abs. 3 und Art. 146 GG - für die europäische Unionsgewalt kein eigenständiges Legitimationssubjekt geben, das sich unabgeleitet von fremdem Willen und damit aus eigenem Recht gleichsam auf höherer Ebene verfassen könnte“.[11]

„Der unübertragbaren und insoweit integrationsfesten Identität der Verfassung (Art. 79 Abs. 3 GG) entspricht die europarechtliche Pflicht, die verfassungsgebende Gewalt der Mitgliedstaaten als Herren der Verträge zu achten. Das Bundesverfassungsgericht hat im Rahmen seiner Zuständigkeit gegebenenfalls zu prüfen, ob diese Prinzipien gewahrt sind.“[12] Allerdings obliegt[13] den deutschen Staatsorganen eine dauerhafte Integrationsverantwortung

Es ist deshalb von Verfassungs wegen gefordert, entweder dynamische Vertragsvorschriften mit Blankettcharakter nicht zu vereinbaren oder, wenn sie noch in einer Weise ausgelegt werden können, die die nationale Integrationsverantwortung wahrt, jedenfalls geeignete innerstaatliche Sicherungen zur effektiven Wahrnehmung dieser Verantwortung zu treffen. Das Zustimmungsgesetz und die innerstaatliche Begleitgesetzgebung müssen demnach so beschaffen sein, dass die europäische Integration weiter nach dem Prinzip der begrenzten Einzelermächtigung erfolgt, ohne dass für die Europäische Union die Möglichkeit besteht, sich der Kompetenz-Kompetenz zu bemächtigen oder die integrationsfeste Verfassungsidentität der Mitgliedstaaten, hier des Grundgesetzes, zu verletzen.

---

[9] Abs.-Nr. 229 ff.

[10] Abs.-Nr. 219.

[11] Abs.-Nr. 232.

[12] Abs.- Nr. 232, 235.

[13] Abs.- Nr. 239, 240, 241, 245.

Für Grenzfälle des noch verfassungsrechtlich Zulässigen muss der deutsche Gesetzgeber gegebenenfalls mit seinen die Zustimmung begleitenden Gesetzen wirksame Vorkehrungen dafür treffen, dass die Integrationsverantwortung der Gesetzgebungsorgane sich hinreichend entfalten kann.[14]

Aber zur Kontrolle ist das Bundesverfassungsgericht aufgerufen, wie es dann umfassend dartut:

„Innerhalb der deutschen Jurisdiktion muss es zudem möglich sein, die Integrationsverantwortung im Fall von ersichtlichen Grenzüberschreitungen bei Inanspruchnahme von Zuständigkeiten durch die Europäische Union – dies wurde auch von den Bevollmächtigten des Deutschen Bundestages und der Bundesregierung in der mündlichen Verhandlung betont – und zur Wahrung des unantastbaren Kerngehalts der Verfassungsidentität des Grundgesetzes im Rahmen einer Identitätskontrolle einfordern zu können (vgl. BVerfGE 75, 223 <235, 242>, 89, 155 <188>; 113, 273 <296>). Das Bundesverfassungsgericht hat hierfür bereits den Weg der Ultra-vires-Kontrolle eröffnet, die im Fall von Grenzdurchbrechungen bei der Inanspruchnahme von Zuständigkeiten durch Gemeinschafts- und Unionsorgane greift. Wenn Rechtsschutz auf Unionsebene nicht zu erlangen ist, prüft das Bundesverfassungsgericht, ob Rechtsakte der europäischen Organe und Einrichtungen sich unter Wahrung des gemeinschafts- und unionsrechtlichen Subsidiaritätsprinzips (Art. 5 Abs. 2 EGV-, Art. 5 Abs. 1 S. 2 und Abs. 3 EUV-Lissabon) in den Grenzen der ihnen im Wege der begrenzten Einzelermächtigung eingeräumten Hoheitsrechte halten (vgl. BVerfGE 58, 1 <30 f>; 75, 223 <235, 242>; 89, 155 <188>: dort zum so genannten ausbrechenden Rechtsakt). Darüber hinaus prüft das Bundesverfassungsgericht, ob der unantastbare Kerngehalt der Verfassungsidentität des Grundgesetzes nach Art. 23 Abs. 1 S. 3 in Verbindung mit Art. 79 Abs. 3 GG gewahrt ist (vgl. BVerfGE 113, 273 <296>). Die Ausübung dieser verfassungsrechtlich radizierten Prüfungskompetenz folgt dem Grundsatz der Europarechtsfreundlichkeit des Grundgesetzes, und sie widerspricht deshalb auch nicht dem Grundsatz der loyalen Zusammenarbeit (Art. 4 Abs. 3 EUV-Lissabon); anders können die von Art. 4 Abs. 2 S. 1 EUV-Lissabon anerkannten grundlegenden politischen und verfassungsmäßigen Strukturen souveräner Mitgliedstaaten bei fortschreitender Integration nicht gewahrt werden.

Insoweit gehen die verfassungs- und die unionsrechtliche Gewährleistung der nationalen Verfassungsidentität im europäischen Rechtsraum Hand in Hand. Die Identitätskontrolle ermöglicht die Prüfung, ob infolge des Handelns europäischer Organe die in Art. 79 Abs. 3 GG für unantastbar erklärten Grundsätze der Art. 1 und Art. 20 GG verletzt werden. Damit wird sichergestellt, dass der An-

---

14 Abs.- Nr. 245 – 248.

wendungsvorrang des Unionsrechts nur kraft und im Rahmen der fortbestehenden verfassungsrechtlichen Ermächtigung gilt.[15]

„Sowohl die Ultra-vires- als auch die Identitätskontrolle können dazu führen, dass Gemeinschafts- oder künftig Unionsrecht in Deutschland für unanwendbar erklärt wird. Zum Schutz der Funktionsfähigkeit der Gemeinschaftsrechtsordnung verlangt die europarechtsfreundliche Anwendung von Verfassungsrecht bei Beachtung des in Art. 100 Abs. 1 GG zum Ausdruck gebrachten Rechtsgedankens, dass sowohl eine Ultra-vires-Feststellung wie auch die Feststellung einer Verletzung der Verfassungsidentität nur dem Bundesverfassungsgericht obliegt."[16]

„In welchen Verfahren das Bundesverfassungsgericht im Einzelnen mit dieser Kontrolle befasst werden kann, braucht an dieser Stelle nicht entschieden zu werden. In Betracht kommt die Inanspruchnahme bereits jetzt vorgesehener Verfahren, mithin die abstrakte (Art. 93 Abs. 1 Nr. 2 GG) und konkrete (Art. 100 Abs. 1 GG) Normenkontrolle, der Organstreit (Art. 93 Abs. 1 Nr. 1 GG), der Bund-Länder-Streit (Art. 93 Abs. 1 Nr. 3 GG) und die Verfassungsbeschwerde (Art. 93 Abs. 1 Nr. 4a GG). Denkbar ist aber auch die Schaffung eines zusätzlichen, speziell für die Ultra-vires- und die Identitätskontrolle zugeschnittenen verfassungsgerichtlichen Verfahrens durch den Gesetzgeber zur Absicherung der Verpflichtung deutscher Organe, kompetenzüberschreitende oder identitätsverletzende Unionsrechtsakte im Einzelfall in Deutschland unangewendet zu lassen."[17]

Materiale Inhalte des Kernbereichs des Grundgesetzes, nun Verfassungsidentität genannt, werden konkreter beschrieben:[18]

„Die europäische Vereinigung auf der Grundlage einer Vertragsunion souveräner Staaten darf allerdings nicht so verwirklicht werden, dass in den Mitgliedstaaten kein ausreichender Raum zur politischen Gestaltung der wirtschaftlichen, kulturellen und sozialen Lebensverhältnisse mehr bleibt. Dies gilt insbesondere für Sachbereiche, die die Lebensumstände der Bürger, vor allem ihren von den Grundrechten geschützten privaten Raum der Eigenverantwortung und der persönlichen und sozialen Sicherheit prägen, sowie für solche politische Entscheidungen, die in besonderer Weise auf kulturelle, historische und sprachliche Vorverständnisse angewiesen sind und die sich im parteipolitisch und parlamentarisch organisierten Raum einer politischen Öffentlichkeit diskursiv ent-

---

15 Abs.-Nr. 240.
16 Abs.-Nr. 240, 241, 245.
17 Abs.-Nr. 241.
18 Abs.-Nr. 249 ff

falten. Zu wesentlichen Bereichen demokratischer Gestaltung gehören unter anderem die Staatsbürgerschaft, das zivile und militärische Gewaltmonopol, Einnahmen und Ausgaben einschließlich der Kreditaufnahme sowie die für die Grundrechtsverwirklichung maßgeblichen Eingriffstatbestände, vor allem bei intensiven Grundrechtseingriffen wie dem Freiheitsentzug in der Strafrechtspflege oder bei Unterbringungsmaßnahmen. Zu diesen bedeutsamen Sachbereichen gehören auch kulturelle Fragen wie die Verfügung über die Sprache, die Gestaltung der Familien- und Bildungsverhältnisse, die Ordnung der Meinungs-, Presse- und Versammlungsfreiheit oder der Umgang mit dem religiösen oder weltanschaulichen Bekenntnis."[19]

Und weiter heißt es: „Als besonders sensibel für die demokratische Selbstgestaltungsfähigkeit eines Verfassungsstaates gelten seit jeher Entscheidungen über das materielle und formelle Strafrecht (1), die Verfügung über das Gewaltmonopol polizeilich nach innen und militärisch nach außen (2), die fiskalischen Grundentscheidungen über Einnahmen und – gerade auch sozialpolitisch motivierte – Ausgaben der öffentlichen Hand (3), die sozialstaatliche Gestaltung von Lebensverhältnissen (4) sowie kulturell besonders bedeutsame Entscheidungen etwa im Familienrecht, Schul- und Bildungssystem oder über den Umgang mit religiösen Gemeinschaften (5)."[20]

Das alles führt erst deutlich vor Augen, welch einen gewaltigen Rechtsgestaltungsraum das Grundgesetz der Verfügungsgewalt des Gesetzgebers entzieht und als reichlich freien Gestaltungsspielraum letztendlich dem Verfassungsgericht überlässt. Sollte dazu noch ein besonderes prozessuales Verfahren, wie das Bundesverfassungsgericht es in Erwägung zieht, zur Entstehung gelangen, wird man die Frage stellen müssen, ob das politisch-rechtsstaatliche Gleichgewicht zwischen den Organen der Bundesrepublik nicht allmählich gestört erscheint.[21]

Allerdings sollte man sich auch, gerade im Bereich außenpolitischer Regelungsgehalte, der fatalen Situation des höchsten deutschen Gerichts und seiner Richter bewusst sein. Es wäre ein Leichtes, wichtigste Ausformungen des europäischen Rechts und seiner Institutionen für grundgesetzwidrig zu erklären. Mit kaum vorstellbaren weltpolitischen Auswirkungen würden deutsche Richter die Europäische Union „in die Luft sprengen". Nur ein Thor könnte sich dies wünschen. Man wird deshalb rechtschöpferische Austarierungen der Rechtsanwendung, so problematisch sie – was ihre Grenzen angeht - rechtstheoretisch sein mögen, akzeptieren müssen. Das Bundesverfassungsgericht hat im „Soraya-

---

19 Abs.-Nr. 249 und 252 .

20 Abs.-Nr. 252.

21 Vgl. Fn. 18.

Urteil“ selbst eindeutig zu diesem Komplex Stellung genommen.[22] Das bedeutet nicht, dass Hinweise auf die methodische und theoretische Fragwürdigkeit höchstrichterlicher Entscheidungen angesichts der Faktizität überflüssig wären. Wenn insbesondere in außenpolitischen Bereichen von einem Organ der Rechtsprechung schwer zu verstehende Zugeständnisse bei der Rechtsfindung gemacht werden müssen, geschieht dies nicht selten, weil Politiker im diplomatisch politischen Raum dem eigenen Verfassungsrecht nicht mehr hinreichend Rechnung tragen. Insoweit verweist das Bundesverfassungsgericht mit Recht auf die Vorrangigkeit der „Integrationsverantwortung“ auf Seiten der Regierung bzw. der zuständigen Parlamente.[23]

Doch dies ist nicht der eigentliche Anlass für Kritik an der Rechtsprechung des Bundesverfassungsgerichts. Betrachtet man nämlich die im Lissabon-Urteil hervorstechenden Formulierungen – Europafreundlichkeit, Verfassungsidentität und Integrationsverantwortung – im Hinblick auf ihre Gedankeninhalte, so bringen sie im Vergleich mit der seit Jahren bekannten und dem Juristen vertrauten Rechtsprechung im Prinzip nicht sehr viel Neues. Die neu entdeckte Europafreundlichkeit ist an den Grundsatz der schon früher gewonnenen „Völkerrechtsfreundlichkeit“ angelehnt.

Man weiß seit dem KPD-Urteil[24] um die hierzu erforderliche Heranziehung der Präambel als Lieferant von zwingenden Rechtssätzen.[25] Das gilt auch für die „Verfassungsidentität“, die über Art. 79 Abs. 3 GG wiederum die Präambel als zwingenden Rechtssatz bemüht, und die „verfassungsgebenden Gewalt des Volkes“, die als pouvoir constituant eine rechtlich bindende Konstante liefert. Und wenn das Bundesverfassungsgericht in diesem Zusammenhang überlegt, ob die Grundsätze des Art. 79 Abs. 3 GG nicht sogar nach Ende des Grundgesetzes und auch im Rahmen einer neu geschaffenen Verfassung zu beachten sind, wird hier nur die bekannte Position zum Naturrechtsgedanken wiederholt, wie sie spätestens seit dem Südweststaat-Urteil immer wieder von Zeit zu Zeit Verwirrung gestiftet hat.[26] Oder es werden Kontinuitätsprozesse konstruiert, die weder überzeugend noch haltbar erscheinen.[27] Es sind diese Fragwürdigkeiten in der Rechtsprechung, die, nicht zuletzt wegen des Verdachts ideologische Gedankeninhalte zu vermitteln, Kritik auslösen müssen.

---

[22] BVerfGE 34, 269, Abs.-Nr. 40 ff.

[23] Abs.-Nr. 239.

[24] BVerfGE 5, 85 ff.

[25] Dazu *Rode*, Rechtsbindung, S. 156 ff m. w. N.

[26] BVerfGE 1, 14 ff.

[27] Auf die bereits in der Einleitung hingewiesene Schrift *Kirchhofs* wird noch zurückzukommen sein.

Überraschungen und inzwischen auch Komplikationen haben zumindest die Ausführungen des Gerichts zur Integrationsverantwortung ausgelöst. Die zahlreichen Sachbereiche, die hier im Sinne des Demokratieprinzips als „besonders sensibel" hinsichtlich einer Übertragung von Hoheitsrechten empfunden werden, lassen sich ohne Großzügigkeit wohl kaum aus Art. 1 und 20 GG ableiten. Dass hier Gegenstimmen auftauchen würden, war ohne Risiko prognostizierbar.

Der „Mangoldt–Fall lieferte dann – nicht einmal ein Jahr später - den ersten hierfür beispielhaften Anlass zur Kritik[28], wenn nicht sogar zur Häme: Der Europäische Gerichtshof hatte sich mit seinem Urteil vom 22.11.2005, das aufgrund einer Vorlage des Arbeitsgerichts München ergangen war, dem Vorwurf ausgesetzt, seine Kompetenzen – wie man meinte - überschritten und insoweit ultra vires gehandelt zu haben, als er deutsches Recht für unanwendbar erklärte.[29]

Demgegenüber hat das Bundesverfassungsgericht in seinem Beschluss vom 6.7.2010 und unter Berufung auf das Lissabon–Urteil dem Europäischen Gerichtshof Recht gegeben und einen Verstoß gegen deutsches Verfassungsrecht verneint.[30] Eine schwer nachzuvollziehende Entscheidung.

Versucht man nun, diese Thesen, Behauptungen und Interpretationsergebnisse des Bundesverfassungsgerichts in einem vereinheitlichenden Gesamtbild zu erfassen, ergibt sich ein bemerkenswerter Sachverhalt, der hier als „Anmerkung zu A" beschrieben werden soll: Das Bundesverfassungsgericht sieht die Präambel zum Grundgesetz, im Gegensatz zur gesamten Rechtsprechung und wissenschaftlichen Überzeugung der Zeit vor dem KPD–Urteil, als ein die verschiedensten Verfassungsrechtssätze formulierendes Regelwerk. Einer dieser in der Präambel enthaltenen Rechtssätze erklärt die „verfassungsgebende Gewalt" des deutschen Volkes zu einem Verfassungsgeber, der irgendwann einmal das Grundgesetz geschaffen und dessen dabei geäußerter Wille für die Geltungsdauer des Grundgesetzes und möglicherweise sogar darüber hinaus auf ewige Zeiten selbst für den demokratischen Gesetzgeber unantastbar sein soll. Diesen Gedanken beinhaltet die so genannte „Ewigkeitsklausel" des Art. 79 Abs. 3 GG, der insoweit die „Verfassungsidentität" der Bundesrepublik Deutschland normiert.

Das heißt, dass die Grundsätze der Art. 1 und 20 GG sowie der des ebenfalls festgeschriebenen Föderalismus auch für den demokratischen Gesetzgeber un-

---

28 Vgl. Fn. 1.

29 EuGH in NJW, 2005, S. 3695 ff, JuS 2006, S. 357 ff (mit Anm. *Streinz*); dazu der Beschluss des 2. Senats des BVerfG 2 BvR 2661/06 mit abweichender Meinung des Richters *Landau* und weiteren Nachw.

30 Dazu sehr kritisch *Wuermeling*, in Europa–Professionel vom 30.8.2010; vgl. auch *Jungholt*, Die Welt vom 27.8.2010; aber auch *Rath*, taz v. 26.8.2010.

abänderlich sind. Ihm und allen anderen deutschen Staatsorganen obliegt deshalb bei der Übertragung von Hoheitsrechten z. B. auf die Europäische Union eine besondere „Identitätskontrolle“ mit einer besonderen „Integrationsverantwortung“.

Letztendlich liegt diese Integrationsverantwortung aber beim Bundesverfassungsgericht. Ihm obliegt also die verbindliche Interpretation und Konkretisierung sämtlicher schwieriger Begriffe, wie sie in den einzelnen Tatbestandsmerkmalen des Art. 79 Abs. 3 GG angelegt sind.

Konkretisierungen der Begriffsinhalte z. B. der „Menschenwürde“ oder der Grundsätze des Art. 20 GG erfolgen - das ist zu befürchten - entsprechend der manchmal fragwürdigen Methodik des Gerichts und erlangen in der Regel über § 31 BVerfGG Gesetzeswirkung. Die in Frage stehenden „sensiblen“ Sachbereiche hat das Bundesverfassungsgericht bereits in Abs.-Nr. 252 des Lissabon–Urteils benannt.

# Zweiter Abschnitt

# Artikel 79 Abs. 3 GG als verfassungsrechtlicher Tatbestand

## A Der Wortlaut des Artikel 79 Abs. 3 GG

Art. 79 Abs. 3 GG stellt zunächst einmal schlicht fest, dass eine Änderung dieses Grundgesetzes, durch welche die Gliederung des Bundes in Länder, die grundsätzliche Mitwirkung der Länder bei der Gesetzgebung oder die in den Art. 1 und 20 niedergelegten Grundsätze berührt werden, unzulässig ist.

Ein relativ kurzer Abschluss einer Verfassungsvorschrift, die das Gesetzgebungsverfahren regelt, könnte man wenig beeindruckt auf den ersten Blick sagen. Doch man weiß um die Fülle der Literatur, die dieser kleine Absatz spätestens seit 1949 erzeugt hat. Im Lissabon-Urteil erscheint er nun als die die „Verfassungsidentität der Deutschen" prägende Substanz. Durch höchstrichterlichen Spruch mit dem ganzen Gewicht auch des § 31 BVerfGG hat er den besonderen Glanz der wohl wichtigsten und schwerstwiegenden Vorschrift des gesamten Grundgesetzes gewonnen.

Sieht man sich unter unseren Nachbarstaaten um, findet man kaum etwas Ähnliches in dieser ausgeprägten Form.[31] Die ganze Skurrilität der Regelung wird sich im Folgenden zeigen.

## B Die in Art. 79 Abs. 3 GG bezeichneten Grundsätze als fundamentale Staatsstrukturprinzipien

### I. Ethische Kerngehalte des Grundgesetzes

Natürlich kann kein Zweifel bestehen, dass die in Art. 79 Abs. 3 GG offen oder verborgen angesprochenen Grundprinzipien ethische Kerngehalte der Staatlichkeit der Bundesrepublik charakterisieren, die in ihrer überwiegenden Zahl Struk-

---

[31] Hinweise auf die staatswissenschaftliche Entwicklung zu dieser deutschen Sondersituation von der Französischen Revolution über die USA bis hin zu *Carl Schmitt* finden sich mit zahlreichen weiteren Nachweisen bei *Dreier*, JZ, 1994, S. 741 ff (742 ff).

turprinzipien zum Ausdruck bringen, die – von der Bundesstaatlichkeit einmal abgesehen - in einer rechtsstaatlichen Verfassung unverzichtbar sein dürften.

Dass sie aber, wie das Bundesverfassungsgericht es offenbar darstellt[32], die einzigen Grundsätze sind, die in ihrer Summe diese elitäre Eigenschaft der „Verfassungsidentität" aufweisen und deshalb allein Art. 79 Abs. 3 GG mit seinen Bezugspunkten diese Bezeichnung verdient, wird man allerdings kaum annehmen können.

Vorschriften wie. Art. 19 Abs.2 und 4 GG sind z. B. keine solchen Bezugspunkte, obwohl man ihnen – unter rechtsethischen Gesichtspunkten – sicherlich ein ähnliches Gewicht beimessen muss, wie den in Art. 79 Abs. 3 genannten.[33] Das gilt auch für andere Elemente des Grundgesetzes, die hier nicht weiter erörtert werden müssen.[34] Überhaupt kann man sich fragen, warum der Verfassungsgeber, wer immer dies sein mag, nicht den gesamten Grundrechtskatalog, der in seinem rechtlichen Gewicht für die deutsche Verfassungsentwicklung völlig neu war, in Art. 79 Abs. 3 GG einbezogen hat. Es hätte nur der Änderung eines einzigen Wörtchens bedurft, nämlich des Ersatzes „bis" für das Wörtchen „und".[35]

Die deutsche Staatsrechtslehre hat für die gegenteilige Entscheidung des Verfassungsgebers z. T. einleuchtende Erklärungen gefunden. Auf sie kommt es in diesem Zusammenhang aber nicht an, denn sie betreffen vor allem Probleme des Gesetzesvorbehalts[36] und weniger die der rechtsethischen Fundamentalprinzipien.

Dass Art. 79 Abs. 3 GG von solchen fundamentalen ethischen Wertentscheidungen geprägt ist, kann nicht fraglich sein. Es bleibt aber die Frage, warum das Gericht seine neue Wortschöpfung im Lissabon–Urteil, die „Verfassungsidentität", allein und geradezu exklusiv an diese Vorschrift koppelt.

Denn sogar die Wortwahl dürfte nicht so überzeugend sein: Art. 79 Abs. 3 GG verkörpert drastisch ein stabilisierendes Moment im Grundgesetz. Begreift

---

32 Abs.-Nr. 217 und 218.

33 Zu Art. 19 Abs. 2 und 4 vgl. *Peter Häberle*, Die Wesensgehaltsgarantie des Art. 19 Abs. 2 GG, 1972; *Maunz* in MDHS, Rn. 3 ff zu Art. 19 Abs.2; *Evers*, in BK, Rn. 174 ff zu Art. 79 Abs. 3.

34 Z. B. die Abschaffung der Todesstrafe in Art. 102 GG oder der Verzicht auf atomare und chemische Waffen.

35 *Möller*, aaO., S. 163.

36 Zum Gesetzesvorbehalt vgl. *Herzog* in MDHS, Rn. 55 ff zu Art. 20 Abs. III mit zahlreichen Nachweisen.

man es einmal als „Selbstbild“ unseres Staates, so wie man herkömmlich von der „Identität“ eines individuellen Menschen spricht, verschleiert Art. 79 Abs. 3 GG weitgehend die Flexibilität der „Identität“, die diesem Begriff ebenfalls immanent ist. Ein Mensch gewinnt – und verändert – seine Identität z. B. mit zunehmender Bildung, mit gewonnener Lebenserfahrung, mit Berücksichtigung neuer Zeitumstände und vielem mehr. Identität hat also auch mit Entwicklungsprozessen zu tun, und man wird kaum sagen können, dass dies für einen „Staat“ nicht gilt. Doch dem Gesetzgeber, der z. B. „alternativlos“ erkennen würde, dass die föderalistische Grundstruktur der Bundesrepublik im globalen Wettbewerb der Welt nicht mehr funktioniert, blieben wegen Art. 79 Abs. 3 GG und seiner „Ewigkeitsgarantie“ die Hände gebunden. Die „Identität“, die das Bundesverfassungsgericht mit Gesetzeskraft der Bundesrepublik – möglicherweise für immer – verordnet, verurteilt den demokratischen Gesetzgeber zur Ohnmacht.

Man darf auch nicht übersehen, dass nach dieser Rechtsprechung und auch der herrschenden Lehre Art. 79 Abs. 3 GG selbst als unabänderlich angesehen wird und auch dies wieder möglicherweise bis in alle Ewigkeit. Von keiner anderen Vorschrift des Grundgesetzes wird dies behauptet. Man fragt sich, wieso eigentlich?

Eine Antwort bietet sich – jedenfalls im Rahmen des vom Bundesverfassungsgericht häufig verwendeten Legitimationsschemas – an: Art.79 Abs. 3 GG ist wesentlich auf Tatbestandsmerkmale bezogen, die zum großen Teil das Charisma der „Überpositivität“ und der „Universalität“ – wie sich das Gericht ausdrückt - in sich tragen. Das Gericht sagt selbst nicht, was es unter diesen Begriffen verstanden wissen will. Es ist aber nichts anderes denkbar, als dass hier naturrechtliche Begründungskriterien verwendet werden. Der Senat nennt selbst die Begriffe „Würde“, „Freiheit“ und „Gleichheit“ in diesem Zusammenhang.[37] Das Demokratieprinzip bezeichnet er unter Hinweis auf das Maastricht–Urteil als nicht abwägungsfähig und unantastbar.[38]

Auch Art. 79 Abs. 3 GG[39] selbst ist also – wie die von ihm als unantastbar erklärten Verfassungsgrundsätze – seinerseits unantastbar[40], obwohl sein Gesetzestext davon nichts erkennen lässt. Hier liegt die wichtigste und entscheidende Frage, der die vorliegende Studie im Folgenden nachzugehen gedenkt. Es wurde bereits angedeutet, dass dabei Argumente im Spiel sind, die zwar von einer herrschenden Lehre heute mit Nachdruck vertreten werden, die aber nach eingehen-

---

37 Lissabon–Urteil, Abs.-Nr. 216 und 217.

38 Lissabon–Urteil, Abs.-Nr. 216.

39 Als eigenständige Verfassungsnorm.

40 Das ist h. L.; dazu 4. Abschn., C.

der Prüfung kaum zu akzeptieren sind.[41] Dazu gehört auch der Hinweis, die Unantastbarkeit folge schon aus der Normlogik: Die Ewigkeitsklausel laufe nämlich leer, wenn sie nicht ihrerseits unantastbar wäre und deshalb jeder Zeit geändert werden könne. Hier liegt die wichtigste und entscheidende Frage, der die vorliegende Studie nachzugehen gedenkt. Es wurde bereits angedeutet, dass dabei eine Fülle von Argumenten ins Spiel gelangt, die zwar von einer herrschenden Lehre mit Nachdruck immer wieder wiederholt werden, einer eingehenden Prüfung aber nicht Stand zu halten vermag.[42]

Das soll keineswegs bedeuten, dass dem deutschen Verfassungsgeber mit dem Grundgesetz nicht die Schaffung einer Verfassungsurkunde gelungen ist, die in ihrer rechtlichen Qualität ihresgleichen sucht. Die hier geäußerten Zweifel an der Vernunft der Interpretation des Art. 79 Abs. 3 GG beziehen sich nicht auf das Grundgesetz, sondern auf die vielfach geübten Methoden seiner Auslegung und die durch sie gewonnenen Ergebnisse.[43] Das heißt nicht, dass die Zweifel nur rechtstheoretischer Natur sind. Ganz im Gegenteil haben die aufgrund der verfehlten Methodik gewonnenen Ergebnisse in der Rechtspraxis auch enorme, nicht hinnehmbare Konsequenzen.[44]

Man erfährt im Lissabon-Urteil beispielsweise nichts Genaueres über das, was das Gericht unter „überpositiv“ oder „universell“ verstanden wissen will. Man kennt nur frühere apodiktische Feststellungen, z. B. die des uralten Südweststaat–Urteils[45], nach dem das Gericht von der Existenz eines Naturrechts ausgeht und sich selbst für befugt und fähig hält, dessen Inhalte zu prüfen.

In Bezug auf Art. 79 Abs. 3 GG ist die These des Lissabon-Urteils schon deswegen von Interesse, weil sie – offenbar in Bezug auf die „Würde des Menschen“ - nur auf Begriffe wie „Freiheit“ und „Gleichheit“ verweist und dabei von „universalen“ bzw. „überpositiven“, d. h. doch offensichtlich naturrechtlich begründeten Rechtsinhalten spricht, andererseits aber die zum Grundrechtskatalog gehörenden Verfassungsgehalte gerade nicht von der Ewigkeitsgarantie des Art. 79 Abs. 3 GG erfasst werden. Zwar ist im Lissabon–Urteil von der „für die Achtung der Menschenwürde unentbehrlichen Substanz elementarer Grundrechte in ihrer prinzipiellen Qualität“ die Rede, die jeder Änderung entzogen ist. Was darunter im Einzelnen zu verstehen ist, sagt das Gericht nicht.

---

41 Dazu 4. Abschn. B.

42 Vgl. Fn. 41.

43 Zu den Auslegungsproblemen vgl. vor allem *Larenz*, Methodenlehre, S. 298 ff.

44 Beispiele 2. Abschn., C IV.

45 BVerfGE 1, 14 ff; vgl. aber demgegenüber auch BVerfGE 10, 59 ff zur elterlichen Gewalt.

Art. 79 Abs. 3 GG, der ja nur die Regelung eines Gesetzgebungsverfahrens[46] bei der Verfassungsänderung betrifft, ist als selbständiges Verfassungsgesetz sicher nur sehr schwer mit naturrechtlichen Erwägungen im engeren Sinne als unantastbar zu qualifizieren. Ihre Qualifizierung als „überpositiv" hat ihren Ursprung auch in ganz anderen Ideen, die im Ergebnis allerdings dieselbe Konsequenz der Unabänderbarkeit der Bestimmung haben: Es ist die Lehre von der „verfassungsgebenden Gewalt des Volkes", die unter Heranziehung der ideologischen Positionen des *Abbé Sieyès* und *Carl Schmitts*[47] sowie mit Hilfe eines angeblich aus der Präambel abzuleitenden entsprechenden Verfassungsrechtssatzes begründet wird.[48]

Es lohnt sich daher, zunächst einen kurzen Blick auf die einzelnen Bezugspunkte und Elemente der „Ewigkeitsklausel" zu werfen, die ja unmittelbar oder mittelbar als deren Tatbestandsmerkmale erscheinen.

## II. Die Elemente des Art. 79 Abs. 3 GG als vermeintlich „überpositive" und „universelle" Rechtsnormen

### 1. Das Prinzip des Föderalismus

Es wurde bereits gesagt, dass das Bundesverfassungsgericht im Lissabon-Urteil an keiner Stelle klärt, was es mit dem „universellen Grund" der Verfassung der Deutschen meint, der durch positives Recht nicht verändert werden „soll". Der Hinweis auf die Vereinten Nationen könnte an bestehendes Völkerrecht – wie etwa die UNO–Menschenrechtskonvention oder Ähnliches - denken lassen. Diese Sicht könnte dadurch gestützt sein, dass das Gericht nicht sagt, dass der „universelle Grund" der Verfassung durch positives Recht nicht veränderbar sei, sondern nur, nicht „veränderbar sein solle".

Doch wer den Grundtenor der Rechtsprechung des Bundesverfassungsgerichts zum Begriff der „Menschenwürde" bzw. zum Freiheits- und Gleichheitssatz kennt, dürfte davon nicht überzeugt sein. Er denkt eher an naturrechtlich geprägte Verfassungsinterpretationen, wie sie schon früh das Südweststaat–Urteil angekündigt hatte und wie sie z. B. auch die Urteile zum Schwangerschaftsabbruch überdeutlich zum Ausdruck bringen. Darauf wird unten zurückzukommen sein.

Die bundesstaatliche Struktur der Bundesrepublik kann jedoch bestimmt nicht als Ausfluss eines Naturrechts im Sinne einer wie auch immer gearteten „Über-

---

[46] Das räumt sogar *Maunz* ein, in MDHS, Rn. 50 zu Art. 79.

[47] Dazu 4. Abschn., A; 5. Abschn., A und B.

[48] Dazu 4. Abschn., A; 5. Abschn., A und B.

positivität" gesehen werden: Föderalismus ist ein staatliches Organisationssystem, das einzelnen Gliedstaaten eine mehr oder minder ausgeprägte Eigenzuständigkeit und Rechtspersönlichkeit zubilligt und dadurch einen Bundesstaat entstehen lässt. Das kann selbstverständlich zu Zwecken der Machtverteilung im Sinne einer das traditionelle Gewaltenteilungsschema ergänzenden Struktur sinnvoll sein, weil es denkbaren Machtkonzentrationen in einem Zentralstaat entgegenwirkt.[49]

Die Gliederung der Bundesrepublik in Länder ist aber in der Bundesrepublik ein historisch gewachsenes Ergebnis deutscher Geschichte[50], das hier nicht beschrieben werden muss. Mit irgendwelchen überpositiven Rechtsinhalten, die einen an solchen Überlegungen orientierten Verfassungsgeber hätten binden können, hat dies nicht das Geringste zu tun. Auch ein Verweis auf das allerdings christlich-naturrechtlich begründete Subsidiaritätsprinzip[51], das seit Papst Pius XI die katholische Soziallehre beherrscht und auch im deutschen Staatsdenken nicht unwirksam ist, ändert daran nichts.[52]

Die deutsche „Kleinstaaterei" beruhte eher auf dem Gegenteil dessen, was mit dem Gedanken der Subsidiarität gemeint ist: Selbst der winzigste Operettenstaat verstand sich als autarkes und unabhängiges Gebilde, das sämtlichen staatlichen Aufgaben eigenständig gewachsen war.[53] Andererseits wird auch niemand auf die Idee kommen, dass andere, seit Jahrhunderten zentralistisch organisierte große Staaten, gegen ein naturrechtliches Gebot verstoßen hätten und nach wie vor verstoßen.

Im Übrigen sollte für die Rechtspraxis eines nicht vergessen werden: Auch wer das organisatorische Grundprinzip – nicht zuletzt wegen der seit Jahrhunderten in Deutschland etablierten landsmannschaftlichen Eigenheiten – als verfassungsrechtlich sinnvoll ansieht, wird einräumen, dass das Spannungsverhältnis zwischen Bund und Ländern seit Bestehen der Bundesrepublik ohne Unter-

---

49 *Carlo Schmid*, aaO., S. 376 ff, nennt die föderalistische Struktur des Grundgesetzes „das politisch brisanteste Thema in der Auseinandersetzung mit den Besatzungsmächten" und verweist auf die sehr unterschiedlichen Positionen später im Parlamentarischen Rat. Die Begriffe Föderalismus und Bundesstaatlichkeit werden hier synonym benutzt.

50 Sie gab es schon seit der Merovinger und carolinischen Zeit bis hin zu Bismarck; durch dessen neue Reichsgründung wurden die landsmannschaftlichen Ursprünge ebenfalls nicht beseitigt. Das gilt bis heute.

51 Vgl. die Enzyklika Quadrogesimo Anno Papst Pius XI. aus dem Jahre 1931.

52 Grundlegend von *Nell-Breuning,* Enzyklika; ders., Wirtschaft, 1947 *(mit Hermann Sacher).*

53 Der kleinste Kleinstaat in Deutschland (Fürstentum Reuß ältere Linie) war, soweit ersichtlich, nur 316 Quadratkilometer groß.

brechung immer wieder politische Probleme aufgeworfen hat[54], die Vernunft und Unvernunft des Föderalismusgedankens immer neu zur Diskussion stellten. Diese Diskussion dürfte mit Stichworten wie „Föderalismusreform“, „Reformkommission“, „Bundesratsblockade“ und anderem ohne Unterlass weitergehen. Entsprechend finden sich auf höchster politischer Ebene sowohl tief verwurzelte Föderalismusanhänger wie engagierte Föderalismusgegner.

Es geht hier selbstverständlich nicht darum, wer in dieser Dauerdiskussion Recht hat oder Recht behält. Sie veranschaulicht nur, dass es keinen Grund gibt, die Aufgliederung der Bundesrepublik in Teilstaaten – wie Art. 79 Abs. 3 GG dies scheinbar verlangt - mit der Gloriole der „Verfassungsidentität“ zu versehen und sie möglicherweise auf ewig für unantastbar zu erklären

In Bezug auf Art. 79 Abs. 3 GG ist die These des Lissabon-Urteils schon deswegen von Interesse, weil sie – offenbar nur in Bezug auf die „Würde des Menschen“ - auf Begriffe wie „Freiheit“ und „Gleichheit“ verweist und von „universalen“ Rechtsinhalten spricht, was man im Hinblick auf das Föderalismusprinzip keineswegs sagen kann. Andererseits werden aber z. B. die zum Grundrechtskatalog gehörenden Verfassungsgehalte nach der herrschenden Lehre gerade nicht von der Ewigkeitsgarantie des Art. 79 Abs. 3 GG erfasst.

Das Lissabon–Urteil spricht jedenfalls nur von der „unentbehrlichen Substanz elementarer Grundrechte in ihrer prinzipiellen Qualität“. Was damit gemeint ist, erscheint in hohem Maße nebulös. Bei einer Reihe der übrigen in Art. 79 Abs. 3 GG angesprochenen Elemente fallen die Hinweise auf Naturrechtsgesichtspunkte natürlich leichter.

## 2. Die Grundsätze des Art. 1 GG

Das gilt ganz sicher für die in Art. 1 GG niedergelegten Grundsätze. Sie betreffen zwei überragende und unverzichtbare Elemente einer rechtsstaatlichen Verfassung. Die Unantastbarkeit der Würde des Menschen sowie das Bekenntnis zu unverletzlichen Menschenrechten sind conditiones sine qua non eines Kulturstaates. Nicht zu Unrecht hat der Verfassungsgeber diese Prinzipien als positivrechtliche Verfassungsnormen an die Spitze der deutschen Rechtsordnung „gesetzt“.

---

54 Man denke an die Blockademöglichkeit der Bundespolitik u. ä.; aber auch an bestimmte Zuständigkeiten, dazu zum Überblick z. B. *Albert Funk*, Föderalismus in Deutschland. Vom Fürstenbund zur Bundesrepublik, 2010; *Buscher*, aaO., (Föderalismusreform), zur Geschichte vgl. auch *Nipperdey*, Föderalismus, aaO., S. 60 ff; vgl. auch zu den Anfängen im Mittelalter und dem Statutum in favorem principum vom 1.5.1231 *Klingelhöfer*, aaO; *Koch*, Statutum in favorem principum, aaO., Sp. 75 ff.

An der Schwierigkeit der Konkretisierung ihrer gedanklichen Inhalte und deren äußerst komplexer Begrifflichkeit ändert dies allerdings nichts. Hier liegt die juristische Problematik des Art. 1 GG. Jeder Mensch dürfte eine gewisse Vorstellung von dem haben, was unter Menschenwürde zu verstehen ist. Aber all diese Vorstellungen sind naturgemäß in Raum und Zeit nicht deckungsgleich. Die Unterschiedlichkeit ist auch berechtigt, denn die Wörter „Menschenwürde" und „Menschenrechte" formulieren Wertaussagen, die ihrem Wesen nach mit den Mitteln der vertrauten aristotelischen Begriffslogik als wahr oder unwahr bzw. richtig und unrichtig nicht zugänglich sind. Entsprechend sind sie im traditionellen Sinne weder definierbar noch subsumierbar.[55] Das heißt jedoch nicht, dass es keine rationalisierbare Methodik zur Erfassung ihrer Inhalte im Rahmen der Rechtsanwendung auf den Fundamenten der europäischen Kultur gibt.[56]

Eine solche Methodik wird allerdings vor allem von Vertretern der Naturrechtslehren kaum zur Kenntnis genommen, gleichgültig, ob sie sich im Sinne der christlich-mittelalterlichen Theologien auf göttlichen Willen und entsprechenden Offenbarungen berufen oder ob sie aufklärerisch-rationale Begründungen ohne Gott zu liefern versuchen. Behauptet werden inhaltlich oft sehr exakt beschriebene absolute Werte, die seit Beginn des menschlichen Lebens und wo auch immer auf diesem Planeten ihre Gültigkeit haben. Sie zu leugnen ist auch einem demokratischen Gesetzgeber nicht erlaubt. Und man wundert sich, wenn andere Staaten aus anderen Kulturkreisen eine solche Ideologie – und es handelt sich um eine Ideologie – nicht zu akzeptieren bereit sind.

Das Unverständnis, mit dem viele Bürger den entsprechenden Entscheidungen des Bundesverfassungsgerichts etwa zum Schwangerschaftsabbruch oder zur Gentechnologie begegnen[57], hat ganz wesentlich seine Ursachen in der durch nichts gerechtfertigten Distanz der Urteilsbegründungen zur sozialen Wirklichkeit und zumindest zu den Menschen, die nicht gewillt sind, mit christlich-theologischen „Wahrheiten" begründete staatliche Zwänge zu akzeptieren.

Denn eine Rechtsordnung ist nur denkbar als Sollensergebnis menschlicher Willensbetätigung.[58] Nicht zuletzt deshalb finden wir den Gedanken der Menschenrechte als bedeutende Kulturerscheinung in zahlreichen Positivierungen im nationalen wie supranationalen, völkerrechtlichen Raum: z. B. die International Bill of Human Rights mit dem internationalen Pakt über bürgerliche und politische Rechte, dem internationalen Pakt über wirtschaftliche und kulturelle Rechte

---

55 Dazu unten unter B III und E II.

56 Im Sinne einer Wertentscheidung, die man der Gesellschaft Mitteleuropas generell wohl unterstellen kann; das bestätigen zahlreiche positivierte völker- und europarechtliche Abkommen, wie etwa die der UNO oder der europäischen Menschenrechtskonvention.

57 Dazu unten unter E II; zu Art. 1 Abs. 1 besonders *Reinhard Merkel*, aaO., S. 39 ff.

58 Dazu auch *Rode*, Rechtsbindung, S. 69 ff.

aus dem Jahre 1966, in Kraft seit 1976, und zahlreiche andere Konventionen, darunter die Europäische Menschenrechtskonvention aus dem Jahre 1950, in Kraft seit 1953, u. a. m.[59]

Für die Interpretation des Art. 1 Abs. 2 GG gibt es daher kaum Anlass, auf die rechtsphilosophisch, spekulativ gewonnenen „überpositiven" Lehren zu verweisen, um seine Bindungswirkungen mit den traditionellen und wissenschaftlich akzeptierten Methoden der Staatsrechtslehre und den auf diese Weise konkretisierten Gedankeninhalten zu unterstreichen. Da sich die Bundesrepublik fast allen dieser völkerrechtlichen Verträge angeschlossen hat, sind sie als allgemeine Regeln des Völkerrechts Bestandteil des Bundesrechts und gehen nach Art. 25 GG den Gesetzen vor. Dieser wiederum ist ein Teilbereich der verfassungsmäßigen Ordnung i. S. des Art. 20 Abs. 3 GG[60], an die die Gesetzgebung ohnehin gebunden ist. Das bedeutet, es gibt eine völkerrechtliche Verpflichtung der Bundesrepublik zur Beachtung der Menschenrechte, so wie sie inhaltlich den abgeschlossenen Verträgen entsprechen. Das kommt im Ergebnis dem sehr nahe, was Art. 79 Abs. 3 GG seinen Zielen nach anstrebt, allerdings ohne jeden spekulativen Verweis auf eine überpositive, dem Staat und seinen Menschen vorgegebene Rechtsordnung.

Was z. B. v. Mangoldt noch im Parlamentarischen Rat als Naturrecht angesehen hatte, nämlich der gesamte Grundrechtskatalog wie er in Art. 1 Abs. 3 GG erscheint, wird heute nur noch sehr zurückhaltend mit derartigen Vorstellungen verbunden - eben weil angesichts der zahlreichen völkerrechtlichen Abmachungen hierfür kein Bedarf mehr besteht.

## 3. Die Grundsätze des Artikel 20 GG

Sind in Art. 1 GG in erster Linie die moralisch–ethischen Grundzüge der Bundesrepublik Deutschland hochabstrakt gezeichnet, fasst Art. 20 GG die gedanklich inhaltlichen Konsequenzen aus diesen Grundzügen für ein organisatorisches Gesamtsystem der Staatlichkeit - ebenfalls hochabstrakt - zusammen.

Dass die Bundesrepublik eine „Republik" und keine Monarchie, welcher Art auch immer, sein und bleiben soll, ist angesichts eines bald hundert Jahre dauernden Gewöhnungsprozesses in Deutschland eher selbstverständlich. Verfechter eines monarchischen Modells haben heute nur noch Seltenheits- und Unter-

---

59 Dazu z. B. *Maunz* in MDH, Rn. 4 ff zu Art. 25.

60 Vgl. aber die unterschiedlichen Sichtweisen bei *Maunz*, MDHS, Rn. 4 ff zu Art. 25.

haltungswert. Das dürfte in der unmittelbaren Nachkriegszeit und lange vor Inkrafttreten des Grundgesetzes nicht sehr viel anders gewesen sein.[61]

Aber es fragt sich trotzdem, warum ein souveräner, demokratischer Gesetzgeber diese Staatsform in alle Zukunft nicht ändern darf, wenn er meint, ein König oder eine Königin, z. B. ausgestattet mit allenfalls den Befugnissen des heutigen Bundespräsidenten, wirke segensreich an der Spitze des Staates Deutschland. Mit Rückgriff auf Gebote des christlichen Naturrechts oder ähnlichen der Aufklärungsphilosophie wird man einem solchen Anliegen kaum begegnen können, denn Monarchien haben über viele Jahrhunderte ihre ganze Existenzberechtigung gerade aus diesem Naturrecht bezogen.[62]

Dass ethische Überlegungen entgegenstehen, wird man nicht ernsthaft behaupten können. Die Bundesrepublik ist auch heute noch von einer ganzen Reihe höchst reputierlicher und demokratisch ausgewiesener Monarchien umgeben. Von der einen oder anderen Republik in ihrer Umgebung wird man dies nicht ohne jede Einschränkung sagen können.[63]

Ein einziger sinnvoller Grund, der für die Republik als gewichtiges Prinzip spricht, ist die damit verbundene Abschaffung des Adels im Jahre 1919, die wohl nur in einer republikanischen Staatsform denkbar ist.

Hinzu kommt allerdings eine Kuriosität, auf die von verschiedenen Autoren hingewiesen wird: Nach Art. 28 Abs. 1 GG muss zwar die verfassungsmäßige Ordnung in den Ländern den Grundsätzen des republikanischen, demokratischen und sozialen Rechtsstaates im Sinne des Grundgesetzes entsprechen. Die Vorschrift hat aber, so könnte man argumentieren, nach ihrem Wortlaut keinen Anteil an dem Schutz des Art. 79 Abs. 3 GG. Sie könnte also ohne Not mit der Mehrheit des Art. 79 Abs. 2 GG und einer entsprechenden Textänderung des Art. 28 GG zu Gunsten der Verwandlung eines oder aller Länder in Fürstentümer bzw. Königreiche geändert werden. Der Bundespräsident wäre plötzlich - verfassungsrechtlich zulässig - möglicherweise von Königen bzw. Königinnen

---

61 Immerhin gibt es noch monarchistisch orientierte Gruppen, vgl. Spiegel Nr. 10 1954 und *Selzam*, aaO.; *Färber*, aaO., in Neuanfang Bayern, hrsg. v. *Wolfgang Benz*, S. 163 ff.

62 Eben über das so genannte „Gottesgnadentum"; dazu *Flor*, göttliche Vollmacht, 1991; auf den britischen Münzen findet sich heute noch hinter dem Namen Königin Elisabeth II der Zusatz DG (Gottes Gnaden); auch die Monarchen von Dänemark, Lichtenstein und den Niederlanden führen in ihrem Titel noch die Bezeichnung „von Gottes Gnaden".

63 Z. B. von Weißrussland und anderen östliche Republiken.

umgeben. Die Frage erscheint allerdings reichlich abseitig.[64] Es wird aber noch auf sie zurückzukommen sein, denn die Frage nach der Sinnhaftigkeit der Verewigung der republikanischen Staatsform bleibt bestehen.[65]

Nicht zu akzeptieren ist jedenfalls der Hinweis, diese Staatsform stehe in besonderer gedanklicher Beziehung zum „demokratischen Staat“: Ein republikanisch organisiertes Staatswesen gewährleiste auf Dauer nun einmal mehr Demokratie als eine Monarchie, selbst wenn diese auf konstitutioneller und parlamentarischer Basis beruhe. Dass dies schlicht falsch ist, zeigt jeder Blick auf zahlreiche europäische, monarchisch organisierte Kulturstaaten rund um Deutschland.

Natürlich formuliert das Grundprinzip des „demokratischen Staates“ einen uralten, mit den unterschiedlichsten Inhalten ausfüllbaren Begriff. Er kann und muss in einer Studie wie der vorliegenden nicht „kommentiert“ und am allerwenigsten „definiert“ werden. Die in mehr als zweieinhalbtausend Jahren dazu entstandene Literatur hat inzwischen gigantische Ausmaße angenommen und ist für das Verständnis des in Art. 20 Abs. 1 und Art. 79 Abs. 3 GG Gemeinten auch nur zum Teil von Bedeutung. Es wird im Zusammenhang mit dem Problem der so genannten „Volkssouveränität“ eingehend darauf zurückzukommen sein.[66]

Unumstritten dürfte sein, dass in Art. 20 Abs. 1 bis 3 GG die wichtigsten Grundentscheidungen des politischen Gesamtbildes der Bundesrepublik zum Ausdruck kommen.[67] Zu diesen zählt selbstverständlich auch die Staatszielbestimmung des Sozialstaatsprinzips[68], dem einerseits die Eignung für die juristische Begriffsbildung abgesprochen wurde, andererseits aber von einer ganzen Reihe von Autoren als Niederschlag eines christlich–theologisch begründeten Naturrechts verstanden wird.[69]

Zur Bundesstaatlichkeit wurde bereits oben im Rahmen des föderalistischen Prinzips Stellung genommen.

---

64 Immerhin wird sie diskutiert, vgl. z. B. *Hain*, in von *M/K*, Rn. 140 ff zu Art. 20 Abs. 3; zweifelnd *Herzog* in MDHS, Art. 20 Abs. 3, Rn. 5 zu Art. 20 Abs. 3; wenig einsichtig ist der Hinweis *Isensees,* das Monarchieverbot leite sich aus dem Grundsatz, nach dem alle Staatsgewalt vom Volk ausgehe; ebenso *Hain* in *M/K*, Rn. 139, der das Verbot aus dem demokratischen Prinzip ableitet.

65 Dazu 9. Abschn., A und B.

66 Dazu 9. Abschn., A und B.

67 Das bestätigt die gesamte Literatur.

68 Dazu *Rode*, Rechtsbindung, S. 32 ff mit Verweisen auf *Forsthoff*, VVDStRL, 1954, S. 1 ff und *Grewe*, DRiZ, 1949, S. 349 ff (351).

69 Z. B. von *Renee Marcic*, aaO., passim.

Man sollte allerdings eines auch nicht übersehen: Diese Grundentscheidungen finden sich heute in den meisten europäischen Verfassungen in ähnlicher Weise. Dass damit eine spezifisch „deutsche Verfassungsidentität“ zum Ausdruck gelangt, ist deshalb nur schwer einzusehen. Die Frage ist vielmehr die, ob dem Verfassungsgeber diese Spezifität unter rechtstheoretischen Gesichtspunkten überhaupt gelungen ist. Man wird das – wie sich zeigen wird – verneinen müssen. Denn es wurde bereits oben darauf hingewiesen, dass diese Grundentscheidungen - wie das Bundesverfassungsgericht sie herausstellt[70] - nicht die einzigen sind, die geradezu elitär diese Eigenschaft verkörpern und deshalb im Grundgesetz allein Art. 79 Abs. 3 GG mit seinen Bezugspunkten die Bezeichnung „Verfassungsidentität“ nicht verdient.

Da Art. 79 Abs. 3 GG nur auf relativ wenige ethische Wertentscheidungen bezogen ist, die man außerdem überwiegend mit naturrechtlichen Vorstellungen zu interpretieren pflegt. Das lässt jedenfalls den Verdacht entstehen, dass letzteres der Grund ist, weswegen gerade diese Vorschrift die einzige in ganz besonderer Weise „geschützte“ im Grundgesetz sein soll.

## C Überpositivität und Universalität als Begriffe der Naturrechtslehre

### I. Art. 79 Abs. 3 als Naturrecht positivierende, eigenständige Rechtsnorm

Das muss nachdenklich stimmen, denn selbst ein überzeugter Anhänger der Naturrechtslehre wird logischerweise eines einräumen müssen: Für sich betrachtet – also gewissermaßen als ein seine einzelnen Tatbestandsmerkmale verbindendes Konglomerat – weist Art. 79 Abs. 3 GG auch nicht die geringsten Konnexitäten zu naturrechtlichen Begründungszusammenhängen auf. Dazu sind die einzelnen Bewusstseinsinhalte, die sich hinter seinem Tatbestand verbergen, für sich genommen viel zu unterschiedlich. Das an erster Stelle hervorgehobene Prinzip des Föderalismus entzieht sich völlig jeder Möglichkeit naturrechtlicher Rechtfertigungsversuche.

Das gleiche gilt für die Struktur Deutschlands als Republik und die Organisation der Staatsgewalt wie sie nach Art. 20 Abs. 2 und 3 GG vorgesehen ist, wenn man einmal davon absieht, das man den Gewaltenteilungsgedanken natürlich aus dem Naturrechtsdenken der Aufklärung abzuleiten pflegt. Erklärbar wird das Ganze nur aus einem anderen Gesichtspunkt

---

70 Lissabon-Urteil, Abs.-Nr. 235.

## II. Das Problem von Sein und Sollen

Das Bundesverfassungsgericht bezeichnet vor allem die Begriffe „Würde“ sowie „Freiheit“ und Gleichheit“ als „universal“, was dann im Zusammenspiel mit der angeblich in Art. 79 Abs. 3 GG festgelegten unantastbaren Verfassungsidentität zusätzlich als „Übergriff in die verfassungsgebende Gewalt des Volkes“ beschrieben wird.[71]

Man ist sich nicht sicher, was das Gericht unter „Unversalität“ versteht: Es könnte – wie schon gesagt - die Positivierung des Würdebegriffs in zahlreichen völkerrechtlichen Kontexten gemeint sein. Doch die Hinweise auf *Isensee, Moelle* und *Stückrath* in Abs.-Nr. 217[72] und die Andeutung der möglichen auch über das Grundgesetz hinausgehenden Geltungskraft des Art. 79 Abs. 3 GG sprechen einerseits für eine naturrechtliche Begründung, der Verweis auf den „Übergriff in die verfassungsgebende Gewalt des Volkes“ lässt andererseits die Thesen *Carl Schmitts* und seine Lehre vom pouvoir constituant[73] vermuten, deren geistiger Hintergrund wiederum über *Sieyès* auch naturrechtlich bedingt ist.

Wie immer das Bundesverfassungsgericht auch die Ewigkeitsklausel in ihrem Wesen theoretisch zu charakterisieren versucht, naturrechtliches Denken einerseits und die Lehre von der imaginären „verfassungsgebenden Gewalt des Volkes“ andererseits, auf die unten einzugehen ist, sind immer beteiligt.

Doch bleiben wir noch kurz bei den naturrechtlichen Ansätzen des Bundesverfassungsgerichts und seinen Konkretisierungen des Begriffs der Menschenwürde. Überdeutlich werden diese Ansätze insbesondere, blickt man auf das, was das Gericht – und eine weitverbreitete Lehre - zur Trägerschaft der Menschenwürde sagt: “Träger der Menschenwürde“ sind danach wohl „alle Lebewesen, die von Menschen gezeugt worden sind über den Tod hinaus, ohne dass es für den Würdeschutz des Toten sowie dessen Leichnams auf die Rechtssubjektivität ankäme“.[74]

---

71 Lissabon-Urteil, Abs.-Nr. 218.

72 Lissabon-Urteil, Abs. Nr. 217.

73 Lissabon-Urteil, Abs.-Nr. 218.

74 *Christian Starck*, Menschenwürde, S. 324; vgl. auch die von *Starck* dort in Fn. 62 Zitierten; *Starck* verweist in diesem Zusammenhang auf *Wieacker*, Naturrechtsdiskussion, op.cit., S. 13, der von „Fenstern der positiven Rechtsordnung zu überpositiven Maßstäben spricht. Diese Fenster – so meint *Starck* – eröffnen einen bestimmten Blick, die wiederum die notwendigen „Anhaltspunkte“ im Sinne *Peter Baduras*, JZ 1964, 340, liefern, ohne die ein Recurs auf „vorpositive Maßstäbe“ nicht zulässig sei; vgl. auch *Starck*, JZ 1981, S. 457 ff.

Es wird dabei übersehen, dass „Menschenwürde“ im Sinne der traditionellen Lehre vom allgemein abstrakten Begriff weder definierbar noch „subsumtionsfähig“ ist. *Reinhard Merkel* hat in seiner Kritik der beiden Urteile des Gerichts zum Schwangerschaftsabbruch aus den Jahren 1975 und 1993 die Unhaltbarkeit der Deduktionen des Gerichts zum Würdebegriff nachgewiesen und deren bedenkliche Folgen für den Umgang z. B. auch im Rahmen der Forschung mit menschlichen Embryonen überzeugend dargestellt.[75]

Sowohl in der wissenschaftlichen Diskussion wie auch in den politischen Debatten der Öffentlichkeit änderten sich die Standpunkte seitdem nur wenig. In der Rechtsprechung gab es allerdings, wenn auch erst Jahrzehnte später, im Jahre 2010, ein erstes nachhaltiges Signal aus Anlass der so genannten PID von Seiten des Bundesgerichtshofes.[76] Er verneinte die Strafbarkeit damit verbundener medizinischer Handlungen nach dem Embryonenschutzgesetz und mobilisierte auf diese Weise eine breite Öffentlichkeit. Ein erstes Ergebnis: In breiten politischen Kreisen lief man Sturm gegen die Einbruchstelle in eine geordnete christliche Welt. Quer durch die Fraktionen beschloss man den Schaden im Gesetzeswege und im Eiltempo zu reparieren.[77] Man kann es nicht übersehen: Die Unantastbarkeit der „Würde des Menschen“ wird bis heute von vielen Autoren, aber auch von der Rechtsprechung des Bundesverfassungsgerichts, immer noch unter weitgehend ideologischen Gedankengängen der Aufklärung, aber auch der katholisch-scholastischen Naturrechtslehre des Mittelalters verstanden und interpretiert.[78]

Für Rechtstheorie und Rechtsphilosophie dürfte dagegen seit *David Hume* (1711 – 1776) unwiderlegt feststehen, dass diese Interpretation logisch verfehlt und deshalb wissenschaftlich unzulässig ist.

In: A Treatise of Human Nature heißt es im Original[79]:
“In every system of morality, which I have hitherto met with, I have always remark’d, that the author proceeds for some time in the ordinary ways of reasoning, and establishes the being of a God, or makes observations concerning human affairs; when of a sudden I am surpriz’d to find, that instead of the usual copulations of propositions, is, and is not, I meet with no proposition that is not

75 Vgl. unten unter E II; dazu auch *Dreier* in *Dreier*, Grundgesetz I, Rn. 66 zu Art. 1 spricht hier von dem berühmten naturalistischen Fehlschluss; *Hilgendorf*, aaO., S. 395 ff und *Hofmann*, AÖR 118 (1993), 353 ff (361).

76 BGH Urteil vom 6.7.2010 – 5 StR 386/09.

77 Das geschah mit dem Gesetzesbeschluss des Bundestages vom 7. Juli 2011, der sich zu einer begrenzten Zulassung der PID durchringen konnte.

78 Eindeutig ist insoweit die Position der katholischen Kirche so wie ihr nahestehender gesellschaftlicher Gruppen und Einrichtungen.

79 *David Hume*, A Treatise of Human Nature, 3. 1. 1.

connected with an ought, or an ought not. This change is imperceptible; but is however, of the last consequence. For as this ought not, expresses some new relation or affirmation, 'tis necessary that it shou'd be observ'd and explain'd, and at the same time that a reason should be given; for what seems altogether inconceivable, how this new relation can be a deduction from others, which are entirely different from it.

In deutscher Übersetzung:
"In jedem moralischen System, das mir bislang begegnet ist, habe ich stets festgestellt, dass der Autor eine gewisse Zeit in der üblichen Argumentationsweise fortschreitet und darlegt, dass es einen Gott gibt oder Beobachtungen über menschliche Angelegenheiten trifft; dann plötzlich stelle ich überrascht fest, dass anstatt der üblichen Satzverknüpfungen, nämlich „ist" und „ist nicht", ich nur auf solche Sätze stoße, welche mit „soll" oder „soll nicht" verbunden sind. Dies ändert sich auf nicht wahrnehmbare Weise – es ist aber, worauf es letztlich führt. Denn dieses „soll" oder „soll nicht!" drückt eine neue Art der Verbindung oder der Behauptung aus. Das sollte genau bemerkt und erklärt werden, und zwar so, dass gleichzeitig ein Grund angegeben wird. Denn es scheint schlicht unverständlich, wie diese neue Art der Verbindung eine Ableitung aus anderen sein kann, da jene anderen vollständig davon verschieden beschaffen sind."

Man spricht im Zusammenhang mit dieser Einsicht *Humes* und im Anschluss an *George Edward Moore* (1873 – 1958) auch vom „Naturalistischen Fehlschluss"[80], wobei nicht unwichtige Unterschiede im Denken beider zu beachten sind: Für *Hume* bestand der menschliche Geist aus Vernunft einerseits und Wille andererseits. Die Vernunft fragt nach Kongruenz von Überzeugung und Wirklichkeit, also nach Wahrheit, der Wille dagegen nach der Wirklichkeitsgestaltung entsprechend menschlicher Wünsche, also nicht nach Wahrheit.[81] Die Konsequenz dieser strengen Unterscheidung war die, dass, wo kein menschlicher Wille sichtbar ist, ein „Sollen" undenkbar ist. Andererseits sah *Hume* in der Lebenspraxis gleichwohl ethische Begriffe verwendet (Wertentscheidungen), die Mischformen sowohl beschreibender wie auch vorschreibender Art aufweisen.[82]

Dieses Zugeständnis macht *Moore* nicht. Für ihn sind beide Bereiche völlig eigenständig und bieten keine Möglichkeit, Wertbegriffe auf naturwissenschaftliche zu reduzieren. Das führte natürlich den Ethiker und letztlich auch viele Juristen in größte Schwierigkeiten, ihre Wissenschaftsdisziplinen als „wissenschaftlich" zu rechtfertigen.

---

80 Zum naturalistischen Fehlschluss *George Edward Moore*, Principia Ethica , aaO., S. 65.

81 *Hume*, Treatise, aaO.; dazu *Kutschera*, aaO.; *Schurz*, aaO.

82 aaO., Treatise, 3.1.1.

Selbst das Minimum der so genannten *Radbruchschen* Formel[83] wurde konsequenterweise in Zweifel gezogen, so dass *H. L. Hart* mit seinem „Klarheitsargument" erklären konnte:[84] „Denn wenn wir uns *Radbruchs* Ansicht anschließen und mit ihm und den deutschen Gerichten unseren Protest gegen verwerfliche Gesetze in die Behauptung kleiden, dass gewisse Normen wegen ihrer moralischen Unhaltbarkeit nicht Recht sein können, so bringen wir Verwirrung in eine der stärksten, weil einfachsten Formen moralischer Kritik."

Allerdings gibt es in der heutigen Rechtsphilosophie und Rechtstheorie auch Vertreter, die nach einer gewissen Verbindung zwischen den beiden extremen Polen suchen. Zu ihnen zählen vor allem *Jürgen Habermas* mit seiner Diskurstheorie[85] und – darauf aufbauend – *Robert Alexy* mit seiner „Sonderfallthese".[86] Auf diese Autoren wird im Zusammenhang mit verfassungsrechtlichen Wertentscheidungen zurückzukommen sein.

Eine Rechtfertigung für die „Universalität" und „Überpositivität" der „Verfassungsidentität" im Sinne des Lissabon-Urteils liefern solche Überlegungen allerdings auch nicht.

Das Bundesverfassungsgericht macht zwar kaum irgendwo deutlich, welcher der verschiedenen Naturrechtsideen es anhängt und warum es dies tut, wenn es immer wieder von „überpositivem" oder „universellem" Recht spricht. Klar ist, dass es das Vorhandensein einer solchen Rechtsordnung bejaht und sich – neuerdings unter Hinweis auf seine „Integrationsverantwortung" im Lissabon-Urteil – offenbar wieder für befugt und kompetent erklärt, seine Inhalte festzustellen.[87]

Und diese naturrechtlichen Argumentationen sind nur die eine Seite der Bedenken, auf die die Ausführungen im Lissabon-Urteil stoßen müssen. Die andere ist die der These vom pouvoir constituant mit all den damit verbundenen Problemen der Verfassungsinterpretation.[88] Sie werden im Folgenden intensiv angesprochen werden.

---

83 *Radbruch*, SJZ 1946, S. 105 ff (107); ders. (posthum), Vorschule, S. 34; vgl. auch BGHZ 3, 94 ff (107); BVerfGE 23, 98 zur Ausbürgerung.

84 *H. L. A. Hart,* Positivismus, in Recht und Moral, 1971, S. 14 ff (44); vgl. auch *Norbert Hoerster*, Was ist Recht? Grundfragen, aaO.

85 *Habermas*, Faktizität, aaO.

86 *Robert Alexy*, Theorie, zur Sonderfallthese, aaO.

87 Wie lange vorher BVerfGE 1, 14 ff (Südweststaat–Urteil); vgl. aber auch das Urteil zur elterlichen Gewalt, BVerfGE, 10, 59 ff.

88 Dazu 4. Abschn., A und B; 5. Abschn., B.

## III. Das Südweststaat-Urteil als Wiedergeburt der Naturrechtslehre in der Rechtsprechung

Die Weichen zur Wiederaufbereitung naturrechtlicher Argumentationsmuster hat das Gericht schon sehr früh gestellt: Seine Hinwendung zur Anerkennung des Naturrechts als Kriterium für die Gesetzesauslegung zeigt sich bereits sehr drastisch im bekannten Südweststaat-Urteil aus dem Jahre 1951.[89]

„Das Bundesverfassungsgericht erkennt die Existenz überpositiven, auch den Verfassungsgesetzgeber bindenden Rechtes an und ist zuständig, das gesetzte Recht daran zu messen."

Eine theoretische Begründung für eine solche Rechtspraxis lieferte das Gericht nur begrenzt, indem es später auf die Bindung des Richters an „Gesetz und Recht" und damit auf eine nach dem Gesetzeswortlaut nicht erkennbare Wertordnung verweist:

„Die traditionelle Bindung des Richters an das Gesetz, ein tragender Bestandteil des Gewaltentrennungsgrundsatzes und damit der Rechtsstaatlichkeit, ist im Grundgesetz jedenfalls der Formulierung nach dahin abgewandelt, dass die Rechtsprechung an „Gesetz und Recht" gebunden ist (Art. 20 Abs. 3). Damit wird nach allgemeiner Meinung ein enger Gesetzespositivismus abgelehnt. Die Formel hält das Bewusstsein aufrecht, dass sich Gesetz und Recht zwar faktisch im Allgemeinen, aber nicht notwendig und immer decken. Das Recht ist nicht mit der Gesamtheit der geschriebenen Gesetze identisch. Gegenüber den positiven Satzungen der Staatsgewalt kann unter Umständen ein Mehr an Recht bestehen, das seine Quelle in der verfassungsmäßigen Rechtsordnung als einem Sinnganzen besitzt und dem geschriebenen Gesetz gegenüber als Korrektiv zu wirken vermag; es zu finden und in Entscheidungen zu verwirklichen, ist Aufgabe der Rechtsprechung. Der Richter ist nach dem Grundgesetz nicht darauf verwiesen, gesetzgeberische Weisungen in den Grenzen des möglichen Wortsinns auf den Einzelfall anzuwenden."

Als selbsternannter „Hüter der Verfassung" macht sich das Gericht auf diese Weise zum „super Gesetzgeber" und „permanenten Verfassungsrevisor".[90] Man muss es nicht so hart ausdrücken wie *Ridder*, aber die hier zu Tage tretende rechtschöpfende Funktion des Gerichts ist nicht zu übersehen und wird vom

---

89 Vgl. Fn. 87.

90 *Ridder*, Die neueren Entwicklungen, aaO.

Bundesverfassungsgericht auch für sich in Anspruch genommen. Auf Einwände hat es bisher kaum reagiert.[91]

Man ist immer wieder überrascht: Das Gericht hat einen praktischen Fall zu lösen und begibt sich auf die Schatzsuche: Wenn die herkömmlichen Interpretationsmethoden, wie Wortlaut, Grammatik, Systematik und Teleologik bis hin zur Entstehungsgeschichte, keine zufriedenstellende Antwort geben, beginnt die Suche nach der „überpositiven" Wertordnung. Und hat die zu entscheidende Sache dann noch hochpolitische Bedeutung – wie etwa im Zusammenhang mit der Europäischen Union – gewinnt man diese überpositive Wertordnung aus der Präambel in Verbindung mit Art. 23 GG als „Europafreundlichkeit" oder man legitimiert den Staatssekretär im Europäischen Rat angesichts einer nicht erkennbaren „Rückkoppelung an den Volkswillen" als „demokratisch".

Das mag Zufriedenheit bei Politikern auslösen, der eine oder andere Jurist dagegen dürfte schwere Bedenken anmelden.

Wie diese rechtschöpfende Rechtsprechung z. B. unter Gesichtspunkten der Gewaltenteilung zu sehen ist, wird unten im Rahmen der Frage nach dem Demokratiegebot des Art. 20 GG weiter zu erörtern sein. Andererseits ist für die vorliegende Untersuchung eine auffällige Wortbildung im Südweststaat-Urteil interessant: Das Bundesverfassungsgericht spricht hier von einer „verfassungsgebenden Versammlung", die offenbar einen höheren Rang hat, als die aufgrund der Verfassung gewählte Volksvertretung, denn die erstere sei im Besitz des „pouvoir constituant".

Das Gericht spricht hier zwar von einem Landtag. Was kann aber anderes gelten für den Fall eines Bundesverfassungsgebers zum Grundgesetz? Doch offensichtlich für den Parlamentarischen Rat! Man ist deshalb versucht zu sagen, dass das Gericht noch 1951 eine viel näher liegende Einsicht in das Wesen des „Verfassungsgebers" besaß, als nach der Öffnung der Präambel für viel weitergehende interpretatorische Operationen. Davon wird noch die Rede sein.

Doch bleiben wir zunächst noch kurz bei der nicht selten naturrechtlich ausgerichteten Rechtsprechung des Bundesverfassungsgerichtes. Die beiden bekannten Urteile zum Schwangerschaftsabbruch aus den Jahren 1975 und 1993 sind insoweit typische und anschauliche Beispiele für methodisch fragwürdige Interpretationen des Art. 1 Abs. 1 GG auf der Basis einer naturrechtlich mitgeprägten Verfassungsinterpretation.

---

[91] Vgl. auch *Larenz*, Methodenlehre, S. 402 ff und 428; *Rupp–v. Brünnek/Simon*, Minderheitenvotum, aaO., vgl. auch BVerfGE 34, 269.

## IV. Das Beispiel der Urteile zum Schwangerschaftsabbruch von 1975 und 1993

Beide Urteile betreffen im Wesentlichen – was den Text des Grundgesetzes angeht – Art. 1 Abs. 1 S. 1 und Art. 2 Abs. 2 S 1 GG. Das sind Elemente der angeblich nach Art. 79 Abs. 3 GG unantastbaren „Verfassungsidentität" der Bundesrepublik. Die Entscheidungen sind bestens bekannt und sollen hier nur kurz angesprochen werden.

*Reinhard Merkel* hat bereits im Jahre 2002 eindrucksvoll und überzeugend nachgewiesen, in welchem Maße sich beide Entscheidungen rechtstheoretisch als äußerst fragwürdig erweisen. Die Annahme des Bundesverfassungsgerichts, aus dem Begriff „Menschenwürde" in Art. 1 Abs. 1 GG und dem „jeder hat" (ein Recht auf Leben) folge notwendigerweise die individuelle Würde einer geteilten Eizelle wie bei einem einzelnen geborenen und erwachsenen Menschen im Sinne eines subjektiven öffentlichen Rechts (Grundrechts), ergibt sich nach Ansicht des Gerichts aus der Würde des Menschen als Gattungswesen.

Das führt natürlich zur Grundrechtsfähigkeit einer jeden einzelnen embryonalen Zelle mit all den heute bekannten Folgen für die Forschung, wie sie das Embryonenschutzgesetz zum Ausdruck bringt. Einen bestimmten Zeitpunkt für den Beginn des Grundrechtsschutzes gibt es nicht: Die Grundrechtsfähigkeit der embryonalen Stammzelle besteht schon vom Beginn ihrer Entstehung an (also einschließlich der praenidativen Zeitspanne bis zum Abschluss des 13. Tages) und nicht etwa erst vom Beginn der Nidation an.

Genau dies erzeugte eine verblüffende Diskrepanz zu den Vorschriften des Strafrechts[92], was *Merkel* völlig einsichtig dartut: Ist der Embryo Grundrechtssubjekt und deshalb seine Tötung rechtswidrig und muss für die ganze Dauer der Schwangerschaft verboten sein, ist jede staatliche Mitwirkung an der Tötung, nämlich seine Anordnung der Beratung usw., ebenfalls rechtswidrig. Ähnliches gilt für den freien Verkauf mit der entsprechenden unangetasteten Werbung von so genannten Nidationshemmern, wie der von vielen Frauen verwendeten Spirale.

Der Grundwiderspruch der Entscheidung aus dem Jahre 1993 ist damit offengelegt. Daran vermag auch der Hinweis auf die „absolute Einzigartigkeit" des Abtreibungskonflikts nichts zu ändern: Rechtfertigungsversuche glauben, eine

---

[92] Nämlich zu § 218 a Abs. 2 StGB und zu BVerfGE 88, 268 ff (318); dazu *R. Merkel*, aaO., S.39 ff und 72.

„singuläre Besonderheit“ im Konflikt der Frau zu erkennen, welche die „singuläre Tötungserlaubnis“ im Strafrecht wiederum rechtfertige.[93]

Genau an dieser Stelle erweist sich der fatale Fehler der „Naturrechtslogik“, wie er oben unter A II. 2. beschrieben wurde: Es ist auch hier der Fehlschluss von einem Sein, dem Sonderfall des Konflikts als Einzigartigkeit, auf ein rechtliches Sollen, nämlich die Tötungserlaubnis. Insoweit lieferten die beiden Entscheidungen zu einem Element der Art. 1 Abs. 1 und 2 Abs.2 GG drastische Beispiele für die Fragwürdigkeit einer naturrechtsorientierten Rechtsprechung des höchsten Gerichts. Ähnliche Beispiele finden sich in verschiedenen anderen Urteilen.

Der Bundesgerichtshof hat bekanntlich im Juli 2010 die Präimplantationsdiagnostik (PID) für nicht strafbar erklärt und der oben erwähnte Gesetzesbeschluss des Bundestages, der diesem Urteil für Ausnahmefälle Rechnung trägt, liegt vor. Man fragt sich natürlich, wie dies das Bundesverfassungsgericht beurteilen würde und möglicherweise beurteilen wird. Es geht um das Glück zahlreicher Familien, dass wieder einmal einer christlich-katholischen Ideologie geopfert werden könnte. Ähnliches gilt auch für die Forschung an embryonalen Stammzellen, die in der Zukunft gewaltige medizinische Fortschritte zum Wohle der Menschen mit sich bringen könnte. Auch hier bleibt zu hoffen, dass sie der „Verfassungsidentität“ der Deutschen mit ihrer aus naturrechtlicher Ideologie gewonnenen Rechtsfindung nicht zum Opfer fällt.

Zuvor lohnt sich jedoch ein Blick auf die jüngere deutsche Verfassungsgeschichte, der die historische Einzigartigkeit des Art. 79 Abs. 3 GG anschaulich macht.

---

93 *Merkel*, aaO., S. 72, 87 und 89.

## Dritter Abschnitt

## Verfassungsänderungsvorschriften der jüngeren deutschen Verfassungsgeschichte

Staaten waren von jeher – wie Menschen – auf ihre Selbsterhaltung bedacht. Was man während langer Zeiten in Europa im Wesentlichen mit militärischen oder zivilen Gewaltmitteln zu erreichen suchte, begann man später im Wege rechtlicher Vorgaben – sei es gegenüber anderen Staaten, sei es gegenüber eigenen Staatsangehörigen – durchzusetzen bzw. zu garantieren.[94]

Während andere europäische Nationen, wie England und Frankreich, aber auch die nordamerikanische Staatenwelt im Rahmen geschriebenen oder ungeschriebenen Verfassungsrechts bereits um die Mitte des 18. Jahrhunderts begannen, die individuelle Freiheit und Gleichheit der Staatsbürger allmählich und schrittweise in den Vordergrund zu rücken, geschah dies im deutschen Raum erst 140 Jahre später im Wege revolutionärer Ereignisse nach einem vom Deutschen Reich mit verursachten und verlorenen Krieg gegen andere große Kulturnationen.

Obwohl die Gedankenwelt eines *Rousseau*, *Montesquieu* oder *John Locke* auch im deutschen Raum durchaus bekannt geworden war und das Fanal des Jahres 1789 die Menschen nicht nur aufgeschreckt, sondern auch emotional bewegt hatte, änderte sich die politische Geisteshaltung der staatstragenden Schichten in den beiden deutschen Großstaaten Österreich und Preußen kaum.

Der unter blutigen Opfern der die Freiheit und Gleichheit anstrebenden Jugend erfochtene Sieg über Napoleon bewirkte für diese Jugend selbst genau das Gegenteil ihrer Hoffnungen:[95] Der Wiener Kongress – geführt im Sinne Metternichs – wollte eine Neuordnung Europas und setzte sie, jedenfalls für den Be-

---

94 In der Vielfalt dieser Prozesse in der zweiten Hälfte des 18. Jahrhunderts sind Beispiele vor allem die ersten demokratischen Verfassungen in Frankreich und den USA. Besonders deutlich wird der Zusammenhang von „civil liberty“ und „political liberty“ im Konstitutionalisierungsprozess der sich vom Mutterland unabhängig gemachten Kolonien Nordamerikas. Dazu *W. P. Adams*, aaO., S. 7 ff und 147 ff; *Dreier*, JZ 1994, S.741 Fn. 5; siehe auch die erste Verfassung Frankreichs von September 1792.

95 Die Metternichsche Restauration wirkte sich praktisch bis zum Ende des 1. Weltkrieges aus; dazu *von Haller*, aaO., *Kann*, aaO.; *Faber*, aaO.

reich der deutsch sprechenden Staaten, auch durch. Dass sie die Ordnung der Vergangenheit war, ist bekannt.[96]

## A Die gescheiterte Verfassung von 1849

Ebenso bekannt ist, dass der erste Versuch, in Deutschland eine in Maßen demokratisch ausgerichtete Verfassung einzuführen, nach der Märzrevolution der Jahre 1848/49 völlig gescheitert ist.[97] Dennoch lohnt sich ein Blick auf den Text der für die damalige Zeit und deren politische Wirklichkeit höchst fortschrittlichen Verfassungsschöpfung. Es ist unumstritten, dass die „Verfassung des deutschen Reichs“ vom 28. März 1849 – obwohl nie wirksam geworden – Zeichen gesetzt hat für die Verfassungsentwicklung der Folgezeit.

Eine „Präambel“ im heutigen Sinne hatte sie nicht, sieht man einmal von dem vorangestellten, reichlich simplen Satz ab: „Die deutsche verfassungsgebende Nationalversammlung hat beschlossen und verkündigt als Reichsverfassung: Verfassung des deutschen Reiches.“

Ohne Pathos wird die Nationalversammlung der Paulskirche mit ihren insgesamt 809 Abgeordneten als Verfassungsgeber angesehen. Niemand hatte den so genannten „Dritten Stand“ des seit 60 Jahren berühmten *Sieyès*-Werkes, von dem noch die Rede sein wird, im Sinn. Denn die über tausend Jahre währende Tradition monarchischen Denkens fand auch in der Vorschrift der Reichsverfassung über ihre Änderung einen deutlichen Niederschlag. Die angestrebte und erhoffte konstitutionelle Monarchie mit einem „Deutschen Kaiser“ an der Spitze hatte wenig gemein mit der geistigen Radikalität der französischen Revolution.

Zwar sprach § 137 davon, dass „vor dem Gesetz kein Unterschied der Stände“ gilt, dass der „Adel als Stand aufgehoben“ ist und dass „alle Standesvorrechte abgeschafft sind“. Wie dies in der staatlichen Praxis funktioniert hätte, mag hier dahinstehen.[98]

---

96 Aus der Fülle der Literatur vgl. z. B. *Böckenförde* (Hrsg.), Deutsche Verfassungsgeschichte, mit zahlreichen Nachweisen.

97 Am 11. April 1847 erklärte der preußische König: „Es drängt mich zu der feierlichen Erklärung, dass … Ich es nun und nimmer zugeben werde, dass sich zwischen unserem Herrgott im Himmel und dieses Land ein beschriebenes Blatt, gleichsam als eine zweite Vorsehung, eindränge, um uns mit Paragraphen zu regieren und durch sie die alte Treue zu ersetzen.“ – Am 3. Dezember 1848 verkündete die Regierung die (oktroyierte) Verfassung und am 31. Januar 1850 trat die revidierte Verfassung in Kraft; vgl. *Forsthoff*, Verfassungsgeschichte, S. 126 ff.

98 Trotz Abschaffung des Adels durch die Weimarer Verfassung änderte sich nach 1919 im Verhalten der Menschen nur wenig. Bis in die Zeit des zweiten Weltkrieges galten zwar rechtlich keine Privilegien mehr, soziales Prestige und entsprechendes gesellschaftliches in Erscheinung des Adels treten sind aber bis heute sichtbar.

In Bezug auf „Abänderungen in der Reichsverfassung“ hieß es dann in § 196: § 196 - Abänderungen in der Reichsverfassung können nur durch einen Beschluss beider Häuser und mit Zustimmung des Reichsoberhauptes erfolgen. Zu einem solchen Beschluss bedarf es in jedem der beiden Häuser

1. der Anwesenheit von wenigstens zwei Dritteln der Mitglieder;
2. zweier Abstimmungen, zwischen welchen ein Zeitraum von wenigstens acht Tagen liegen muss;
3. einer Stimmenmehrheit von wenigstens zwei Dritteln der anwesenden Mitglieder bei jeder der beiden Abstimmungen.

Der Zustimmung des Reichsoberhauptes bedarf es nicht, wenn in drei sich unmittelbar folgenden ordentlichen Sitzungsperioden derselbe Reichstagsbeschluss unverändert gefasst worden ist. Eine ordentliche Sitzungsperiode, welche nicht wenigstens vier Wochen dauert, wird in dieser Reihenfolge nicht mitgezählt.

Eine eigenartige und deshalb interessante Vorschrift findet sich aber bereits im Abschnitt VII über die „Gewähr der Verfassung“: In dessen Art. II gibt es in den §§ 194 und 195 folgende Bestimmungen: Nach § 194 darf „keine Bestimmung in der Verfassung oder in den Gesetzen eines Einzelstaates mit der Reichsverfassung in Widerspruch stehen“. Eine Sonderregelung gibt es hierzu allerdings in § 195: „Eine Änderung der Regierungsform in einem Einzelstaate darf nur mit Zustimmung der Reichsgewalt erfolgen“ und „diese Zustimmung muss in den für Änderungen der Reichsverfassung vorgeschriebenen Formen gegeben werden“.

Man wird überraschend an eine Problematik erinnert, die bis heute im Zusammenhang mit Art. 28 Abs. 1 S. 1 GG und dessen möglicher Änderung diskutiert wird.[99] Die Paulskirchenverfassung hat diese Frage – so scheint es jedenfalls – in ihrem Text selbst beantwortet: Sie ermöglicht eine andere Regierungsform in einem Einzelstaat als die vorhandene, sofern die Reichsgewalt ihre Zustimmung erklärt und dies in den für die Änderung der Reichsverfassung vorgesehenen Formen geschieht. Die Abgeordneten der Paulskirche konnten sich also vorstellen, dass in einem Einzelstaat im Gegensatz zum Reich eine Regierung ohne Fürst und ohne das damit verbundene monarchische Gepräge existierte.

Für die heutige Lehre zum Grundgesetz ist eine solche Vorstellung nur schwer denkbar: In Berlin würde ein Bundespräsident an der Spitze des Staates stehen und in den Bundesländern Bayern und Sachsen ein König oder eine Königin mit der grotesken Ausstattung der Vergangenheit. Dass bereits in diesem

---

[99] Dazu 11. Abschn., B I und II.

kurzen historischen Rückblick ein Teil des theoretischen Problems des Art. 79 Abs. 3 GG auftaucht, mag überraschen, liegt aber auf der Hand.

Allerdings erscheint die Regelung in der Reichsverfassung – betrachtet man die liberale Geisteshandlung der Abgeordneten und ihr bürgerliches und intellektuelles Ambiente – durchaus verständlich. Wichtigstes Ziel ihres Denkens war viel eher die Verwirklichung der großdeutschen Idee, d. h. die Schaffung eines deutsch-österreichischen Großreiches. Die innere demokratische Ausgestaltung des Reiches rückte dabei in den Hintergrund.

Das zeigt sich auch an den eigentlichen Änderungsvorschriften des § 196: Zwar war für einen Änderungsbeschluss der Beschluss beider Häuser, des Volks- und des Staatenhauses, erforderlich. Es bedurfte der bekannten zwei Drittel der anwesenden Mitglieder bei jeweils 2 Abstimmungen in einem Zeitraum von wenigstens acht Tagen. Einige weitere Erschwernisse, auf deren Beschreibung hier verzichtet werden kann, traten hinzu.

Ein wichtiges anderes Erfordernis muss hier jedoch betont werden, weil es wieder an Probleme des Art. 79 Abs. 3 GG erinnert: Gemäß § 196 Abs. 1 bedurfte jede Änderung der Verfassung, also die Änderung jeder noch so geringen Vorschrift, der Zustimmung des Reichsoberhauptes – also des erhofften Kaisers und preußischen Königs.

Die Antastbarkeit oder auch mögliche Unantastbarkeit der Verfassung sollte vom Willen des Kaisers abhängen, und zwar in Bezug auf jede einzelne Verfassungsvorschrift. Was der Kaiser nicht wollte, konnte in den parlamentarischen Körperschaften nicht geschehen. Kennt man die Mentalität der preußischen Könige, angefangen bei Friedrich Wilhelm IV, der die Kaiserwürde dann bekanntlich ablehnte, kann man sich die politische Wirkkraft, wäre sie je relevant geworden, klar vor Augen halten. Allerdings öffnet § 196 Abs. 3 eine kleine Lücke: „Der Zustimmung des Reichsoberhauptes bedarf es nicht, wenn in drei sich unmittelbar folgenden ordentlichen Sitzungsperioden derselbe Reichstagsbeschluss unverändert gefasst worden ist."

Alles in allem hätte es nach all dem eine nicht zu übersehende Komplexität bei der Änderung der Reichsverfassung gegeben. Man darf das auf sich beruhen lassen, denn sie ist nie wirksam geworden.

## B Änderungsnormen der Weimarer Verfassung (unter Einbeziehung der Verfassung von 1871)

Auf die Darstellung der Änderungsvorschriften der Reichverfassung von 1871 kann hier verzichtet werden, denn sie haben keine Bedeutung für eine demokratische Verfassungsentwicklung in Deutschland. Die große Zäsur in der Geschichte des deutschen Verfassungsrechts begann erst nach dem Ende des verlorenen ersten Weltkrieges:[100]

Die bis dahin staatstragenden Kräfte der Vergangenheit, Kaiser, Könige, Fürsten, Adel und Klerus, verloren ihre mehr als eineinhalbtausend Jahre lang hartnäckig bewahrte und verteidigte Macht. Andere Kräfte – nämlich die nach politischer Teilhabe strebenden Staatsbürger – gewannen politische Einwirkungs- und Gestaltungsmöglichkeiten. Mit der Weimarer Verfassung von 1919 machte Deutschland einen Schritt, den andere Nationen nahezu hundertfünfzig Jahre zuvor getan hatten.[101] Das mag kulturell nicht besonders glanzvoll erscheinen, doch immerhin hatte sich eine neue Welt für Deutschland und jeden Deutschen aufgetan.

Die Geschehnisse nach dem militärischen Zusammenbruch und der sich anschließenden Revolution sind allgemein bekannt.

Die Bildung von so genannten „Arbeiter- und Soldatenräten" im ganzen Reich, die die öffentliche Gewalt übernahmen, führte zur Übernahme der zentralen Regierungsgewalt durch den „Rat der Volksbeauftragten" in Berlin, zu dessen Mitgliedern z. B. Friedrich Ebert und Philip Scheidemann gehörten. In seinem „Aufruf an das deutsche Volk" vom 12.11.1918 verkündete der Rat der Volksbeauftragten die Aufhebung des zu Beginn des Krieges verhängten Belagerungszustandes mit Zensur, Einschränkung der Vereins- und Versammlungsfreiheit u. ä. Dieser Aufruf wurde später von der Rechtsprechung als Äußerung neuer Staatsgewalt anerkannt. Ihm wurde „Gesetzeskraft" beigemessen.[102]

Es folgten erbitterte und blutige Auseinandersetzungen mit radikalen Kräften, bis sich auf einer stürmisch verlaufenen Konferenz des Rates der Volksbeauftragten am 25.11.1918 der gemäßigte Flügel um Ebert und Scheidemann durchzusetzen vermochte. Wahlen wurden für den 19.01.1919 angesetzt, eine Verordnung zur Regelung des Wahlrechts erging am 30.11.1918. Die zu wählende Nationalversammlung sollte aus 421 Abgeordneten aus 37 Wahlreisen bestehen. Sie fand wie geplant am 19.01.1919 statt: 165 Mandate fielen an die gemäßigten Sozialisten, 22 an die radikalen „Unabhängigen". Dem standen insgesamt 236 der so genannten „bürgerlichen" Parteien gegenüber.

Dieser Wahlausgang führte zur Ablösung des Rates der Volksbeauftragten und zur Bildung einer Koalitionsregierung. Die Nationalversammlung wurde zum 6.2.1919 nach Weimar einberufen. Sie verabschiedete am 31. Juli 1919 die

---

100 Dazu *Forsthoff*, Verfassungsgeschichte, S. 164 ff.

101 Wie Frankreich 1789, Groß Britannien 1688/89, die USA 1777.

102 *Forsthoff*, Verfassungsgeschichte, S. 164.

Weimarer Verfassung, die am 11.8.1919 ausgefertigt und im Reichsgesetzblatt verkündet wurde. 262 Abgeordnete stimmten für und – bei Abwesenheit von 84 Abgeordneten – 75 gegen die neue Verfassung. Sie trat am 14. August 1919 in Kraft.[103]

In ihrer Präambel ist nur davon die Rede, dass sich das deutsche Volk „diese Verfassung gegeben“ hat. Im eigentlichen Verfassungstext, in Art. 1 Abs. 2 WRV, heißt es dann ähnlich wie im Grundgesetzt, dass „die Staatsgewalt vom Volke ausgeht“, eine unmittelbare Anknüpfung an diesen Gedanken folgt in Art. 1 WRV aber nicht. Art. 5 WRV lautet dann noch: Die Staatsgewalt wird in Reichsangelegenheiten durch die Organe des Reichs aufgrund der Reichsverfassung, in Landesangelegenheiten durch die Organe der Länder aufgrund der Landesverfassungen ausgeübt.

Es ist nicht zu übersehen: Der Begriff der „verfassungsgebenden Gewalt des Volkes“ taucht in der deutschen Verfassungsgeschichte – was die länderübergreifende Verfassungsgebung angeht – überhaupt zum ersten Mal im Bonner Grundgesetz in der Präambel auf. In der Weimarer Verfassung ist davon nicht die Rede.

Demgegenüber erscheint die Möglichkeit der Änderung der Weimarer Verfassung verglichen mit dem Grundgesetz wenig kompliziert. In Art. 76 WRV heißt es: „Die Verfassung kann im Wege der Gesetzgebung geändert werden. Jedoch kommen Beschlüsse des Reichstages auf Abänderung der Verfassung nur zustande, wenn zwei Drittel der gesetzlichen Mitgliederzahl anwesend sind und wenigstens zwei Drittel der Anwesenden zustimmen. Auch Beschlüsse des Reichsrats auf Abänderung der Verfassung bedürfen einer Mehrheit von zwei Dritteln der abgegebenen Stimmen. Soll auf Volksbegehren durch Volksentscheid eine Verfassungsänderung beschlossen werden, so ist die Zustimmung der Mehrheit der Stimmberechtigten erforderlich. Hat der Reichstag entgegen dem Einspruch des Reichsrats eine Verfassungsänderung beschlossen, so darf der Reichspräsident dieses Gesetz nicht verkünden, wenn der Reichsrat binnen zwei Wochen den Volksentscheid verlangt.“

Verfassungsänderungen jeglicher Art und welcher Vorschrift auch immer sind also jederzeit im Wege der Gesetzgebung zulässig. Im Reichstag haben zwei Drittel der gesetzlichen Mitglieder anwesend zu sein, von denen dann wenigstens zwei Drittel für den Gesetzesvorschlag stimmen müssen. Auch im Reichsrat bedarf es einer Zweidrittelmehrheit der abgegebenen Stimmen. Ein Verfassungs- oder Verfassungsänderungsgesetz wurde also behandelt wie jedes andere Gesetz mit Ausnahme der notwendigen Stimmenmehrheit. Auch eine notwendi-

---

[103] *Forsthoff*, Verfassungsgeschichte, S. 168.

ge Änderung des Wortlauts der Verfassung, wie sie Art. 79 Abs. 1 S. 1 GG vorschreibt, kannte die Weimarer Verfassung nicht. Dies sollte Folgen haben, auf die noch zurückzukommen sein wird, denn jedes Gesetz, war es nur mit der entsprechenden Mehrheit verabschiedet, erlangte Geltungskraft als so genanntes „verfassungs durchbrechendes Gesetz".[104]

Die geschriebene Verfassungsurkunde verlor deshalb allmählich ihre Übersichtlichkeit, weil irgendwo irgendwelche Gesetze in einer Tarnkappe in der Welt schwebten, ohne dass man ihre Verfassungsgesetzlichkeit auf den ersten Blick erkannte. Eine Vorschrift, die scheinbar der Bewahrung der Verfassung dienen sollte, trug schrittweise zu ihrer Zerstörung bei: Das berüchtigte „Ermächtigungsgesetz" (Gesetz zur Behebung der Not von Volk und Reich vom 24.3.1933), wurde bis 1945 immer wieder verlängert, garantierte die Diktatur Adolf Hitlers, mit der er dann Deutschland, Europa und große Teile der Welt ins Chaos stürzte.

## C Änderungsnormen des Grundgesetzes

Den schrittweisen Abbau der Weimarer Verfassung wollte der Grundgesetzgeber mit den Vorschriften des Art. 79 Abs. 1 bis 3 GG begegnen.

Zur Vermeidung der so genannten „Verfassungsdurchbrechungen", von denen die Rede war, bestimmt deshalb heute Art. 79 Abs. 1 S. 1 GG, dass das Grundgesetz nur durch ein Gesetz geändert werden kann, das den Wortlaut des Grundgesetzes ausdrücklich ändert oder ergänzt. Allerdings gilt für diesen Grundsatz die Ausnahme des Art. 79 Abs. 1 S. 2 GG:

Bei völkerrechtlichen Verträgen, die

a) eine Friedensregelung,
b) die Vorbereitung einer Friedensregelung,
c) den Abbau einer besatzungsrechtlichen Ordnung zum Gegenstand haben oder
d) der Verteidigung der Bundesrepublik zu dienen bestimmt sind,

genügt zur Klarstellung, dass die Bestimmungen des Grundgesetzes dem Abschluss und dem Inkrafttreten der Verträge nicht entgegenstehen, eine Ergänzung des Wortlautes des Grundgesetzes, die sich auf diese Klarstellung beschränkt.[105]

---

104 Vgl. *Anschütz*, Kommentar zur WRV, 14. Aufl., S. 401 ff.

105 Art. 79 Abs. 1 S. 2 GG erlaubt also eine verfassungsmäßige Verfassungsdurchbrechung; dazu schon *Maunz*, MDHS, 5. Aufl., Rn. 8 ff.

Art. 79 Abs. 2 GG verlangt dann für Verfassungsänderungen die Zustimmung von zwei Dritteln der Mitglieder des Bundestages und zwei Dritteln der Stimmen des Bundesrates.

In jeder Hinsicht problematisch ist der letzte Absatz des Art. 79 GG: Man nennt ihn die Ewigkeitsklausel, und das Bundesverfassungsgericht spricht heute von der deutschen „Verfassungsidentität“. Sie dürfte die rätselhafteste Vorschrift sein, die das Grundgesetz kennt. Genau dies wird im Folgenden zu zeigen und Gegenstand der zentralen Überlegungen der vorliegenden Studie sein.

# Vierter Abschnitt

## Die Entwicklung der Literatur und Rechtsprechung zu Art. 79 Abs. 3 GG

### A Zwei Schriften aus dem 18. und 20. Jahrhundert

Die Komplexität des Art.79 Abs. 3 GG wird in ihren Ausmaßen erst deutlich, blickt man auf die umfangreiche Literatur und die Interpretationsversuche der Wissenschaft, wie sie bereits kurz nach dem Inkrafttreten des Grundgesetzes begannen. Was schon während der Französischen Revolution 1789 seinen Anfang nahm, gelangte in Deutschland erst sehr viel später zur Entfaltung.[106]

Im deutschen Staatsrecht hatte es – wie gezeigt - eine so erstaunliche Vorschrift wie Art. 79 Abs. 3 GG noch nie gegeben: Ein Gesetzgeber aus dem Jahr 1949 verbietet allen künftigen Gesetzgebern, zumindest für die Zeit der Geltung des Grundgesetzes, wenn nicht sogar in alle Ewigkeit, bestimmte denkbare Gesetzgebungsvorhaben, z. B. die bundesstaatliche Ordnung aufzugeben, und zwar auch dann, wenn man in den politischen Gremien einig ist, dass es günstigere Organisationsformen gibt.

Es war – soweit ersichtlich – *Theodor Maunz*, seinerseits Mitglied des Herrenchiemseer Konvents, der schon in Aufsätzen aus den Jahren 1952 und 1953[107] darauf verwiesen hatte, dass Art. 79 Abs. 3 GG nur aus den Lehren *Carl Schmitts* heraus zu verstehen ist. In seiner Kommentierung der Vorschrift aus dem Jahre 1960[108] macht er dies, wenn auch für seine Person reichlich verhalten, sehr deutlich. Gleichzeitig stellt er sich voll hinter diese Lehre. Sein wichtigstes Fazit: Auch Art. 79 Abs. 3 GG selbst ist aus „normlogischen Gründen" ebenfalls unantastbar. Denn die Änderung dieser Vorschrift habe, wäre sie zulässig, dann

---

106 Es begann in Deutschland mit der „Verfassungslehre" *Carl Schmitts* im Jahre 1928 mit zunächst relativ wenig Nachhall. Nach dem zweiten Weltkrieg – offenbar mit *Theodor Maunz,* Festschrift für *Laforet*, S. 145 und in DÖV 1953, S. 645 ff – gab es dann eine brisante und schnelle Entwicklung.

107 Vgl. Fn. 106.

108 In MDHS, Rn. 21 ff zu Art. 79.

auch die Zulässigkeit der Änderung der Bundesstaatlichkeit und der Inhalte der Art. 1 und 20 GG logischerweise zur Folge.[109]

Den gedanklichen Hintergrund dieser Thesen liefern – wie gesagt - die Verfassungslehre *Carl Schmitts*[110] und eine berühmte Schrift[111] des *Abbé Emmanuel Josef Sieyès* (geboren am 3. Mai 1748), auf die er und später auch *Maunz* Bezug nehmen.

Diesen beiden Schriften muss zunächst nachgegangen werden. Die inzwischen auch in Deutschland berühmte Abhandlung des französischen Pfarrers „Qu'est – que le Tiers état?"[112] aus dem Jahre 1789 begründete die Lehre von der im Staats– und Verfassungsrecht angeblich notwendigen Unterscheidung zwischen der „verfassungsgebenden Gewalt" (pouvoir constituant) und der „verfassten Gewalt" (pouvoirs constitues).[113] Es wird sich zeigen, dass diese Lehre nichts anderes ist, als ein ideologisch gewonnener Mythos. Denn aus dem Gedanken der „nation" entwickelte Sieyès einen vermeintlichen Gemeinschaftswillen aller Staatsbürger, der diese in die Lage setzt, als Ganzheit politisch zu handeln.[114] Allerdings bedarf diese Ganzheit angesichts ihres großen Umfangs (etwa 25 bis 26 Millionen französischer Staatsbürger im Jahre 1789) einer „Vertretung", die den vermeintlichen „Gemeinschaftswillen" des Volkes artikuliert.[115] Dieser „stellvertretende Gemeinschaftswille" ist – wie Sieyès meint - nicht mehr der des tatsächlichen und ursprünglichen Volkswillens, sondern nur abgeleiteter Natur und deswegen an den ursprünglich übertragenen Volkswillen – sowie an das Naturrecht - in vollem Umfang gebunden.[116] Wenn aufgrund dieses übertragenen Willens also z. B. eine geschriebene (positive) Verfassung vom „Stellvertreter" zu beschließen ist, darf das nur im Rahmen der vom pouvoir constituant übertragenen Inhalte erfolgen.[117] Nur das „Volk" selbst ist also als „Nation" dieser Verfassung (den pouvoirs constitues) nicht unterworfen. Aus diesen Gedan-

---

109 In MDHS, Rn. 50 zu Art. 79.

110 *Carl Schmitt*, Verfassungslehre, 1928.

111 *Sieyès*, Tiers Etat, passim.

112 *Sieyès*, Tiers Etat, passim.

113 Beide Begriffe beherrschen heute die h. L. zur „verfassungsgebenden Gewalt des Volkes". Man glaubt – wie sich zeigen wird -, sie aus der Präambel des Grundgesetzes ableiten zu können.

114 *Sieyès*, Tiers Etat, S. 178.

115 *Sieyès*, Tiers Etat, S. 185.

116 *Sieyès*, Tiers Etat, S. 178 ff.

117 *Sieyès*, Tiers Etat, S. 178.

ken entwickelte sich in den Revolutionsjahren und nicht nur in Frankreich eine schier unendliche Debatte.[118]

*Sieyès* selbst war in seiner Schrift jedenfalls zu dem Ergebnis gelangt, dass nur der tiers état, der dritte Stand, bestehend aus allem was nicht zum Adel oder Klerus gehörte, seiner Bedeutung wegen (angeblich ca. 98 % der französischen Bevölkerung) den pouvoir constituant verkörperte.[119] Es ist daher verständlich, dass man seine berühmte Schrift später nicht selten als „Pamphlet" kennzeichnete, auch wenn man damit einigen seiner Grundgedanken nicht gerecht werden dürfte.[120]

Feststeht, dass diese Gedanken in der deutschen Rechts- und Staatslehre des 18. und 19. Jahrhunderts keinen Raum hatten. Die politische Umwelt der Zeit war nicht geeignet, solche Überlegungen im Detail überhaupt aufkommen zu lassen, geschweige denn sie zu publizieren. Die deutsche Welt war im Gegensatz zu Frankreich – trotz Aufklärung – noch tief geprägt von einem Denken, das den fürstlichen „Gottes-Gnaden-Souverän" geistig nach wie vor in bester Weise zu rechtfertigen vermochte.[121]

Anzeichen eines kritischeren Rechtsdenkens im deutschen Sprachraum zeigten sich allerdings im ausgehenden 19. Jahrhundert mit Beginn der positivistischen Rechtsphilosophie.[122] Doch auch deren Ergebnisse sind – wie man weiß - zwiespältig: Auf der einen Seite vermitteln sie sich aufdrängende wissenschaftstheoretische conditiones sine qua non, auf der anderen Seite gelangen sie zu Aussagen und Folgerungen, die zwar bis heute ihre Wirkungen in Rechtspraxis und Rechtstheorie haben, einer näheren Nachprüfung aber kaum standzuhalten in der Lage sind.[123] Nicht überraschend ist dabei allerdings, dass der Rechtspositivismus seine eigenen Schwächen der Ergebnisse selbst immer wieder artikuliert hat.

Das beste Beispiel hierfür liefert *Hans Kelsen*, der eine Grunderkenntnis der Aufklärungsphilosophie in seinen Werken mit Recht ohne Unterlass wieder-

---

118 Vgl. dazu *Möller*, aaO., S. 17 und die dortigen Nachweise; die pouvoirs constitués bezeichnet man auch in der deutschen Lehre mit dem Plural, um die verschiedenen Staatsgewalten zu veranschaulichen.

119 *Sieyès,* Tiers Etat, S. 197 ff.

120 Vgl. *J. L. Talmon*, aaO., S. 69 ("the most successful political pamphlet of all times"); dazu *Möller*, aaO., S. 16.

121 Vgl. z. B. *Laband*, aaO., Bd. 2, S. 39; *G. Jellinek*, Staatslehre, S. 534.

122 Geprägt vor allem von Autoren, wie *Laband, G. Jellinek, Hans Kelsen* u. a.

123 Ein Beispiel ist das damalige Verständnis des "Staatswillens", wie es bei *G. Jellinek, H. Kelsen* u. a. zum Ausdruck kommt; dazu *Rode*, Rechtsbindung, S. 77 ff.

holt[124], selbst dann aber einen verfehlten Weg beschreitet, nämlich den seiner Reinen Rechtslehre:[125] Gemeint ist der Kantische Dualismus von Sein und Sollen[126], den weder *Sieyès* noch *Carl Schmitt* in seiner Verfassungslehre aus dem Jahre 1928 hinreichend zur Kenntnis nahmen. Das fundamentale Problem ist im Zusammenhang mit *David Hume* oben beschrieben worden.

Mit seiner im Jahre 1928 erschienenen „Verfassungslehre" führte *Carl Schmitt* mit Rückgriff auf *Sieyès* eine Vorstellung auch in die deutsche Staats- und Staatsrechtslehre ein, die sich seit 1949, nur von wenigen angefochten, zu einer herrschenden Lehre entfaltete. Bis heute prägt sie das Verständnis des Grundgesetzes in wichtigen Bereichen – insbesondere das des Art. 79 Abs. 3 GG.[127]

Die Unterscheidung von pouvoir constituant und pouvoir constitué, wie sie *Sieyès* nahezu 150 Jahre zuvor in seiner revolutionär gedachten Streitschrift verkündet hatte, wurde zur Standardidee für die Interpretation bestimmter Vorschriften des Grundgesetzes.

Schon in seiner Schrift „Die Diktatur" aus dem Jahre 1921[128] finden sich Anklänge an die These von der notwendigen Unterscheidung von „verfassungsgebender Gewalt" einerseits und „verfasster Gewalt" andererseits[129] mit nicht unbedenklichen gedanklichen Konsequenzen: Denn die verfassungsgebende Gewalt ist nach *Schmitt* und *Sieyès* bekanntlich nicht an die geschriebene Verfassung gebunden, was auch einer ihrer denkbaren Erscheinungsformen, nämlich der Diktatur, wie immer sie gestaltet sein mag, Legitimität zu vermitteln vermag.[130]

Zwischen der Herrschaft der zu verwirklichenden Norm und der Methode ihrer Verwirklichung kann also ein Gegensatz bestehen. Rechtsphilosophisch liegt hier das Wesen der Diktatur in der allgemeinen Möglichkeit der Trennung von Normen des Rechts und Normen der Rechtsverwirklichung.[131]

---

124 Nämlich die Notwendigkeit der Unterscheidung von Sein und Sollen, vgl. dazu oben die Thesen *David Humes*, unter B 3.

125 Grundlegend *Kelsen*, Reine Rechtslehre, 2. Aufl.; ders., Hauptprobleme, aaO.

126 Die erste Auflage der „Kritik der reinen Vernunft" erschien 1781; vgl. auch Die Metaphysik der Sitten, 1. Teil, *Kants* Gesammelte Schriften, Bd. VI, 1914.

127 Einschließlich der Rechtsprechung des BVerfG.

128 *Carl Schmitt*, Die Diktatur, 1921.

129 *Carl Schmitt*, Verfassungslehre, S. 83 ff.

130 *Carl Schmitt*, Diktatur, S. 139.

131 *Carl Schmitt*, Diktatur, S. XVI.

Weiter heißt es bei *Schmitt*: „Man hat von der Diktatur gesagt, sie sei ein Wunder und das damit begründet, dass man sie als Suspendierung der staatlichen Gesetze mit der Suspendierung der Naturgesetze beim Wunder verglich. In Wahrheit ist nicht die Diktatur dieses Wunder, sondern die Durchbrechung des rechtlichen Zusammenhangs, die in einer solchen neubegründeten Herrschaft liegt. Die souveräne Diktatur beruft sich auf den pouvoir constituant, der durch keine entgegengesetzte Verfassung beseitigt werden kann.“[132]

Der Verdacht, dass sich die spätere Geisteswelt *Carl Schmitts* hier, also schon im Jahre 1928 anbahnt, liegt nahe.[133] Doch das mag dahinstehen. Wichtiger ist, dass er in seiner Verfassungslehre aus dem Jahre 1928 diese seine Überlegungen in ein hochintellektuelles gedankliches System formt, dessen Faszination man sich schwer zu entziehen vermag, auch wenn sich dieses Gedankengebäude bei näherem Hinsehen sehr rasch als verfehlt erweist.[134]

Was *Schmitt* unter „verfassungsgebender" Gewalt versteht, kennzeichnet er präzise und ohne jede Einschränkung: Sie ist der politische Wille, dessen Macht oder Autorität imstande ist, die konkrete Gesamtentscheidung über Art und Form der eigenen politischen Existenz zu treffen, also die Existenz der politischen Einheit im Ganzen zu bestimmen.[135] Aus den Entscheidungen dieses Willens leitet sich die Gültigkeit jeder weiteren verfassungsgesetzlichen Regelung ab. Die Entscheidungen als solche sind von den auf ihrer Grundlage normierten verfassungsgesetzlichen Normierungen qualitativ verschieden.[136]

Die verfassungsgebende Gewalt – so verdeutlicht er anschließend nochmals – ist „politischer Wille, d. h. konkretes politisches Sein“.[137] Man kann es nicht klarer ausdrücken: Die „Verfassung“ in seinem Sinne ist nichts als ein faktischer, der Welt des Seins zugehöriger Willensakt. Eine irgendwie geartete Bindung dessen, der diesen Willensakt vollzieht, ist nicht denkbar.[138]

Die Anlehnung an *Sieyès* ist einerseits nicht zu übersehen, andererseits aber von scheinbar überzeugender Konsequenz. Auch *Sieyès* beschreibt mit seinem pouvoir constituant einen Seinszustand, nämlich das Volk mit seinen Millionen Angehörigen des Tiers état minus ca. 500.000 Angehörigen des Adels und des

---

132 *Carl Schmitt*, Diktatur, S. 139.

133 Gemeint ist *Schmitts* Position im Nationalsozialismus.

134 Dazu 4. Abschn., A und B.

135 *Carl Schmitt*, Verfassungslehre, S. 75, 76.

136 *Carl Schmitt*, Verfassungslehre, S. 76 ff.

137 *Carl Schmitt*, Verfassungslehre, S. 76.

138 *Carl Schmitt*, Verfassungslehre, S. 76.

Klerus[139], wobei nicht ganz klar ist, ob er auch die Frauen zu diesem Volk zählt. Sie mussten jedenfalls trotz Revolution und Aufklärung in Frankreich bis 1944 auf das Wahlrecht warten.[140] Wie dem auch sei, als „nation" ist dieses Volk zwar nicht an die Verfassung gebunden, wohl aber – und hier ist der Unterschied zu *Schmitt* deutlich – an das Naturrecht. „Die Nation besteht vor allem anderen, sie ist der Ursprung von allem. Ihr Wille ist immer gesetzlich, er ist das Gesetz selbst. Vor ihm und über ihm gibt es nur das Naturrecht."[141] Auch wer den Naturrechtsgedanken ablehnt, vermag in dieser Kennzeichnung des pouvoir constituant noch eine gewisse Logik im Sinne des seit *Hume* und *Kant* heiß diskutierten Problems von Sein und Sollen zu erkennen. Das ist bei *Schmitt* nicht mehr der Fall.

Seine Beschreibung der eigenen pouvoirs constitués, seiner eigenen „verfassten Gewalt", ist dann wieder stark orientiert an den Vorstellungen *Sieyès*. Ein Verfassungsgesetz ist seinem Inhalte nach die ausführende Normierung des verfassungsgebenden Willens. Es steht ganz unter der Voraussetzung und auf der Grundlage der in diesem Willen enthaltenen politischen Gesamtentscheidung. Werden weitere Einzelnormen in die „Verfassung" hineingeschrieben, so hat das nur eine juristisch-technische Bedeutung: Schutz gegen Abänderung durch erschwerte Abänderbarkeit.[142]

„So wenig eine organisatorische Anordnung die Organisationsgewalt dessen erschöpft, der Organisationshoheit und Organisationsgewalt innehat, so wenig kann der Erlass einer Verfassung die verfassungsgebende Gewalt erschöpfen, absorbieren oder konsumieren. Die verfassungsgebende Gewalt ist nicht dadurch erledigt und beseitigt, dass sie einmal ausgeübt wurde. Die politische Entscheidung, welche die Verfassung bedeutet, kann nicht gegen ihr Subjekt zurückwirken und dessen politische Existenz aufheben. Neben und über der Verfassung bleibt dieser Wille bestehen. Jeder echte Verfassungskonflikt, der die Grundlagen der politischen Gesamtentscheidung selbst betrifft, kann daher nur durch den Willen der verfassungsgebenden Gewalt selbst entschieden werden."[143]

In diesen Zeilen ist nahezu alles angelegt, was *Schmitt* dann zu seinem Verfassungsbegriff und vor allem seinem „Verfassungsgesetz" (pouvoir constitués)[144] entwickelt hat und was nicht zuletzt die noch heute herrschende Lehre und

---

139 *Sieyès*, Tiers Etat, S. 197 ff.

140 In Belgien und Italien gibt es das Frauenwahlrecht z. B. erst seit 1946.

141 *Sieyès*, Tiers Etat, S. 180; der französische Text ist bei *Möller*, S. 16, abgedruckt.

142 *Carl Schmitt*, Verfassungslehre, S. 16.

143 *Carl Schmitt*, Verfassungslehre, S. 76 f.

144 *Carl Schmitt*, Verfassungslehre, S. 16 ff.

Rechtsprechung zur Änderung der geschriebenen Verfassung, d. h. des Art. 79 Abs. 3 des Grundgesetzes charakterisiert.[145]

Nicht überraschend ist zunächst, dass *Schmitt* einigen Staatsrechtsautoritäten jener Zeit, wie *Albert Haenel* oder *Georg Jellinek*, die Verwechslung von Verfassung und Verfassungsgesetz zum Vorwurf macht.[146] Der von ihm (und *Sieyès*) – wie er offenbar meint – neu entdeckte Verfassungsbegriff lässt keine andere Schlussfolgerung zu: Da Verfassungsgebung und Verfassungsänderung (d. h. Revision einzelner verfassungsgesetzlicher Bestimmungen) qualitativ verschieden sind[147], ist die „Verfassung" unantastbar, die Verfassungsgesetze zwar möglicherweise veränderbar, die „grundlegenden politischen Entscheidungen, welche die Substanz der Verfassung ausmachen", dagegen im Normalfall nicht.[148] Zu den grundlegenden politischen Entscheidungen zählt *Schmitt* im Rahmen der Weimarer Verfassung[149] die Entscheidung für die Demokratie, die Republik, die Beibehaltung der Länder, die Entscheidung für eine grundsätzlich parlamentarisch-repräsentative Form der Gesetzgebung und schließlich die für den bürgerlichen Rechtsstaat.

Das erinnert natürlich an Art. 79 Abs. 3 GG (im Gegensatz zu Art. 76 WRV). Man darf jedoch nicht vergessen, aufgrund welcher rechtstheoretischen Grundlage *Schmitt* diese seine Thesen gewonnen hat: Es sind seine Bezugnahmen auf reale historische Ereignisse der Nachkriegszeit, die gar nicht bestritten werden müssen. Fragwürdigkeit ist nur, dass hier aus empirischen Phänomenen der Wirklichkeit unantastbare Sollensgehalte für eine unabsehbare Zukunft gewonnen werden. Darauf wird zurückzukommen sein.

Eines ist in diesem Zusammenhang allerdings bei *Schmitt* von besonderem Interesse: Die gerade erwähnten Grundprinzipien der Weimarer Verfassung, vor allem auch die Formulierung der Präambel der WRV, nach der sich das deutsche Volk diese Verfassung gegeben hat, hält er nicht für „Gesetze".[150] Sie sind nach ihm „mehr als Gesetze", nämlich die konkreten politischen Entscheidungen, welche die politische Daseinsform des deutschen Volkes angeben und die die grundlegenden Voraussetzungen für alle weiteren Normierungen – auch solche des Verfassungsrechts – bilden.[151]

---

145 Dazu unten unter D III und E III 2.

146 *Carl Schmitt*, Verfassungslehre, S. 16 und 18; gemeint sind *Haenel*, aaO., S.125; *Hildesheimer,* aaO., S. 8; G. *Jellinek*, Staatslehre, S. 520.

147 *Carl Schmitt*, Verfassungslehre, S. 26.

148 *Carl Schmitt*, Verfassungslehre, S. 26.

149 *Carl Schmitt*, Verfassungslehre, S. 23 ff.

150 Also nicht für Rechtsnormen im traditionellen Sinne.

151 *Carl Schmitt*, Verfassungslehre, S. 104 ff.

Was der Grundgesetzgeber mit seiner normativen Ausformulierung des Art. 79 Abs. 3 GG versucht hat, erreicht *Schmitt* im Wesentlichen bereits – ohne die geringste Positivierung einer Verfassungsnorm - aufgrund einer reinen Verfassungsrechtstheorie, die er aus der historischen und aktuellen Wirklichkeit bezieht – mit gewaltigen normativen Folgen. Sein Beispiel von der Wiederherstellung der Monarchie[152] nach der Weimarer Verfassung macht dies sehr klar, ebenso wie die weiteren Details, die er in Bezug auf Änderungen der WRV für zulässig bzw. unzulässig erklärt.[153]

Man sollte eines nicht vergessen: So wenig wie die Gedankenwelt der Französischen Revolution tiefe Spuren in der deutschen Staatsrechtslehre der Folgezeit hinterlassen hatte, so wenig konnte die Verfassungslehre *Schmitts* mit ihren Rückgriffen auf *Sieyès* die deutsche Staats- und Staatsrechtslehre der Zeit beeinflussen. Bereits vor *Schmitt* hatte *Georg Jellinek* die Idee vom pouvoir constituant in seiner Allgemeinen Staatslehre abgelehnt[154], ebenso wie *Egon Zweig*[155] und etwas später *Gerhard Anschütz* im Kommentar zur Weimarer Verfassung.[156] Deutliche Sympathie lässt *Ernst Forsthoff* für *Schmitt* allerdings in seiner „Verfassungsgeschichte", erschienen in 1. Auflage 1940, erkennen.[157]

Umso erstaunlicher ist es, dass nach dem 2. Weltkrieg und den Erlebnissen des Nationalsozialismus sich geradezu eine Welle der Akzeptanz des Bildes vom pouvoir constituant, wie *Schmitt* es zeichnete, Literatur und Rechtsprechung überflutete.[158] Die Gegenstimmen sind bis heute relativ gering geblieben.[159] Aus der Sicht des Verfassers sind sie die überzeugenderen. Doch sind sie in der allgemeinen literarischen Auseinandersetzung immer wieder weitgehend verhallt.

## B Die Mangelhaftigkeit der frühen Lehre von der „verfassungsgebenden Gewalt des Volkes"

Es ist verständlich, dass die Verfassungslehre *Schmitts* auf allgemeine Ablehnung im positivistisch ausgerichteten deutschen Umfeld der Zeit traf – auch wenn sie auf den ersten Blick ihrerseits hoch positivistisch erscheint. Man muss

---

152 *Carl Schmitt*, Verfassungslehre, S. 104.

153 *Carl Schmitt*, Verfassungslehre, S. 105.

154 *G. Jellinek*, Staatslehre, S. 534.

155 aaO., passim; auch *Wittekindt*, aaO., S. 46 ff; dazu *Möller*, aaO., S. 23.

156 Anm. 1 zu Art. 76 GG.

157 aaO., S. 154 ff.

158 Vgl. z. B. die Zusammenstellung der Literaturstimmen bis 2004 bei *Möller*, aaO., S. 21, Fn. 76.

159 Vgl. dazu *Möller*, aaO., S. 21, Fn. 76.

sich nämlich deutlich machen, was *Sieyès* und *Schmitt*, immerhin in einem zeitlichen Abstand von fast 150 Jahren, zum Ausgangspunkt ihrer Überlegungen machten: Sowohl die französische Aufklärung wie auch die Revolution fanden in Deutschland „im Saal statt". Bei wenigen Intellektuellen in der deutschen Gesellschaft gewann beides eine gewisse Vorbildfunktion, für viele wurde sie zum Alptraum. Entsprechend wurde die Aufklärungsphilosophie *Hobbes*, *Lockes*, *Rousseau*s oder *Montesquieu* in Deutschland zwar diskutiert. Die alte Welt der vorhandenen sozialen Strukturen blieb aber unangefochten. Ideen, wie sie Sieyès entwickelt hatte, passten nicht in diese Welt.

Er hatte die „nation" im Sinne der Lehre vom Gesellschaftsvertrag[160] zu charakterisieren versucht, also als einen freiwilligen Zusammenschluss menschlicher Individuen. Dieser setzt die Individuen – wie Sieyès meinte - in die Lage, einen gemeinsamen (realen) Willen zu bilden und diesen Willen mit ganz konkreten gedanklichen Inhalten zu artikulieren. Das Volk, was immer *Sieyès* darunter versteht, wird also angesichts dieses Willens zum Subjekt der verfassungsgebenden Gewalt.

Diesen vermeintlichen Zustand der empirischen Lebenswirklichkeit beschreibt *Schmitt* – wie oben gezeigt – nicht sehr viel anders. Allerdings rückt er den Gedanken des (realen) „politischen Willens" stärker in den Vordergrund. Dieser ist ein „unmittelbarer Wille, der vor und über jedem verfassungsgesetzlichen Verfahren" steht.[161] Eine Verfassung beruht deshalb auf einer „aus politischem Sein hervorgegangenen politischen Entscheidung über die Art und Norm des eigenen Seins".[162] Das Wort „Wille" bezeichnet demnach das wesentlich „Existentielle dieses Geltungsgrundes".[163]

Auf ein Merkmal bei *Sieyès* macht *Schmitt* noch besonders aufmerksam: Bei diesem ist immer nur von „nation" und nicht von „Volk" die Rede, was *Schmitt* als prägnanter und weniger missverständlich ansieht.[164] „Nation" bezeichne das Volk als politisch-aktionsfähige Einheit mit dem Bewusstsein seiner politischen Besonderheit und dem Willen zur politischen Existenz, während das nicht als Nation existierende Volk nur eine irgendwie ethnisch oder kulturell zusammengehörige, aber nicht notwendig politisch existierende Verbindung von Menschen sei. Die Lehre von der verfassungsgebenden Gewalt des Volkes setze aber den bewussten Willen zur politischen Existenz, also eine Nation voraus.

---

160 *Jean–Jacques Rousseau*, Du contrat social ou principes du droit politique, 1. Aufl., Amsterdam 1762.

161 *Carl Schmitt*, Verfassungslehre, S. 84.

162 *Carl Schmitt*, Verfassungslehre, S. 76.

163 *Carl Schmitt*, Verfassungslehre, S. 76.

164 *Carl Schmitt*, Verfassungslehre, S. 79.

Nun ist es kaum denkbar, dass diese von *Schmitt* in Anlehnung an *Sieyès* so herausgestellte Voraussetzung – historisch und soziologisch – in Deutschland unmittelbar nach dem ersten Weltkrieg und nach langen revolutionären Auseinandersetzungen in Deutschland wirklich gegeben war. Schmitts Ausführungen hierzu klingen nicht sehr überzeugend.[165] *Er* meint, ein Volk betätige seine „verfassungsgebende Gewalt" durch einen erkennbaren Ausdruck seines unmittelbaren „Gesamtwillens". Dieser hätte also 1918/1919 real als ein solcher einer Millionensumme von Deutschen erkennbar sein müssen.

Niemand wird bestreiten, dass dieser empirisch begriffene „Gesamtwille" historisch und soziologisch beim deutschen Volk dieser Jahre nirgendwo erkennbar war. Da waren die „Roten Matrosen aus Kiel", das zurückströmende „im Felde unbesiegte" Offizierskorps, die Katholiken des Zentrums; da waren *Rosa Luxemburg* und *Karl Liebknecht* mit ihren Anhängern, aber auch *August Bebel* und *Philipp Scheidemann* mit der großen demokratisch orientierten SPD. Da war auch die Räterepublik in München. Und all diese genannten gesellschaftlichen Gruppen repräsentieren nur die ganz großen und einflussreichen „états" der „nation" im Sinne *Sieyès*.

Man sieht, *Schmitts* „verfassungsgebende Gewalt" mit ihrem aus einem angeblichen „Gesamtwillen" fließenden Ursprung ist nichts als eine Chimäre, die in einer ernst zu nehmenden Staats- oder auch Verfassungslehre keinen Platz hat. Sie basiert im Wesentlichen nur auf zwei Behauptungen empirisch soziologischer Natur, die beide und jede für sich der gesellschaftlichen Wirklichkeit in keiner Weise auch nur nahekommen:

Die erste bezieht sich auf das Phänomen „Volk" bzw. „Nation" als tatsächliche Erscheinungen der realen Welt. Natürlich kann man für den Bereich eines Territoriums, etwa das des damaligen Frankreich oder das des Deutschen Reiches vor oder nach dem Versailler Vertrag den Begriff „Volk" mit definitorischen Mitteln kennzeichnen. Als genus proximum könnte man davon sprechen, dass hier die Summe der auf dem besagten Gebiet lebenden menschlichen Individuen in Frage steht. Die Schwierigkeiten beginnen aber sofort bei der Gewinnung der res specifica: Sind möglicherweise nur die Staatsbürger z. B. Frankreichs als Volk bzw. Nation anzusehen, was sich bekanntlich ja nur aus einer Rechtsnorm ergeben würde? Oder besteht das „Volk" unter Umständen nur aus wahlberechtigten Männern und – wenn ja – aus Männern welchen Alters? Zählen zum Volk z. B. auch leibeigene Bauern oder in den Kolonien die Sklaven? Was sagt zu letzterem Problem das katholisch-scholastische oder auch aufklärerische Naturrecht dazu, was ja nach Sieyès dem weltlichen Recht vorgeht?

---

[165] *Carl Schmitt*, Verfassungslehre, S. 82 ff.

*Sieyès* hat für sich und sein soziales *Anliegen das Problem* ohne große Rücksicht auf erkenntnistheoretische Bedingungen gelöst: Das Volk ist (nur) der tiers état, d. h. alles, was nicht Adel oder Klerus ist. Wie die beiden anderen Stände diese Frage beantworten würden, interessiert ihn nicht. Nicht zu Unrecht hat man deshalb wie *Merkel*[166] seine Schrift „eine politisch-agitatorische Kampfschrift" bzw. eine „propagandistische Flugschrift mit pragmatischem Zweck" genannt, die an ihrer wissenschaftlichen Seriosität zweifeln lässt.

Nicht sehr viel größer und theoretisch anspruchsvoller ist die Überzeugungskraft der Überlegungen, mit denen *Carl Schmitt* seinen Begriff des „Volkes" in seiner „Verfassungslehre" zu beschreiben versucht. Das Volk i. S. seines pouvoir constituant ist eine „offiziell nicht organisierte Größe, das nur in einzelnen Augenblicken und nur auf dem Wege der Akklamation, also heute als „„öffentliche Meinung"" zur Geltung kommt.[167] Es bleibt als „unmittelbar anwesende" – nicht durch vorher umschriebene Normierungen, Geltungen und Fiktionen vermittelte – wirkliche Größe vorhanden.[168]

*Schmitts* Begriff des Volkes ist – wie er sagt[169] - „negativ bestimmt" durch den Gegensatz zum amtlich organisierten System, und das ist nach seiner Ansicht „auch für die wissenschaftliche Behandlung politischer Theorien nicht zu verkennen". Aber das Volk ist „anwesend", allerdings als „Begriff" nur existent werdend in der Öffentlichkeit, die es durch „seine Anwesenheit erst bewirkt".[170] Man ahnt, was *Schmitt* meint: Die Akklamation, das Zujubeln zum König oder wem auch immer auf dem öffentlichen Markt, macht das „Volk" begrifflich erst existent. Es verschwindet also mehr oder weniger aus der empirisch fassbaren Realität und wird zu einem begrifflichen Theorem. Man erfährt nichts über das, was das „Volk" in der Wirklichkeit „ist" und wie es sich „verhalten" kann bzw. seinen Willen, der ja für *Schmitt* so bedeutungsvoll ist, in der Realität verwirklicht.

Damit kommt man zur zweiten Behauptung der hier kritisierten Lehre, nämlich zu dem angeblich „realen Gemeinschaftswillen" des Volkes bzw. seiner „konkreten Gesamtentscheidung über Art und Form der eigenen Existenz".[171] Auch hier ist es wichtig, die inhaltlichen Aussagen *Sieyès* und *Schmitts* deutlich zu fixieren: *Sieyès* behauptet zunächst einen – wie er meint – unbezweifelbaren empirischen Sachverhalt der Wirklichkeit: Die „nation", der Zusammenschluss

166 *Karlheinz Merkel*, aaO., S. 139 und 163.
167 *Carl Schmitt*, Verfassungslehre, S. 242, 277.
168 *Carl Schmitt*, Verfassungslehre, S. 242 ff.
169 *Carl Schmitt*, Verfassungslehre, S. 242.
170 *Carl Schmitt*, Verfassungslehre, S. 91, 243.
171 *Carl Schmitt*, Verfassungslehre, S. 75.

unzähliger menschlicher Individuen, die untereinander kommunizieren, bildet einen „Gemeinschaftswillen“, dessen gedankliche Inhalte objektiv feststellbar und konkretisierbar sind. Man fragt sich, wie dies vorstellbar ist. Sieyès Antwort: Zur praktischen Ausübung dieses Gemeinschaftswillens mit all seinen gedanklichen Inhalten überträgt die „nation“ diesen an einige „Vertreter“ aus ihrer Mitte, die damit also nur solche Befugnisse gewinnen, die ihm aus dem Gemeinschaftswillen auch tatsächlich übertragen worden sind. Die auf diese Weise entstehende Körperschaft der „Repräsentanten“[172] erhält deshalb aus dem Gemeinschaftswillen bestimmte Organisationsnormen und Regeln, mit deren Hilfe sie zu handeln in der Lage ist. Die Summe dieser Regeln bildet nach *Sieyès* die „Verfassung“ dieser Körperschaft, durch die diese also erst selbst geschaffen wird.[173]

Die unmittelbar nach der „Flugschrift“ ausgebrochenen politischen Ereignisse sind bekannt. Sie führten zum Übergewicht des neu erfundenen Dritten Standes in den Generalständen, mit dem dieser sich am 17. Juni 1789 zur „Nationalversammlung“ erhob.[174]

Es wurde bereits gezeigt, dass sich *Carl Schmitt* bei der Definition seines Begriffs der „verfassungsgebenden Gewalt“ auf die angeblich eine Wirklichkeit beschreibenden Gedanken *Sieyès* beruft, auch wenn er öfter von so genannten politischen „Gesamtentscheidungen“ redet, als von „Gemeinschaftswillen“ wie *Sieyès*. Seine gedanklichen Fundamente sind jedenfalls dieselben. Dies wird nicht zuletzt anhand seiner beispielhaften Hinweise auf die historischen Ereignisse seiner Zeit und die Weimarer Verfassung deutlich.[175] Für die Weimarer Verfassung sind solche politischen Grundentscheidungen diejenigen für die Demokratie, die Republik usw.[176] Sie sind Ausfluss der verfassungsgebenden Gewalt und deshalb nicht ohne Weiteres revidierbar. Etwas Ähnliches gilt dann für *Schmitt* 5 Jahre später auch für das Ermächtigungsgesetz des Jahres 1933, das er die „Vorverfassung der Deutschen Revolution“ nennt.

Schon *Georg Jellinek* hielt *Sieyès* entgegen, seine Lehre vom tatsächlichen Gemeinschaftswillen eines Volkes und den daraus fließenden, abgeleiteten Staatsfunktionen sei mit der realen Wirklichkeit nicht vereinbar[177], wobei man ihm ohne Einschränkung schon aus wissenschaftstheoretischen Gründen Recht geben muss. Allerdings führt ihn diese seine Einsicht zu Konsequenzen, die

---

172 Dazu *Möller*, aaO., S. 15.

173 Vgl. *Möller*, aaO., S. 15 und den französischen Originaltext dort in Fn. 38.

174 *Eberhard Schmitt*, Repräsentation und Revolution., S. 261 ff; *Redslob*, aaO., S. 58 ff.

175 *Carl Schmitt*, Verfassungslehre, S. 21 ff.

176 *Carl Schmitt*, Verfassungslehre, S. 23 ff.

177 *G. Jellinek*, Staatslehre, S. 459.

ebenso wenig zu akzeptieren sind: Sein „Gemeinschaftswille“ ist nämlich der sich aufgrund staatlicher Rechtssätze ergebende „Staatswille“[178], also der des staatlich organisierten Volkes, den *Jellinek* aber ebenfalls als realen Willen begreift, was ihm dann wiederum von *Hans Kelsen* - ebenfalls mit Recht – zum Vorwurf gemacht wird.[179]

Auf eines ist hinsichtlich der Lehre *Schmitts* aber besonders hinzuweisen: Wenn er – trotz der dem Gesamtwillen entsprechenden Grundentscheidung zur „Demokratie“ - die Methode der geheimen Einzelabstimmung und der Wahlen in heutigen Demokratien in Frage stellt und es als einen undemokratischen Irrtum bezeichnet, „diese Methoden des 19. Jahrhunderts ohne Weiteres für eine absolute und endgültige Norm der Demokratie zu halten“[180], müsste dies seinen Anhängern, auch was die Interpretation des Art. 79 Abs. 3 GG betrifft, doch wohl auffallen. *Schmitt* fährt nämlich fort, dass der „Wille des Volkes, sich eine Verfassung zu geben, nur durch die Tat bewiesen werden kann und nicht durch Beobachtung eines normativ geregelten Verfahrens“.[181]

Aber diese faktische Macht eines Normsetzers ist nicht die „virtuelle“, wie sie von *Sieyès* und *Schmitt* – und letztlich auch im „Staatswillen“ *Georg Jellineks* – beschrieben ist. Sie ist die Macht real existierender Menschen. Bei einem absolutistischen Herrscher ist das noch unschwer einzusehen. Es gilt aber genauso für die Entstehung demokratisch geprägter Verfassungsgesetze.

Über den noch faktischen Durchgangspunkt des „Rats der Volksbeauftragten“ erlangten z. B. die Schöpfer der Weimarer Nationalversammlung – so wie sie sich im Nationaltheater versammelt hatten – faktische Rechtsgestaltungsmacht. Jeder Einzelne entfaltete einen individuellen Willen, der sich in einem geschriebenen Verfassungsgesetz objektivierte und der seinerseits dann über eine Gruppe von zustimmenden Menschen kraft ihres Willens zu „Recht“ und zu einer „Verfassungsrechtsordnung“ wurde, weil die gedanklichen Inhalte auf Seiten der Adressaten – wie sich herausstellte – rein faktisch akzeptiert worden sind.

Das bedeutet nicht die „Billigung“ dieser Inhalte durch den „Willen“ des gesamten Staatsvolkes. Denn das wäre bereits wieder eine Fiktion der Wirklichkeit, die ja gerade den hier kritisierten Autoren vorgeworfen wird. Es bedeutet lediglich, dass nach Inkrafttreten der Verfassung niemand mehr ernsthaft daran

---

178 *G. Jellinek,* Staatslehre, S. 144 ff; *G. Jellinek,* System, S. 17, 29, 30.
179 *Kelsen,* Hauptprobleme, S. 46, 177.
180 *Carl Schmitt,* Verfassungslehre, S. 83.
181 *Carl Schmitt,* Verfassungslehre, S. 83.

zweifelte – auch kein Staatsrechtslehrer – dass sie Recht und Teil der Rechtsordnung geworden war, dass sie also gilt.[182]

Vielleicht liegt hier der tiefere Sinn der berühmten resignierend erscheinenden Antwort *G. Jellineks* auf die neukantischen Einwände *Hans Kelsens* gegen seine Lehre, wenn er davon sprach, dass die Geltung des Rechts letztlich allein auf der Überzeugung von seiner Gültigkeit beruhe.[183]

Man könnte diesen Überlegungen nun entgegenhalten, dies sei genau das, was *Schmitt* in seiner Verfassungslehre sage, wenn er eine Verfassung dann für „legitim" ansehe, wenn sie „als rechtmäßige Ordnung anerkannt ist, wenn die Macht und Autorität, der verfassungsgebenden Gewalt, auf deren Entscheidung sie beruht, anerkannt ist".[184] Das wäre in doppeltem Sinne falsch: *Schmitt* konstruiert nämlich erstens eine Wirklichkeit, die es nicht gibt und folgert zweitens aus dieser vermeintlichen Wirklichkeit auf ein „legitimes" Sollen eines normativen Verfassungswerkes.

Demgegenüber wird in dieser Studie nur von der „Gültigkeit" eines positivierten Verfassungsgesetzes gesprochen, das von einem mit (tatsächlicher) Rechtsgestaltungsmacht ausgestatteten (tatsächlichen) Normsetzer geschaffen und von denjenigen, an welche die Verfassungsnormen gerichtet sind, auch tatsächlich akzeptiert worden sind.

Eine „Rechtfertigung" der Textinhalte der Verfassung, was immer man darunter verstehen mag, ist dies allerdings nicht. Sie ist auch erkenntnistheoretisch nicht möglich.

## C Die Folgeliteratur bis zur Gegenwart

Auf den Fundamenten der oben beschriebenen Ideen zum pouvoir constituant und den pouvoirs constitués gründet sich heute weitgehend die herrschende Lehre und die Rechtsprechung des Bundesverfassungsgerichts.

Doch es muss noch einmal betont werden: In der deutschen Dogmatik des ausgehenden 19. und beginnenden 20. Jahrhunderts sowie in der Weimarer Zeit hat die Lehre von der Unterscheidung des pouvoir constituant und der pouvoirs

---

[182] Ein Beispiel ist hier die Rechtsprechung des Reichsgerichts unmittelbar zu den „Gesetzen" des Rats der Volksbeauftragten; vgl. *Forsthoff*, Verfassungsgeschichte, S. 164.

[183] *G. Jellinek*, Staatslehre, S. 371, 337 ff (338).

[184] *Carl Schmitt,* Verfassungslehre, S. 85.

constitués keine Anerkennung gefunden. Die Belege finden sich in den Schriften der Autoritäten *Georg Jellinek, Paul Laband* oder *Gerhard Anschütz.*[185]

Jellineks Sohn *Walter*[186] wandte sich in seiner Heidelberger akademischen Antrittsrede im Jahre 1931 in subtiler Weise gegen die *Schmittsche* Lehre: Er fragt, ob die Unantastbarkeit z. B. der Änderung der Staatsform „nicht die Macht des Verfassungsgesetzgebers übersteigt" und nennt eine entsprechende Vorschrift „eine autonome, selbst gewollte Beschränkung der verfassungsgebenden Gewalt, keine absolute Beschränkung".[187] Entscheidend für *Jellinek* ist die Bindungswirkung einer Verfassung. „Eine Verfassung hört auf zu bestehen, sobald sie sich nicht mehr durchzusetzen vermag, und dass eine neue Verfassung entstanden ist, sobald die neuen Gewalten Gehorsam finden: „Der Gehorsam anderer macht den Herrscher (oboedientia facit imperantem)."[188]

„Da sich der Staat in ewiger Entwicklung befindet, darf die Verfassung ihre eigene Änderung nicht allzu sehr erschweren oder gar unmöglich machen. So übersteigt die Klausel, die Verfassung als Ganzes oder auch nur ein Teil von ihr solle unabänderlich sein, die Grenzen der verfassungsgebenden Gewalt. Schon die Revolution ist der schlagendste Beweis für die Unmöglichkeit der Unabänderlichkeitsklausel."[189] „Zum Wesen des Rechts im juristischen Sinne aber gehört seine Geltung, d. h. die Fähigkeit, sich durchzusetzen. Ein Recht, und befände es sich auf der höchsten denkbaren Stufe, nämlich in der Sphäre der Verfassung, dem die Kraft abgeht, sich durchzusetzen, ist nicht nur unvollkommenes Recht, sondern überhaupt kein Recht."[190]

Doch nach Inkrafttreten des Grundgesetzes erfolgte ein Wandel: Für ihn sei *Günter Dürig* ausführlich zitiert:[191] „Man sollte nicht um die Begriffe für diese Wertfundierung streiten" (Dürig spricht vom „Naturrecht"). „Man kann auch sagen, dass Art. 1 I GG das „Naturrecht neuzeitlicher Prägung" rezipiert habe.[192] Insbesondere wird im Grundgesetz keine Diskrepanz zwischen „christlichem" und „profanem" Naturrecht erkennbar. Niemals ist es jedoch unjuristisch, wenn man zur Interpretation des von der Verfassung rezipierten, ihr vorausliegenden

---

185 Vgl. *Laband*, aaO., S. 39; *G. Jellinek*, Staatslehre, S. 534; *Anschütz*, Kommentar, Anm. 1 zu Art. 76; *Hildesheimer*, aaO., S. 47 ff.

186 *Walter Jellinek*, Grenzen der Verfassungsgesetzgebung, Berlin 1931.

187 *Walter Jellinek*, aaO., S. 12.

188 *Walter Jellinek*, aaO., S. 16.

189 *Walter Jellinek*, aaO., S. 16.

190 *Walter Jellinek*, aaO., S. 18.

191 *Dürig*, in MDHS, Rn. 15 zu Art. 1 Abs. 1, Fn. 2.

192 Mit Verweis auf *Bohne*, aaO., S. 31.

Rechts spezifisch christliche Lehren verwendet[193] und zuletzt *Lindemann*, DVBl. 57, 39 m. Anm. 36.[194] Die christliche Naturrechtsauffassung umspannt stets auch die gültige profane Lehre, selbst wenn es letztere ad hoc nicht wahrhaben will. Überhaupt lässt sich kaum eine moderne laizistische Wertauffassung nachweisen, die nicht an ihren Ursprung in das christliche Wertdenken einmündet. Sollte irgendwo das profane Naturrecht zu Abweichungen vom christlichen führen, so ist im Zweifel nichts anderes als die Überprüfung auf historische Abfälschungen nötig, um wieder auf die gemeinsame christliche Wurzel zu stoßen.“ Nach *Dürig* verfällt also die Grundgesetzinterpretation dem christlich–katholischen Naturrechtsgedanken.

Und konsequent auf dem Boden dieser christlich biblischen, auf den Geboten Gottes beruhenden Vorstellungswelt stilisiert *Dürig*[195] dann auch „die Absicherung der im Art. 1 Abs. 1 und 2 GG erfolgten Wertentscheidung“ durch Art. 79 Abs. 3 GG als „Staatsfundamentalnorm“, „die eine axiomatische Ewigkeitsentscheidung zu Gunsten des der Verfassung vorgegebenen Wertgehalts der Grundrechte fällt“.[196]

Auch *von Mangoldt* – unter Hinweis vor allem auf *Nipperdey*[197] – zweifelt nicht im Geringsten daran, dass der Verfassungsgrundsatz des Abs. 1 „vorstaatliches überpositives Recht“ darstellt und ein naturrechtliches Elementarprinzip, ein „Naturrechtssatz“[198] ist. Mit *Hans Peters* stellt er deshalb „eine deutliche Abkehr vom Rechtspositivismus“ fest. „In der Lehre vom christlichen Naturrecht ein von Gott gegebener Wert, aus dem weitgehende Folgerungen für die Rechtsanwendung gezogen werden.“[199] Von *Wilhelm Wertenbruch* wird das Ganze dann tief in die katholisch scholastische Lehre des *Thomas v. Aquin* eingebettet und die „Urgegebenheit des Personseins“ unter Heranziehung der so genannten „Imago-Dei-Theorie“ weit abgesetzt von der die Französische Revolution und die Aufklärung begleitende Vorstellungswelt vom rationalistischen Naturrechtsdenken des 18. Jahrhunderts.[200] Die Abkehr vom Naturrecht der Aufklärung merkt sogar *von Mangoldt* kritisch an.[201]

---

193 *Dürig*, JR 1952, S. 260 m. Anm. 26.

194 *Lindemann*, DVBl. 1957, S. 39 m. Anm. 36.

195 Zusammen mit *Maunz,* Rn. 31 ff zu Art. 79.

196 Zusammen mit *Maunz* in MDHS, Rn. 50 Art. 79; vgl. auch die dort Fn. 2 Zitierten.

197 *Nipperdey, Hans Carl*, Die Würde des Menschen, aaO., S. 1 – 50 (47-50).

198 *V. Mangoldt/Klein*, 1957, S. 146 unter Hinweis auf u. a. *Hans Peters*, aaO., S. 457 ff (464); Eine deutliche Abkehr vom Rechtspositivismus; vgl. auch S. 101.

199 Unter Hinweis auf *Maunz*, Staatsrecht, S.71.

200 *Wertenbruch*, aaO., passim.

201 *V. Mangoldt/Klein,* S. 146 in Bezug auf *Josef Wintrich,* aaO., S. 227 ff ( 247).

Es soll hier keine weitere Diskussion über Naturrecht einerseits und Rechtspositivismus andererseits entfacht werden. Aber immerhin ist die große Wende in der Zeit des Inkrafttretens des Grundgesetzes ein bemerkenswertes Ereignis: Die großen Namen der Literatur der unmittelbaren Vergangenheit sind dieselben geblieben, ihre rechtsphilosophischen Äußerungen und Positionen haben sich in magischer Weise gewandelt. Und das musste auch seinen Einfluss auf das Verständnis des Art. 79 Abs. 3 GG und seiner Inhalte haben.

Das Christliche und Aufklärerische war plötzlich wieder „in" und populär. Und eine Reihe von „Klassikern" der deutschen Staatsrechtslehre wechselten ihre ideologischen Vorstellungen verblüffend drastisch.

Dieses Gedankengut hielt Einzug in die Rechtsprechung[202], aber – auf dem Wege über die Kirchen - auch in das Verfassungsverständnis der nichtjuristischen Öffentlichkeit, z. B. der politischen Parteien bestimmter Ausrichtungen.[203] Gedankliche Konkretisierungen dieser Ideologien, z. B. zur Abtreibung, zur künstlichen Befruchtung, zur allgemeinen Gentechnologie und zum Embryonenschutz u. v. a., durften in diesen sozialen Gruppen kaum noch in Frage gestellt werden. Wer dies dennoch wagte, lief Gefahr, sich als Wissenschaftler selbst zu stigmatisieren 201).

Doch zurück zur „verfassungsgebenden Gewalt des Volkes": Es dürfte vor allem *Theodor Maunz* gewesen sein, der als einer der Ersten schon sehr früh die *Schmittsche* an *Sieyès* angelehnte Lehre als Grundlage für die Interpretation des Art. 79 Abs. 3 GG hervorhob, obwohl die Entstehungsgeschichte des Grundgesetzes dafür – wie sich noch zeigen wird - keine Anhaltspunkte lieferte.

*Maunz* war selbst Mitglied des Herrenchiemseer Konvents, und als bekannter Staatsrechtslehrer wusste er sehr genau, wovon er sprach. Seine geistige Nähe zu *Carl Schmitt* und seine Verquickung in der Ideologie des Nationalsozialismus sind einer großen Öffentlichkeit erst relativ spät bekannt geworden. Seine großen Verdienste um die Staatsrechtslehre zum Grundgesetz vermag diese Tatsache nicht zu schmälern.

Seine Hinweise auf die Verfassungslehre *Schmitts* (1. Aufl. des „Deutschen Staatsrechts" erschien 1951) konnten andere Autoren jedenfalls kaum ignorieren. Immerhin gab es seit 1949 die Formulierung „verfassungsgebende Gewalt des Volkes" in der Präambel. Dass sich daraus relativ zwangsläufig – wie man glaubte - Interpretationskriterien für das Verständnis des Art. 79 Abs. 3 GG ergeben mussten, kann man zwar mehr oder weniger verstehen, auch wenn man

---

[202] Dazu 5. Abschn.

[203] Das christlich-katholische Gedankengut beherrschte bald vor allem die CSU.

die Präambel selbst nicht – im Gegensatz zum Bundesverfassungsgericht[204] – als Quell der verschiedensten zwingenden Rechtsnormen ansieht.

Für den Verfasser wird es jedenfalls immer ein Geheimnis bleiben, wie es dazu kommen konnte, dass sich derartige ideologisch besetzte, scheinbar wissenschaftliche Erkenntnisse zu einer solchen herrschenden Lehre, die nichts als einen Mythos produziert hat, in dieser Weise durchsetzen konnte. Davon wird im Folgenden noch die Rede sein.

In seinem 1953 veröffentlichten Aufsatz[205] „Die verfassungsgebende Gewalt im Grundgesetz" steht *Maunz* jedenfalls voll auf dem Boden der Lehre *Carl Schmitts*: „Verfassungsgebende Gewalt ist die permanente Befugnis des Volkes, Grundentscheidungen über seine politische Existenz zu treffen." Daraus zieht *er* dann die bekannten Konsequenzen auch für die Interpretation des damaligen Art. 146 a. F. GG, die heute nicht mehr von großem Interesse ist.

In seiner Kommentierung zusammen mit *Günther Dürig* 1960[206] macht er dies ganz klar. „Der Gedanke fand seine staatstheoretische Ausprägung in der Unterscheidung des Verfassungsgebers (des Schöpfers der Verfassung als Ganzem) und des Verfassungsgesetzgebers (Gesetzgeber über Verfassungsänderungen). Vgl. dazu vor allem *C. Schmitt*". Wenn Art. 79 Abs. 3 GG eben jenen Verfassungskern des Grundgesetzes, der nach *C. Schmitt* die Verfassung, den Gegensatz zum Verfassungsgesetz ausmacht, der Disposition des Verfassungsgesetzgebers entzieht, so ist das eine Rezeption der Theorie *Carl Schmitts,* die *Maunz* ja auch nicht bestreitet.

Eines ist gegenüber *Carl Schmitt* zu beachten. Möglicherweise unter dem Einfluss *Günther Dürigs* fährt *Maunz* fort[207], dass auch der Verfassungsgeber an überpositives Recht gebunden ist.[208] Als Beispiel verweist er dabei vor allem auf Art. 1 GG. Zur Frage, ob die Ewigkeitsklausel auch für die Länder gilt, meint *Maunz* etwas zurückhaltend, der bundesstaatlichen Homogenität wegen sei die Einführung der Monarchie in den Ländern „wohl"(?) auch unzulässig.[209] Ähnlich wenig aussagekräftig sind *Maunz* und *Dürigs* Bemerkungen zur Unantast-

---

204 Man erinnere sich auch an den Aufschrei *Ernst Wolfgang Böckenfördes*: „Die Würde des Menschen war unantastbar" in der Frankfurter Allgemeinen Zeitung vom 3.9.2003 wegen der Kommentierung des Art. 1 GG *Mathias Herdegens* in der Nachfolge von *G. Dürig.*

205 *Maunz,* in Festschrift für *Laforet*, S. 145 und DÖV 1953 , S. 645 ff.

206 Vgl. Fn. 192 und 193.

207 *Maunz,* in MDHS , Rn. 21 ff zu Art. 79 (1960).

208 Vgl. auch BVerfGE 3, 232 ff.

209 *Maunz,* MDHS, Rn. 32/33 zu Art. 79.

barkeit des Art. 79 Abs. 3 GG selbst, die sie offenbar aus Gründen der „Normlogik" bejahen.[210]

Diese Rezeption *Schmittscher* Ideen fand allerdings bereits im Jahr des Erscheinens des Aufsatzes von *Theodor Maunz* eine massive Kritik durch *Horst Ehmke* in seiner Dissertation zu den Grenzen der Verfassungsänderung. Dabei weist er auf ein interessantes Phänomen im Werk *Carl Schmitts* hin, nämlich „den eigentümlich statischen Begriffsrealismus, der *Carl Schmitts* Denken bestimmt". „Die Begriffe konstituieren für ihn die Wirklichkeit. Stimmen die Begriffe nicht mehr, stürzt quasi eine Welt zusammen."[211] Diese Welt *Schmitts* ist bekanntlich zusammengebrochen, die Begriffe haben offenbar überlebt.

Ein wichtiges Beispiel liefert *Wilhelm Henke* mit seiner Dissertation aus dem Jahre 1957, die zunächst einmal die Verfassungslehre *Carl Schmitts* prinzipiell bestätigt[212] und die die an *Rousseau* anschließenden Thesen *Sieyès* jedenfalls zum Teil als „ideologisch" bekämpft.[213] Aber *Henke* sieht auch die Problematik der normativen Bindung seiner „verfassungsgebenden Gewalt": „Es hat im Bereich der Verfassung schlechterdings keinen Sinn, Normen aufzustellen, ohne ihnen durch konkrete Sanktionen Wirksamkeit zu geben."[214] Bindung der Staatsgewalt sieht er nur „in der Erkenntnis, dass es zu ihrem Wesen gehört, die politische Einheit in der dem Willen des Volkes entsprechenden konkreten Verfassung zu bewahren".

Das ist natürlich der Geist *Carl Schmitts*, mit dem sich *Henke* z. B. auch gegen den vermeintlichen „Abbau der rechtsnormativen Grundordnung des Staates" durch *Kägi*[215] und gegen den Versuch einer materialen Rechtslehre *H. Haugs*[216] wendet, der von einer „Grundnorm" spricht, die nicht die *Kelsens* ist. Sie besteht aus „Wertbegriffen", die „auf dem Boden allgemeiner Zustimmung oberste Autorität", welche zur Normsetzung legitimiert ist, begründen.[217] 1992 kam *Henke* auf dieses Problem zurück.[218]

---

210 *Maunz,* MDHS, Rn. 50 zu Art. 79.
211 *Ehmke*, aaO, S. 52 ff.
212 *Henke*, Die verfassungsgebende Gewalt des deutschen Volkes, S. 24.
213 aaO., S. 48 ff.
214 aaO., S. 48 ff.
215 *Kägi*, aaO., passim.
216 *Haug*, aaO., passim.
217 *Haug*, aaO., S.91.
218 *Henke*, Der Staat 31, (1992), S. 265 ff.

*E.-W. Böckenförde*[219] hatte die „verfassungsgebende Gewalt" auf faktische Vorgänge der Wirklichkeit zurückgeführt und am Ende seines Beitrages darauf verwiesen, dass der „Rückgriff" auf „Werte" oder „Grundwerte" zur Stabilisierung einer Verfassung nichts beitrage, weil er einen Konsens bezeichne oder fordere, aber nicht begründen könne. Man kann dem nur zustimmen. Aber deshalb wird der Begriff der „verfassungsgebenden Gewalt des Volkes" nicht zu einem „ideologisch Überhöhten" im Sinne *Henkes,* was – wie dieser meint – „durch das Scheitern der letzten großen politischen Ideologie des Sozialismus als Ursache des Misslingens von Staat und Politik unübersehbar geworden" sei.[220] Es wäre ein Leichtes, könnte man die Lehre und Rechtsprechung vom pouvoir constituant mit dem fragwürdigen Hinweis auf eine Linie *Robespierre – Lenin* als das Typikum einer europäischen Ideologie widerlegen, die nur 200 Jahre bis zur so genannten „Wende" gedauert hat. Ideologien sind so alt wie die Menschheit.

Die Unwahrheit einer Ideologie liegt schlicht darin, dass sie sich als Tatsachenaussage geriert, obwohl sie atheoretischer Natur ist, d. h. sich überhaupt nicht auf eine Erkenntniswirklichkeit bezieht.[221] Das gilt sicherlich für politische Aussagen des Sozialismus, aber genauso für jede religiös-christliche oder platonische über das „Gute" bzw. „Böse". Darum ist das „rechtliche Denken" auch keine „Alternative zum ideologischen Denken" – wie *Henke* meint -.[222] Denn Ideologien schlagen sich im positiven Recht als so genannte Wertideen millionenfach nieder. Sie aufzudecken und als Ideologien zu enttarnen, ist u. a. Aufgabe juristischer Auslegung.

Das heißt in keiner Weise, dass Wertvorstellungen aus dem Recht zu eliminieren wären. Denn der Mensch, der Recht setzt, tut dies auch aus seinen Ideologien heraus. Über sie gestaltet er nicht selten seine Welt. Und damit hat er „Recht". Darauf wird noch zurückzukommen sein.

Etwas ganz anderes ist es, wenn im positiven Recht Begriffe als Tatsachen auftauchen und als solche ernst genommen werden sollen, die in Wirklichkeit keine Tatsachen sind, sondern reine (logisch unzulässige) Fiktionen der Wirklichkeit.[223] Sind solche rein fiktive Begriffe mit zwingenden Rechtsfolgen verbunden, die ihren Sinn aus der scheinbaren Tatsächlichkeit der Inhalte dieser Begriffe beziehen, stößt der Rechtsanwender auf kaum zu überwindende

---

219 *Erns–Wolfgang Böckenförde*, Verfassungsgebende Gewalt, passim.

220 *Henke*, Der Staat, 31 (1992), S. 270.

221 *Geiger*, Ideologie, S. 23 ff und 28 ff.

222 *Henke*, Der Staat, 31 (1992), S. 275.

223 Dazu 7. Abschn.

Schwierigkeiten, es sei denn, er setzt sich über die Grundregeln methodischer Rechtsfindung hinweg.

Diesen Fehler begeht *Henke* nicht. Er verdeutlicht – völlig unabhängig von seinen ideologiekritischen Ausführungen – nur die mangelnde Wirklichkeitsbezogenheit der „verfassungsgebenden Gewalt des Volkes", wie sie als Scheinnorm in der Präambel erscheint. „Volk" nennt er mit Recht eine Fiktion, die als Rechtsbegriff unbrauchbar ist. Allerdings erklärt er nicht, wo und warum er im Zusammenhang mit dem Begriff „Volk" den Mythos sieht.

Den Mythos weitgehend entschleiert hat bereits *Udo Steiner*[224] im Jahre 1966. Seine Beschreibung der „verfassungsgebenden Gewalt des Volkes" verklärt er zwar von vornherein mit dem Schleier seiner „demokratischen Lehre". Für ihn ist die "verfassungsgebende Gewalt des Volkes" eine „demokratische Grundformel trotz ihrer traditionellen Positivierung in den Verfassungsurkunden demokratisch eingerichteter Staaten. Sie ist für die demokratische Theorie notwendig ein „vorkonstitutioneller Rechtssatz".

Unter Hinweis auf *Karl Engisch*[225] ist dieser Rechtssatz eine „demokratische Grundnorm", die auch „im vorverfassungsmäßigen Bereich ebenso normative Qualität beansprucht wie alle Regeln, die dieses allgemeine Zurechnungsgebot für den Vorgang der Verfassungsgebung konkretisieren".[226]

Es liegt auf der Hand: Konnte man *Kelsens* Grundnorm noch eine „reine" nennen, ist die *Steiners* – zumindest theoretisch – angefüllt mit sämtlichen Gedankeninhalten des Demokratischen von der klassischen Antike, über die amerikanische Kolonialzeit und die Französische Revolution mit der vorausgegangenen Aufklärungsphilosophie bis hin zur heute herrschenden Lehre. Das verwässert *Steiners* positiven Ansatz beträchtlich, denn für jede andere Staatsform als die demokratische versagt seine Grundformel in jeder Beziehung.

Ein bezeichnendes Beispiel für die Ohnmacht einzelner Literaturstimmen gegenüber einer verfestigten Kommentarmeinung und Rechtsprechung liefert *Christian Tomuschats* „Verfassungsgewohnheitsrecht?"[227] aus dem Jahre 1972: Der Autor spricht in seiner 1969/70 vorgelegten Habilitationsschrift in subtiler Weise die wichtigsten verfassungstheoretischen Fragen des Problems an und gibt eine Fülle bedenkenswerter Antworten. Dazu gehören seine kritischen Be-

---

224 *Steiner*, aaO., passim; Man erinnere sich an die oben beschriebene Auseinandersetzung zwischen *G. Jellinek* und *H. Kelsen.*

225 *Steiner*, aaO., S. 220 ff, *Karl Engisch*, Einheit der Rechtsordnung, passim.

226 *Engisch*, Einheit, S. 11.

227 *Tomuschat,* Verfassungsgewohnheitsrecht, vor allem S. 25/26.

merkungen zu *Sieyès* und *Schmitt*[228] sowie die vorsichtige Einbeziehung der modernen Politikwissenschaft in alle verfassungstheoretischen Überlegungen. Seine kritischen Schlussfolgerungen speziell zu Art. 79 Abs. 3 GG sind – zumindest als Diskussionsgrundlage – so plausibel, dass man sich nach dem Lissabon-Urteil mit Wehmut an sie erinnert. In der Rechtsprechung sind sie allerdings kaum zur Kenntnis genommen worden.

Nachdem die ganze Diskussion angesichts einer gefestigten Lehre mehr oder weniger zur Ruhe gekommen war, wurde sie später im Zusammenhang mit der Wiedervereinigung und den damit auftauchenden verfassungsrechtlichen Fragen neu belebt.

Die Überlegungen der Autoren bezogen sich nun im Wesentlichen auf die für den Beitritt der DDR zur Bundesrepublik relevanten rechtlichen und tatsächlichen Vorgänge, also vor allem auf die Art. 23 a. F., 146 alte und neue Fassung, sowie auf Art. 5 des Einigungsvertrages. Die allgemeine Problemstellung des Art. 79 Abs. 3 GG dürfte dabei, trotz vieler Autorenstimmen[229] genauso offen geblieben sein wie die, „ob mit dem Beitritt der DDR auch ein materieller Verfassungsentscheid zu Gunsten einer Verfassungsordnung des vereinten Deutschlands unter dem GG getroffen worden ist“.[230] Diese Frage mag hier dahingestellt bleiben.

Das hinter allem stehende Problem drückt *Horst Dreier*[231] in erfrischender Klarheit aus: Er fragt, wenn alle Staatsgewalt vom Volke ausgeübt wird, zuvörderst vom parlamentarischen Gesetzgeber, „warum muss dann gegebenenfalls der Neugestaltungswillen einer aktuellen Mehrheit von 65 % wirkungslos verpuffen, nur weil eine „Verfassungsänderungsverhinderungsmehrheit“[232] von 35 % am verfassungsrechtlichen zementierten Status quo festhalten will“?[233]

Dann fragt *Dreier* weiter nach dem Grund dafür, dass „bestimmte Veränderungen der Verfassung auch im Falle illusorischer Einstimmigkeit der Aktivbürgerschaft und ihrer Repräsentanten nicht zu realisieren wären, weil hier der demokratischen Selbstherrschaft in offenbar ziemlich absolutistischer Weise durch Unantastbarkeitsregelungen unüberschreitbare Schranken gesetzt werden“.[234]

---

228 *Tomuschat*, aaO., S. 100 ff.

229 Vgl. Fn. 230.

230 Vgl. *Bartlsperger*, DVBl., 1990, S. 1286, vor allem dort Fn. 15.

231 *Dreier*, JZ 1994, S. 741 ff.

232 *Dreier,* JZ 1994, S. 741 ff. ; 742 unter Hinweis auf *Hans Meyer*;

233 *Dreier,* 1994, S. 742; vgl. auch die zahlreichen sehr übersichtlichen Nachweise bei *Dreier.*

234 *Dreier,* JZ 1994, S. 742.

Dreier stellt damit zwar die Lehre von der „verfassungsgebenden Gewalt“ und damit auch die Funktion des Art. 79 Abs. 3 GG in Frage[235], seine Antworten auf die eigenen skeptischen Fragen sind allerdings aus rechtstheoretischer Sicht enttäuschend: Er stellt sich, wenn man ihn richtig versteht, voll auf den Boden *Sieyès* und der fragwürdigen Überhöhungen des Wertes erschwerender Zweidrittelmehrheiten oder gänzlicher Verbote bei Verfassungsänderungen durch *Carl Schmitts* Hinweise in seiner Verfassungslehre. Die Verfassung ist nun einmal eine höhere Gattung von Normen kraft des Kreationsprozesses der Ausübung der „verfassungsgebenden Gewalt“. Der grundsätzliche Unterschied zwischen pouvoir constituant und pouvoir constitués ist akzeptiert und gewissermaßen als Schicksal hingenommen.[236] Und das heißt für Art. 79 Abs. 2 GG sogar, dass er mit seiner Zwei-Drittel-Mehrheit als Erschwernis sogar „zu geringe Anforderungen an die Verfassungsänderung stellt“.[237]

Auch die Sinnhaftigkeit der Ewigkeitsgarantie steht für Dreier außer Zweifel: „Sie liegt in ihrer Entlastungsfunktion und der Absicherung eines offenen demokratischen Willensprozesses und ist weit davon entfernt, als Fessel politischer Selbstbestimmung zu dienen“. „Gerade weil nicht alles möglich ist, kann die Offenheit und Pluralität der politischen Willensbildung gewahrt werden.“ *Dreier* hat auch keine Bedenken, diese angeblich die demokratischen Freiheiten gewährenden Wirkungen der Ewigkeitsklausel aus dem Jahre 1949 gegenüber künftigen Generationen nur bedingt Anwendung finden zu lassen. Er fragt sich nicht zu Unrecht[238]: „Wenn nach demokratischen Grundsätzen die Verfassung Produkt der verfassungsgebenden Gewalt des Volkes ist, worin soll dann die Berechtigung dafür liegen, das Volk im Jahre 1994 durch einen mit dem Argument seiner Vorrangigkeit zu binden? Richtet sich hier die Verfassung nicht gegen ihre eigenen Voraussetzungen? Denn dem in Art. 20 Abs. 2 GG deutlich ausgesprochenen Prinzip der Volkssouveränität zufolge hat die Verfassung dasselbe Subjekt wie die Legislative, nämlich das (allemal in bestimmter Weise repräsentierte) Volk.“. Für ihn ist das Ganze vorrangig ein Problem „praktischer Vermittlung von Statik und Flexibilität, Bewahrung und Veränderung“. Eine Verfassung müsse „in die Zeit hinein offen bleiben“.[239] Wie sich diese „praktische Vermittlung von Statik und Flexibilität“ vollzieht, sagt *Dreier* konkret nicht.

Dafür sorgen - wie er meint - „verschiedene Faktoren, etwa verfassungsgerichtliche Konkretisierung und Ausgestaltung unbestimmter Verfassungsrechtssätze, ausdrückliche Verfassungsänderungen und andere unauffälligere Prozesse

---

235 *Dreier,* JZ 1994, S. 742.

236 Vgl. auch Fn. 244 und 245.

237 *Dreier,* JZ 1994, S. 743 ff.

238 *Dreier,* JZ 1994, S. 746 ff.

239 *Dreier,* JZ 1994, S. 747.

eines Verfassungswandels. Die auf diese Weise erfolgende Fortbildung der Verfassung ermöglicht ihre Anpassung an veränderte Rahmenbedingungen und neuartige Herausforderungen sozialer wie politischer Art". Das alles mag richtig sein, und es ist wichtig, dass *Dreier* darauf hinweist.

Doch man fragt sich, was all diese unbezweifelbar wirkenden Faktoren mit der von der h. L. behaupteten „Ewigkeit" der Ewigkeitsgarantie zu tun haben und wieso die letzteren ohne diese Garantie weniger Gestaltungskraft entfalten sollten. Man mag darüber streiten, ob die Schranke der Verfassungsänderungen mit der Zweidrittel–Mehrheit des Art. 79 Abs.2 zu niedrig angesetzt ist[240] und „das absolute Änderungsverbot des Art. 79 Abs. 3 GG zu weit geht". Die dogmatische Frage nach der An– oder Unantastbarkeit der Vorschrift kraft geltenden Rechts beantwortet dies nicht. Wohltuend wirkt jedenfalls *Dreiers* deutliche Skepsis und sein Hinweis darauf, „wie unterschiedlich Rechtsprechung und Wissenschaft den Kreis der durch Art. 79 Abs. 3 GG geschützten Inhalte ziehen und wie die hierin liegende Unsicherheit eine schwere Hypothek bildet". Blickt man heute auf die z. T. naturrechtlich geprägte Rechtsprechung des Bundesverfassungsgerichts gerade zu durch Art. 79 Abs. 3 GG geschützte Bereiche (z. B. zum Schwangerschaftsabbruch), wird diese Unsicherheit zu einer Hypothek. Sie verstärkt die schleichende Gefahr der Ideologisierung wichtigster Verfassungsbegriffe und Verfassungssätze. In Bezug auf all dies stellt *Dreier* die richtigen Fragen. Viele seiner Antworten erschöpfen sich aber zu sehr in wenig konkreten, z. T. rechtspolitischen Erwägungen.

Den tatsächlich ideologischen Charakter des Gedankens der „verfassungsgebenden Gewalt" hat schon früher (1992) eindrucksvoll *Gerd Roellecke*[241] dargestellt. Sein von ihm selbst unter Bezugnahme auf historische Vorbilder gestalteter Phantasieentwurf einer Präambel hat „den Vorzug wahr zu sein", erscheint – mit Ausnahme der Formulierung „verpflichtete die Ministerpräsidenten" – auch juristisch korrekt und verdeutlicht in plastischer Weise, dass uns die geltende Präambel „ein Märchen auftischt", dem wir als „Volk", wie es bei Kindern üblich ist, Glauben schenken 244). Die ideologische Qualität dieses Märchens begründet *Roellecke* dann im Folgenden so überzeugend, dass dem Leser im Jahre 2011, der das Lissabon-Urteil und die herrschende Lehre kennt, Zweifel an der Sinnhaftigkeit rechtswissenschaftlicher Veröffentlichungen kommen müssen: Offenbar nichts von alldem, was dieser Beitrag höchst intellektuell ins Feld führt, wurde von der Rechtsprechung des Bundesverfassungsgerichts auch nur in einem Nebensatz zur Kenntnis genommen. Es ist, als habe *Roellecke* lediglich ein gelungenes Feuilleton verfasst. Aber er hat es selbst beschrieben: Politik und Justiz können viel zu viel mit der Beibehaltung des Märchens als Mittel zur

---

240 *Dreier,* JZ 1994, S. 748 ff.

241 *Roellecke*, JZ 1992, S.929 ff.

Rechtfertigung des positiven Rechts (und seiner Auslegung in der Rechtsanwendung) anfangen, um bereit zu sein, auf diesen Mythos zu verzichten.

Einen z. T. „entschärften“ Begriff der verfassungsgebenden Gewalt vertritt in einem doppeldeutigen Sinne *H.-P. Schneider.*[242] Er ist nur eine „Denkfigur“, die „ähnlich wie die Lehre vom Gesellschaftsvertrag dem Zweck dient, einen verfassungsrechtlichen „Urzustand“ rechtlich einzuhegen, die den modernen Verfassungsstaat hervorbringenden Faktoren zu bestimmen und zu begrenzen, sowie damit den Prozess der Verfassungsentstehung und Staatsbildung Rationalität, Stabilität und Legitimität zu verleihen“. Die verfassungsgebende Gewalt ist für ihn „nicht bloß ein Sprachbild“ oder gar nur eine staatsnotwendige Fiktion, sondern „Ort und Hort verfassungsrechtlicher Legitimität“. Damit gewinnt der Begriff seinen „normativ-rechtlichen Sinn“, der sich „auf die konkreten Formen und Verfahren der Verfassungsgebung, wie sie in einem vorverfassungsmäßigen Zustand positivrechtlich geregelt werden müssen, damit Verfassungen überhaupt geschaffen werden und in Kraft treten können“.

Seine Funktion besteht dann darin, Neuschöpfungen und Veränderungen von Verfassungsrecht als Ausübung einer bestimmten Macht oder Autorität zu rechtfertigen.[243] Wer aufgerufen und legitimiert ist, diese vorverfassungsrechtlichen Normen zu setzen, sagt *Schneider* nicht. Doch sein zarter Hinweis auf den möglicherweise naturrechtlichen Ursprung der verfassungsgebenden Gewalt macht einiges deutlich: „Ihre Aufgabe ist es, dem politischen Gemeinwesen eine dauerhafte, stabile und akzeptable rechtliche Grundordnung zu verleihen, d. h. sie ist von vornherein begriffsnotwendig geprägt, reguliert und begrenzt.“ „Inhalt der verfassungsmäßigen Gewalt ist also eine bestimmte normativ vorgeprägte Aufgabe, ein rechtliches Sollen: Gleichsam die „norma normans“ des Verfassungsstaates. Ist sie dem Volk zugewiesen, muss auch die Verfassungsgebung selbst demokratischen Grundsätzen entsprechen“, also – unter Hinweis auf Stern – z. B. oberste allgemein anerkannte Rechtsprinzipien beachten.

Im Rahmen des Grundgesetzes ergibt sich diese Zuweisung an das Volk, der demokratische Ursprung also, aus der Präambel. Nach *Schneider* wird damit aber auch die verfassungsgebende Gewalt „in einen rechtlich verbindlichen Verfassungstext aufgenommen und so konstitutionalisiert“. Der pouvoir constituant hat „nach dem Grundgesetz seinen „überpositiven“ Charakter verloren“.

Es ist also dem Verständnis der Präambel zu verdanken, dass sich der so lästige pouvoir constituant in eine (halbwegs) normale Vorschrift des Grundgesetzes

---

242 *Schneider*, Verfassungsgebende Gewalt, § 158, Rn. 3 ff.

243 *Schneider*, Verfassungsgebende Gewalt, § 158, Rn. 6 f.

verwandelt hat. Mit anderen Worten: Ihre ewig störende Omnipotenz wäre zum Verschwinden gebracht.[244]

Doch so einfach ist dies nach *Schneider* auch wieder nicht: Nimmt man nämlich deswegen an, dass der Schaffung einer völlig neuen Verfassung nach Art. 146 GG nun keine Hindernisse mehr im Wege stehen können, hat man die Existenz des Art. 79 Abs. 3 GG übersehen: Die Ewigkeitsklausel, die bisher ihren theoretischen Glanz aus der Wirkkraft des pouvoir constituant bezog, „drängt nun die originäre verfassungsgebende Gewalt des Volkes zurück und reduziert sie auf reine „revolutionäre Gewalt"". Denn die Möglichkeit, das Grundgesetz auf legale Weise zu beseitigen, ist durch Art. 79 Abs. 3 GG ein für allemal verschlossen.[245] Es bleibt allein die Revolution.[246]

Eine sich aufdrängende Frage beantwortet *Schneider* nicht: Wenn – wie er meint – der überpositive Schutz des Art. 79 Abs. 3 GG durch den allmächtigen pouvoir constituant im Sinne der *Schmittschen* Lehren wegfällt, was spricht dann eigentlich noch gegen die Möglichkeit der Abänderung seiner selbst mit den Mehrheiten des Art. 79 Abs. 2 GG? Die „Normlogik" könnte *Schneider* mit *Maunz* sagen. Darauf wird zurückzukommen sein. Und eine weitere Frage bleibt ebenfalls offen: Kann es mit dem Wesen eines von Menschen in einem bestimmten Zeitpunkt gesetzten positiven Rechtssatzes vereinbar sein, dass dieser in alle Ewigkeit hinein nicht mehr revidierbar ist, dass also sämtliche Menschen der Zukunft, die keine Revolutionäre sein wollen, an diesen Satz gebunden bleiben? Auch dies wird noch Gegenstand der folgenden Erörterungen sein. *Schneider* greift dieses Problem erst gar nicht auf.

*Schneiders* partikuläre Einbeziehung der verfassungsgebenden Gewalt in das normative System des Grundgesetzes und der damit verbundenen zumindest teilweisen Reduzierung mythischer Überhöhung schien zunächst *Isensee* zu betätigen:[247] Er wandte sich gegen die These, Art. 146 a. F. sei deshalb nicht bei der Wiedervereinigung obsolet geworden, weil sie in ihrem Inhalt die verfassungsgebende Gewalt zum Gegenstand habe. Sie sei deshalb – wie die Übergangsklausel der Präambel von 1949 – gefeit gegen Verfassungsänderungen. Die Aufrechterhaltung des Art. 146 a. F. sei daher verfassungsrechtlich geboten gewesen.[248]

---

[244] Vgl. Fn. 245.

[245] Vgl. Fn. 245.

[246] So *Schneider*, Verfassungsgebende Gewalt, § 158, Rn. 38 ff; ähnlich *Kirchhof*, Handbuch des Staatsrechts, Band I, § 19, Rn. 34 ff; vgl. auch *Steiner,* aaO., S. 220.

[247] Vgl. *Isensee*, Schlussbestimmung, aaO., § 166, Rn. 44 ff.

[248] *Isensee*, aaO., Rn. 44; *Storost*, aaO., S. 326.

Das bestreitet *Isensee* mit dem Hinweis, dass der Schlussbestimmung des Grundgesetzes „keine höhere demokratische Dignität und keine Immunität gegenüber den Regeln der Verfassungsrevision zustehe". Es heißt dann weiter: „Die These von der Über-Verfassungsnorm nimmt das Sprachbild der verfassungsgebenden Gewalt für bare juristische Münze. Sie projiziert in das Verfassungsrecht die Figur eines gottgleichen, omnipotenten Demiurgen und verkennt, dass die Frage nach dem Ursprung der Verfassung sich nur historisch, nicht aber juristisch beantworten lässt, es sei denn, man greift auf Selbstbekundungen des Verfassungsgesetzes - wie jene in der Präambel des Grundgesetzes - zurück. Das Argument des pouvoir constituant ist ohnehin kein taugliches juristisches Argument, um den Geltungsanspruch und den Inhalt des Verfassungsgesetzes zu erschließen.

Die Kategorie hat ihren Ort in der Verfassungstheorie und in der Verfassungspolitik. Die Verfassungsdogmatik ist auf die Denkfigur des pouvoir constituant angewiesen, um zu begründen, dass das Verfassungsrecht dem einfachen Recht vorgeht, obwohl das eine wie das andere positives Recht darstellt. Doch deshalb wird der vorrechtliche Geltungsgrund nicht seinerseits Bestandteil des Verfassungsrechts."[249] Entsprechend erstreckte „das Grundgesetz auch nicht die inhaltlichen Schranken aus Art. 79 Abs. 3 GG auf die Verfassungsablösung[250] Es hielt sich damit offen für mögliche Nachfolgeverfassungen in großer Breite".[251]

Schwer nachvollziehbar sind dann allerdings Konsequenzen, die er[252] für eine eventuelle Anwendung des Art. 146 n. F. GG zieht: Die Vorschrift hält er für funktionslos.[253] Das hat weitgehende Folgen für wichtigste Fragen des Verfassungsrechts, denn die Neuschaffung einer Verfassung im Wege eines wie auch immer gearteten rechtswirksamen Plebiszits sieht er offenbar nicht mehr, weil sich „die Geltung des Grundgesetzes als solche kraft Art. 79 Abs. 3 GG der legalen Disposition der pouvoirs constitués entzieht".[254]

„Die Verfassungsidentität muss gewahrt bleiben. Die Verfassungsurkunde kann erneuert werden, nicht jedoch die positive Verfassung, die sich in ihr verkörpert." Das ist exakt der Begriff der positiven Verfassung *Carl Schmitts*, den

---

249 *Isensee,* Schlussbestimmung, aaO., § 166, Rn. 42.

250 *Isensee*, Schlussbestimmung, aaO., § 166, Rn. 42.

251 Dazu auch *Murswiek,* Verfassungsgebende Gewalt, S. 136.

252 *Isensee*, Schlussbestimmung, aaO., § 166, Rn. 62 ff.

253 *Isensee*, Schlussbestimmung, aaO., § 166, Rn. 65.

254 *Isensee*, Schlussbestimmung, aaO., § 166, Rn. 63, vgl. auch Rn. 61, Fn. 124.

*Isensee* auch zitiert.[255] Auf die Widersprüchlichkeit der Thesen *Isensees* hat auch *Möller* bereits hingewiesen.[256]

Demgegenüber hält *Kirchhof*[257] „die Entscheidung über eine das Grundgesetz außer Kraft setzende Verfassung über ein Verfahren der Verfassungsänderung" nach Art. 79 Abs. 2 GG für zulässig: Doch auch bei ihm ist die „Identitätsgarantie" zu beachten: Die im Rahmen der Wiedervereinigung erfolgte Verfassungsänderung (des Art. 146 a. F.) „ersetzte die Ermächtigung zur Verfassungsablösung durch eine Ermächtigung zur Verfassungserneuerung". *Kirchhofs* Begründung: Während bisher das Grundgesetz aufgehoben und durch ein neues Verfassungsgesetz in Bindungen an Rechtsstaat und Demokratie ersetzt werden sollte, hat Art. 146 GG jetzt eine prinzipiell veränderte Bedeutung erhalten. Es gilt „für das in Freiheit wiedervereinte deutsche Volk" und kann nur durch das deutsche Volk in Freiheit außer Geltung gesetzt werden. Im Kern der Freiheit, Einheit und Demokratie bleiben alte und neue Verfassung also identisch.

Das heißt mit anderen Worten: Art. 79 Abs. 3 GG bleibt trotz des Volksentscheids nach Art. 146 GG in einer neuen Verfassung unverrückbar erhalten. Wieso, muss man fragen, denn die vielen Verweise *Kirchhofs*[258] auf die Philosophiegeschichte von *Augustinus, Thomas, Montesquieu, Herder* und *Hegel* dürften den eigentlichen Hintergrund seiner Argumentation – die mitschwingenden Naturrechtsideen und der *Schmittsche* pouvoir constituant – kaum verschleiern.

Völlig klar äußert sich dagegen *Peter Badura* mit seinem uneingeschränkten Bekenntnis zu den Lehren *Carl Schmitts* und der damit – seit *Maunz* – verbundenen, scheinbar „normlogischen" These, nach der auch Art. 79 Abs. 3 GG selbst nicht abänderbar ist.[259]

Eine Studie wie die vorliegende kann die Fülle der Literatur der Nachkriegszeit nicht bis in all ihre Verästelungen nachzeichnen. Es sollten lediglich Entwicklungen aufgezeigt werden, die allerdings in Bezug auf Art. 79 Abs. 3 GG überwiegend in dieselbe Richtung weisen, d. h. in die der heute herrschenden Lehre. Zwar gibt es eine ganze Reihe von Autoren, die höchst individuelle interpretatorische Konstruktionen vorweisen, die zu bedenken sind. Doch forscht man nach dem jeweiligen Kern solcher Vorstellungen, finden sich die meisten in

---

255 *Isensee*, Schlussbestimmung, aaO., § 166, Rn. 61, Fn. 124.

256 *Möller*, aaO., S. 96, Fn. 456.

257 *Kirchhof*, aaO., § 183, Rn. 20.

258 *Kirchhof*, aaO., § 183, Rn. 28 ff.

259 *Badura*, aaO., § 160, Rn. 25 bis 28 ff.

ihrem Ursprung immer wieder zusammen. Der Verfasser hat deshalb versucht, die wenigen sich davon abhebenden Stimmen ein wenig hervorzuheben.

Die übergroße Hilfe leistete dann vor allem das Bundesverfassungsgericht mit seiner Wiederentdeckung des Naturrechts und seiner Nutzung der Präambel als Verfassungsrechtsnorm, die im Laufe der Zeit dann die vielfältigsten Möglichkeiten eröffnete.[260] Den Höhepunkt stellt inzwischen das Lissabon-Urteil dar: Die Polarität der Meinungen, die es erzeugt, können nicht besser verdeutlicht werden, als durch die Sofortstellungnahmen *Andreas Voßkules*[261] und *Martin Nettesheims*[262].

260 Den Beginn bildete das KPD–Urteil, von dem umgehend die Rede sein wird.
261 *Andreas Voßkuhle*, Fruchtbares Zusammenspiel, FAZNET vom 31.7.2010.
262 *Martin Nettesheim*, FAZNET vom 31.7.2010.

# Fünfter Abschnitt

## Die Rechtsprechung des Bundesverfassungsgerichts

Es gibt vor allem zwei entscheidende Kriterien, die geeignet sind, die Rechtsprechung des Bundesverfassungsgerichts zur „Verfassungsidentität“ skeptisch zu hinterfragen: Die Position des Gerichts zu naturrechtlichen („überpositiven, universalen“) Interpretationsergebnissen und seine Rechtsprechung zum Wesen der Präambel als Rechtsnorm mit der sich daraus ergebenden Orientierung an den *Schmittschen* Thesen zum Wesen des pouvoir constituant als „verfassungsgebende Gewalt des Volkes“.

Zu den naturrechtlichen Hintergründen dieser Rechtsprechung wurde oben unter B III bereits Stellung genommen.

Es kann aber nicht zweifelhaft sein, dass die zitierten Äußerungen im Lissabon-Urteil zur „Verfassungsidentität“ und zur „Integrationsverantwortung“ eine deutliche Nähe zu *Carl Schmitts* im Verbund mit *Emmanuel Sieyès* entwickelten Lehren erkennen lassen. Die Begriffe „pouvoir constituant“ und „pouvoir constitués“ mit der damit verbundenen folgenreichen Unterscheidung kommen von ihnen und werden in ihrem Sinne seit Jahrzehnten in der Literatur zur Beschreibung des Wesens der „verfassungsgebenden Gewalt des Volkes“ und der „Ewigkeit der Ewigkeitsgarantie“ verwendet. Allerdings ist dies bisher in den Entscheidungen des Gerichts in aller Klarheit nie gesagt worden. Es hat zwar zuvor in einigen Urteilen – etwa dem Abhör-Urteil, dem Urteilen zur Hessischen Beamtenbesoldung und zur Enteignung durch vermeintlich sowjetisches Besatzungsrecht[i263], aber auch im Maastricht-Urteil[264] zu Art. 79 Abs. 3 GG Stellung genommen. Aufklärende theoretische Hinweise sind diesen Entscheidungen – trotz der Auseinandersetzungen in der Literatur - jedoch kaum zu entnehmen.

### A Die neue Interpretation der Präambel vom KPD-Urteil bis zum Lissabon-Urteil

Eine bis dahin dogmatisch fest verankerte Grenzlinie wurde dann mit dem berühmten KPD–Urteil im Jahre 1956 überschritten.

---

263 BVerfGE 30, 1 ff; BVerfGE 34, 9 ff; BVerfGE, 84, 90 ff.

264 BVerfGE 89, 155 ff.

Ähnlich der aus dem später ergangenen Soraya-Beschluss[265] zu entnehmenden Grundvorstellungen zu versteckten, dem Grundgesetz immanenten Wertvorstellungen und zu entsprechenden Verfassungsinterpretationen, verändert das Gericht massiv das bis dahin gültige Verständnis der Präambel einer Verfassung. Es begann mit dem zum Verbotsantrag der Bundesregierung aus dem Jahre 1951 im Jahre 1956 ergangenen Urteil[266], das trotz der zurückliegenden Zeit auch heute noch von größtem Interesse ist.

Es heißt dort zur Wiedervereinigung wörtlich: „Die Wiederherstellung der staatlichen Einheit Deutschlands ist ein vordringliches nationales Ziel; das ist politisch selbstverständlich, folgt aber auch aus dem rechtlichen Gesichtspunkt, dass das deutsche Reich durch den Zusammenbruch vom Jahre 1945 als Staats- und Völkerrechtssubjekt nicht untergegangen ist, ... und dass es sich nicht darum handele, einen neuen westdeutschen Staat zu errichten, sondern lediglich darum, einen Teil des einheitlichen deutschen Staates neu zu organisieren. Der Vorspruch bringt den Willen des deutschen Volkes zum Ausdruck, eine nationale und staatliche Einheit zu wahren und als gleichberechtigtes Mitglied in einem vereinten Europa dem Frieden der Welt zu dienen.

Darüber hinaus hat der Vorspruch auch rechtlichen Gehalt. Er beschränkt sich nicht auf gewisse rechtlich erhebliche Feststellungen und Rechtsverwahrungen, die bei der Auslegung des Grundgesetzes beachtet werden müssen. Vielmehr ist aus dem Vorspruch für alle politischen Staatsorgane der Bundesrepublik Deutschland die Rechtspflicht abzuleiten, die Einheit Deutschlands mit allen Kräften anzustreben, ihre Maßnahmen auf dieses Ziel auszurichten und die Tauglichkeit für dieses Ziel jeweils als einen Maßstab ihrer politischen Handlungen gelten zu lassen."

Das bedeutet nach Ansicht des Bundesverfassungsgerichts[267] weiter, dass „alle Staatsorgane ihre Maßnahmen auf diese Ziele ausrichten, insbesondere alles unterlassen müssen, was die Wiedervereinigung rechtlich hindert oder faktisch unmöglich macht". Dass hier ein bindender Rechtssatz aus der Präambel herausgelesen und scheinbar sehr präzise formuliert wird, kann nicht fraglich sein.

Man ist in doppelter Weise erstaunt: Das Gericht verkündete schon 1956 eine völlig neue Sicht des Wesens einer deutschen Verfassungspräambel. Sie gewinnt plötzlich Rechtssatzqualität und gebietet den Staatsorganen verpflichtend eine Politik, die – wie auch immer – zu einer territorial nicht präzisierten Wiedervereinigung führen soll. Begründet wird dies im Wesentlichen damit, dass das

---

265 BVerfGE 34, 269 ff.

266 BVerfGE 5, 85 ff, NJW 1956, 1393 ff.

267 BVerfGE 5 ,85 (127).

Deutsche Reich durch den Zusammenbruch im Jahre 1945 als Staats- und Völkerrechtssubjekt nicht untergegangen ist. Irgendwelche weiteren rechts- bzw. verfassungstheoretischen Überlegungen werden nicht angestellt.

Man fragt sich, was nach der verpflichtenden Vorschrift der Präambel eigentlich vereint werden sollte. Gemeint sein konnte im Jahre 1949 ja wohl nur die totale „Reichsvereinigung", zumindest in den Grenzen von 1937 als inhaltliches Gebot der Rechtsnorm der Präambel.

Sämtliche Bundesregierungen bis hin zum Jahre 1990, die den Verzicht auf die Ostgebiete zum Gegenstand ihrer Politik gemacht hatten, hätten sich also verfassungswidrig verhalten. Das gilt auch für die Ministerpräsidenten des Jahres 1948, als sie offenbar angesichts der Frankfurter Dokumente „nur" die Spaltung zwischen den Westländern und der so genannten sowjetischen Besatzungszone befürchteten. Der der Präambel scheinbar immanente verpflichtende Rechtssatz von der Wiedervereinigung – wäre er in diesem engen Sinne gemeint gewesen – hätte im Jahre 1948 gleichzeitig den politischen Verzicht des Parlamentarischen Rates auf die deutschen Ostgebiete unter Anerkennung der Oder-Neiße-Grenze bedeutet.

Ein solcher Gedanke wäre 1949 schlicht abwegig gewesen. Und sogar im Jahre 1990, als die alte Präambel noch in Kraft war, wäre der Verzicht auf die Gebiete jenseits der Oder–Neiße-Linie zumindest staatsrechtlich verfassungswidrig gewesen. Das lässt nur einen Schluss zu: In Bezug auf die Wiedervereinigung ließ die Präambel in ihrer alten Fassung keine konkretisierbaren Gedankeninhalte der Territorialität Deutschlands erkennen.

Zumindest mangels materialer Rechtssatzqualität[268] vermochte sie deshalb keine Rechtswirkungen zu entfalten. Man wird auch nicht davon ausgehen können, dass die Abgeordneten des Parlamentarischen Rates an solche Rechtswirkungen ihrer eigenen schön formulierten Präambel gedacht haben. Nicht umsonst haben sie entsprechende Gedankeninhalte nicht in den Text des Grundgesetzes eingebracht, sondern es bei der Ausformulierung in einem Vorspruch belassen.

Bis weit über die Zeit des Parlamentarischen Rates hinaus wurden jedenfalls Präambeln zu deutschen Verfassungen, soweit ersichtlich, von der Staatsrechtslehre nie[269] als Rechtssätze im strengen Sinne dieses Begriffs angesehen. Die Weimarer Präambel z. B. enthält – ähnlich wie das Grundgesetz – die Formulie-

---

[268] Zum Rechtssatzbegriff vgl. *Rode*, Rechtsbindung, S. 41 ff mit zahlreichen Nachweisen.

[269] Es fehlt jeder Hinweis in der Literatur, dass bis dahin eine Präambel als bindende Rechtnorm angesehen wurde.

rung „...von dem Willen beseelt, sein Reich in Freiheit und Gerechtigkeit zu erneuern und zu fertigen, dem inneren und äußeren Frieden zu dienen ...“, und niemand hat daraus ernsthaft einen die Staatsorgane verpflichtenden Rechtssatz abgeleitet.

Darum ist auch den Äußerungen *Carlo Schmids* nichts Gegenteiliges zu entnehmen, wenn er im Parlamentarischen Rat darauf verweist, die Präambel sei „mehr als nur ein pathetischer Versuch“, sondern enthalte u. a. „rechtliche Feststellungen und Bewertungen, Rechtswahrung und Anspruch zugleich“.[270] Dass sie dadurch zwar ein gewisses Gewicht erlangt und man deshalb auch „bei der Auslegung und Anwendung des Grundgesetzes auf die rechtlich bedeutsamen Gehalte der Präambel zurückgreifen kann“, wird man nicht bestreiten können und wurde auch in der Weimarer Zeit nicht bestritten. Allerdings wird sie dadurch nicht zum Verfassungsrechtssatz, wie das Bundesverfassungsgericht in einem Teilbereich seines KPD-Urteils dann plötzlich verkündet.

Dafür, dass sich der Parlamentarische Rat – was die deutsche Wiedervereinigung anging – für die Präambel und eben nicht für den eigentlichen Verfassungsrechtstext mit der damit verbundenen bindenden Wirkung entschied, sind hinreichende Gründe deutlich: Man erstrebte mit dem neuen Grundgesetz die feste und Vertrauen schaffende Anbindung an den Westen. Dessen Position zur Wiedervereinigung war aber äußerst ungewiss und blieb – wie z.B. die Reaktionen vor allem *Margaret Thatchers* noch im Jahre 1990[271] gezeigt haben - reichlich unberechenbar.

Es gab für den Parlamentarischen Rat in den Jahren 1948 und 1949 also hinreichenden Anlass, von dieser Vereinigung besser in einer damals noch als weitgehend unverbindlich verstandenen Präambel zu sprechen, als solche Bestrebungen unmittelbar und aufdringlich in den Verfassungstext zu setzen. Das politische Signal sollte verkündet werden, die rechtliche Stringenz dagegen im Rahmen einer „Auslegungsregel“ zunächst nicht allzu drastisch wirken.

Natürlich gibt es „Auslegungsregeln“ mit Rechtssatzcharakter, deren Bindungsintention und Bindungswirkung im Sinne des oben beschriebenen soziologischen Rechtssatzbegriffs offensichtlich ist: § 2304 BGB liefert ein solches Beispiel, wenn er als Norm des BGB den Rechtsanwender dazu verpflichtet, die Zuwendung des Pflichtteils im Zweifel nicht als Erbeinsetzung anzusehen. Die Präambel mit einer solchen Ausnahmeregel zu vergleichen, wäre aber sicherlich verfehlt.

---

270 Parlamentarischer Rat, Stenographische Berichte über die Plenarsitzungen, S. 171.

271 *Thatcher*, aaO., S. 1094 ff.

Von solchen (echten) Rechtssätzen sind die – ebenfalls sehr häufig als „Auslegungsregeln“ oder auch „Auslegungsrichtlinien“ bezeichneten – im Zusammenhang mit dem positiven Recht auftauchenden Gedankeninhalte und Prinzipien zu unterscheiden, die – ohne Rechtssätze und nicht unbedingt positiviert zu sein – „an einem exemplarischen Fall durch die Bewusstseinsschwelle im juristischen Denken einbrechen“.[272]

Sie werden plötzlich in der Rechtslehre oder der Rechtsprechung gedacht und „finden dann wegen der ihnen innewohnenden Überzeugungskraft mehr oder weniger rasch allgemeine Anerkennung im Rechtsbewusstsein der Zeit“.[273] Man könnte auch sagen, sie gewinnen gewissermaßen über Nacht neben ihrer Überzeugungskraft auch „Nützlichkeit“ für eine gerade anstehende richterliche Entscheidung, besonders wenn diese – wie im Fall des KPD-Urteils von 1956 oder im Fall des Lissabon-Urteils von 2009 – politisch höchst brisant ist.

Natürlich heißt das nicht, dass gedankliche Hinweise dieser Art keine Bedeutung für die Interpretation einer Rechtsnorm liefern können: Im Rahmen der überkommenen Auslegungskriterien – vor allem der teleologischen und historischen Interpretation – lassen sich durchaus Anhaltspunkte aus ihnen gewinnen, die im konkreten Fall zu einem bestimmten Ergebnis führen können (etwa einem richterlichen Urteil).[274] Sie sind aber nicht geeignet, über den Text eines positiven Rechtssystems hinaus neue Rechtssätze zu erschaffen. Genau das geschieht aber, wenn – wie im Rahmen der Präambel – Verpflichtungen (oder auch Berechtigungen) von Staatsorganen konstruiert werden, die dem eigentlichen Gesetzestext (d. h. den Art. 1 – 146 GG) nicht mehr zu entnehmen sind.[275]

Trotz alldem hatten die Thesen des Bundesverfassungsgerichts ihre Auswirkungen auf die entsprechende Literatur: Schon *Maunz* akzeptierte sie recht früh[276], *Starck* komplettierte diese Auffassung 1985[277] und *Maurer* spricht 1999 von einer eigenartigen Vielschichtigkeit der (alten) Präambel, die angeblich teilweise „dokumentierende Feststellungen“, „Selbstvergewisserungen des Verfassungsgebers“, „verfassungspolitische Programmsätze“ und „verbindliche Rechtssätze“ enthalten soll.[278] Gleichzeitig redet er von „mittelbarer Verbindlichkeit“ und „ausnahmsweise unmittelbarer Verbindlichkeit“. In welchen For-

---

272 *Larenz*, Methodenlehre, S. 411; *Josef Esser*, aaO., S. 53; dazu *Rode*, Rechtsbindung, S. 161.

273 *Larenz*, Methodenlehre, S. 411 m. w. N.

274 *Esser*, aaO., S. 53.

275 Vgl. dazu *Larenz*, Methodenlehre, S. 412, der die Lehre von der „culpa in contrahendo“ als Beispiel beschreibt.

276 In MDHS, Rn. 8 und 18 ff zur Präambel und zu BVerfGE 5, 85 ff und 36, 1 ff.

277 *Starck* in *v. M/Kl.*, S.11.

278 Vgl. *Maurer*, Staatsrecht , S. 136 und 139.

mulierungen der Präambel dies alles der Fall ist, erfährt man nicht, ebenso nicht, was seine Unterscheidung von Staatszielbestimmungen und „allgemein verbindlichen Rechtssätzen“ bedeuten soll. Letzteres wäre schon deshalb von Interesse gewesen, weil er (3 Seiten weiter)[279] plötzlich meint, dass die (neue) Präambel nur noch eine Staatszielbestimmung enthalte, nämlich das Ziel, „als gleichberechtigtes Glied in einem vereinten Europa dem Frieden der Welt zu dienen“. Doch für diese Verwirrung dürfte in erster Linie das Bundesverfassungsgericht mit seinem KPD–Urteil verantwortlich sein

## B Die Übernahme der Lehre vom pouvoir constituant und den pouvoirs constitués

Diese Metamorphose der Präambel von einem allenfalls als Auslegungsrichtlinie verstandenen Verfassungsbestandteil zur zwingenden Rechtsnorm weitete sich in der Folgezeit aus: Auch die Verwendung der Formulierung, nach der sich „das deutsche Volk kraft seiner verfassungsgebenden Gewalt dieses Grundgesetz“ gegeben hat, gewinnt plötzlich ein anderes Gewicht: Was vorher nur in einem explikativen Sinn verstanden wurde, wird bald in einem normativen verstanden.

Wenn in Bezug auf Art. 79 Abs. 3 GG vom pouvoir constituant die Rede ist – wie vor allem im Lissabon-Urteil - bedeutet dies auch die Unantastbarkeit dessen, was er inhaltlich verfügt hat und die Unantastbarkeit der Ewigkeitsgarantie, gleichgültig, ob man, wie offenbar noch das Südweststaat-Urteil, ein Parlament oder wie *Schmitt* und *Sieyès* ein nebulöses, nicht sichtbares Phänomen, genannt „Volk“, als Verfassungsgeber ansieht. Denn nicht auf die Bezeichnung „pouvoir constituant“ kommt es an, sondern auf dessen behauptete, rechtliche Wirkkraft.

Nachdem *Theodor Maunz* im Jahre 1952 auf die Lehren *C. Schmitts* und *Sieyès* hingewiesen hat[280] und in der Folgezeit eine weitaus herrschende Lehre diese These aufgenommen hat, wird das Bundesverfassungsgericht in seinem Lissabon-Urteil im Jahre 2009 mit seinem Begriff der „Verfassungsidentität“ wohl kaum irgendetwas anderes gemeint haben als die Lehre *Carl Schmitts*.[281]

*Carl Schmitt* hat aber in der Verfassungslehre auch klargemacht, dass sein pouvoir constituant natürlich auch ein absoluter Alleinherrscher und nicht unbedingt das „Volk“ sein müsste[282], genau wie er einräumt, dass die Grundentschei-

---

279 *Maurer,* aaO., S.139.

280 Vgl. oben, Fn 205.

281 Vgl. Lissabon–Urteil, Abs.-Nr. 217.

282 *Carl Schmitt*, Verfassungslehre, S. 79 ff.

dungen seines pouvoir constituant auf keinen Fall „Rechtssätze“ darstellen.[283] Das ist anders geworden. Denn der Präambel entnimmt das Bundesverfassungsgericht inzwischen auch die Verpflichtung sämtlicher deutscher Staatsorgane zur „Völkerrechtsfreundlichkeit“ und zur „Europafreundlichkeit“.[284]

Doch wer sich immer noch einer solchen Lehre anschließt, muss wenigstens versuchen, eine diskutierbare Begründung für die nicht mehr nicht in Frage gestellte Rechtssatzqualität zu liefern. Diese Begründung sucht man in der Rechtsprechung des Bundesverfassungsgerichts, wie in der herrschenden Lehre vergeblich.

Was Art. 79 Abs. 3 GG betrifft, versagt z. B. der in der Regel hilfreiche Rückgriff auf naturrechtliche Erwägungen völlig, denn die Vorschrift „perpetuiert weitgehend bloßes Organisationsrecht“, wie *Maunz* zu Recht selbst einräumt.[285] Gleichwohl genießt sie als die die „Verfassungsidentität“ der Bundesrepublik gestaltende Norm das Privileg der Unantastbarkeit und dies kraft der in der Präambel vorgesehenen verfassungsgebenden Gewalt des Volkes.

Blicken wir also noch einmal auf die Präambel in ihrer alten Fassung: Wie schon gesagt, sprachen ihr die Autoren der Weimarer Zeit und die der fünfziger Jahre noch ganz überwiegend ausschließlich „politische Bedeutung“ zu.[286] Auch nach *Friedrich Klein* im Jahre 1957 enthält sie keine rechtsverbindlichen Vorschriften, ist „nur enuntiativ oder deklaratorisch geartet“ und hebt allenfalls „gewisse Leitmotive“ der Verfassung hervor, die für die Auslegung der Einzelbestimmungen richtungweisend sind, aber keine Rechtssätze enthalten.[287]

Das ist einsichtig: Schon die sprachliche Formulierung der Präambel lässt nur schwer andere Schlüsse zu: Zwar sind zahlreiche Vorschriften des Grundgesetzes explikativ und scheinbar nicht normativ gefasst – man denke auch an Art. 1 oder 20 GG -, ihr normativer Sinn als verfassungsrechtlich gebotenes „Sollen“ ist aber offensichtlich.

Anders ist dies bereits bei der ursprünglichen Fassung der Präambel, die, wie die neue, auch explikativ formuliert war. Es fehlte ihr schon in der Lesart die offensichtlich normativ zu begreifende Sollens-Dimension. Es wird etwas als

---

283 *Carl Schmitt,* Verfassungslehre, S. 22 ff.

284 Lissabon–Urteil, Abs.–Nr. 225, wo sogar darauf hingewiesen wird, dass aus Art. 23 Abs. 1 GG ein „Verfassungsauftrag“ folge. Auch diese Terminologie ist erstaunlich; vgl. auch den Hinweis auf *Frank Schorkopf,* Grundgesetz und Überstaatlichkeit, 2007, S. 247.

285 In MDHS, Rn. 50 zu Art. 79.

286 Z. B. *Anschütz*, Kommentar zur WRV, zur Präambel.

287 *V. Mangoldt/Klein*, aaO., (1957), S. 40 ff.

eingetreten und bereits geschehen festgestellt, was tatsächlich angeblich bereits geschehen ist, nämlich die Tatsache der Verfassungsgebung als solche. Von einer Sollensanordnung auch nur im weitesten Sinne wird man bei diesem Wortlaut nicht reden können.

Gewisse normative Akzente finden sich, wenn es vom deutschen Volk heißt, es sei „von dem Willen beseelt, seine nationale und staatliche Einheit zu wahren, als gleichberechtigtes Glied in einem vereinten Europa dem Frieden der Welt zu dienen und aufgefordert bleibt, in freier Selbstbestimmung die Einheit und Freiheit Deutschlands zu vollenden". Politisch wird man das KPD–Urteil daher verstehen können. Dass hier verfassungsrechtliche Rechtssätze mit entsprechenden Bindungswirkungen formuliert sind, ist damit aber nicht gesagt. Wäre dies beabsichtigt gewesen, hätte es dann z. B. auch für die deutliche Betonung der Vorläufigkeit des Grundgesetzes als „Ordnung für eine Übergangszeit" gelten müssen.

Nichts anderes besagt die neue Fassung der Präambel, in der es – neben der Wiederholung des Hinweises auf die verfassungsgebende Gewalt des Volkes in Abs. 2 - wieder rein feststellend heißt: „Die Deutschen in den Ländern Baden-Württemberg usw. ... haben ... die Einheit und Freiheit Deutschlands vollendet". Auch hier kann von normativen Aspekten des Wortlauts nicht gesprochen werden; ganz abgesehen davon, dass der Hinweis auf die verfassungsgebende Gewalt des Volkes als Ursprung des Grundgesetzes nicht nur rechtstheoretisch verfehlt, sondern historisch–empirisch schlicht falsch ist. Der Rest der Präambel ist rankendes Beiwerk. Er mag wohltuend klingen, kann aber inhaltlich kaum ernst genommen werden: Gegen das Bewusstsein seiner Verantwortung vor Gott hätten sich große Teile des deutschen Volkes – wären sie befragt worden – mit Sicherheit gewehrt, denn Verantwortung ist nur auf Seiten individueller Personen und niemals kumulativ für große Menschenmassen denkbar. Von den Millionen atheistisch denkender Menschen muss deshalb gar nicht erst die Rede sein.

Schon deshalb dürfte die Diskussion weitergehen. Es war nicht abzusehen, dass der Präambel plötzlich im Jahre 2009 eine derartig stringente und zwingende Rechtswirkung vom Bundesverfassungsgericht beigemessen werden könnte. Darum ist auch der absurde, kaum denkbare Fall nicht auszuschließen, dass anhand einer anderen Fallkonstellation sogar das „Bewusstsein" des deutschen Volkes von „seiner Verantwortung vor Gott", wie dies die Präambel ja noch vorsieht, ähnliche Rechtsnormwirkungen entfalten wird, wie die Europafreundlichkeit: Zu Beiden würde dann noch eine rechtsbindende „Gottesfreundlichkeit" hinzu kommen.

Auf die Entstehungsgeschichte des Grundgesetzes können sich die Befürworter der neuen rechtlichen Beurteilung der Präambel allerdings nicht berufen.

## Sechster Abschnitt

## Die Entstehungsgeschichte der Präambel, des Art. 79 Abs. 3 und des Art.20 Abs. 2 GG

### A Der Beginn

Als die westalliierten Militärgouverneure am 1. Juli 1948 die Ministerpräsidenten der Länder, die es inzwischen wieder gab, in den so genannten „Frankfurter Dokumenten“[288] aufforderten, unter bestimmten Vorgaben bis zum 1. September 1948 eine aus Vertretern der Länder bestehende verfassungsgebende Versammlung einzuberufen, stießen die massiven Vorgaben schon auf Widerstand.

Man schlug vor, von einer deutschen Nationalversammlung zunächst Abstand zu nehmen, um die Einheit Deutschlands nicht zu gefährden. Es sollte lediglich ein „Provisorium“ geschaffen und deswegen nicht von einer „Verfassung“, sondern allenfalls von einem „Grundgesetz“ geredet werden. Und das sollte nicht von deutscher, sondern von alliierter Seite verkündet werden.[289]

Das wiederum lehnten die Militärgouverneure ab.[290] Sie verlangten eine komplette Verfassung mit einer sich anschließenden „Volksabstimmung“. Das versuchte eine ganze Reihe der Ministerpräsidenten von Anfang an zu verhindern[291], weil sie sich eines Erfolgs nicht sicher waren und massive Aktionen der Kommunisten befürchteten. Wie dem auch sei, die künftigen Verhandlungen und Gestaltungsmaßnahmen, die ein Jahr später zur Verkündung des Grundgesetzes führten, erfolgten unter strengsten Kontrollen und inhaltlichen Direktiven der Alliierten, aber auch unter dem Vorbehalt der deutschen Beteiligten, lediglich ein Provisorium und keine endgültige Verfassung der neuen Bundesrepublik zu schaffen.[292]

---

288 Vgl. *Ingo von Münch*, Dokumente, aaO.

289 Vgl. vor allem die „Rittersturz–Konferenz“ vom 8.7.1948 in Koblenz.

290 Vgl. *Carlo Schmid*, aaO., S. 330 ff.

291 *Carlo Schmid*, aaO., S. 331 ff; vgl. auch *Adenauer*, aaO., S. 146 ff.

292 *Carlo Schmid*, aaO., S. 330.

Wie bekannt, verfasste ein Sachverständigengremium im August 1948 im Konvent auf der Insel Herrenchiemsee in Bayern einen Entwurf zum Grundgesetz, der in die Beratungen des Parlamentarischen Rates eingebracht wurde. Bei diesen Beratungen hervorragender Fachleute[293] wurde auf hohem Niveau das „Recht" diskutiert, auf dem Staatsfragment der drei Westzonen eine rechtliche Ordnung zu schaffen, wobei unterschiedliche Sichtweisen durchaus zu Tage traten.

Von einer „verfassungsgebenden Gewalt des Volkes" im Sinne *Carl Schmitts* ist nach den vorhandenen Protokollen und Akten nicht das Geringste[294] zu hören. Entsprechend sah auch der Vorschlag der Mehrheit des Konvents für eine Präambel aus.[295]

## B Die Präambel in Herrenchiemsee und im Parlamentarischen Rat

Der Herrenchiemseer Entwurf hatte zwei unterschiedliche Vorschläge für die Präambel gemacht. In dem Minderheitsentwurf formulierte man schlicht: „Die Länder bilden zur Wahrung der gemeinsamen Angelegenheiten des deutschen Volkes eine bundesstaatliche Gemeinschaft."[296]

Der Mehrheitsentwurf bezog sich ebenfalls stark auf die Länder und deren verfassungsmäßige und gesetzliche Organe. Das Grundgesetz sollte einen „Bund deutscher Länder" gestalten, was man „eine den Aufgaben der Übergangszeit dienende Ordnung der Hoheitsbefugnisse" nannte.[297]

Genau hieß es: „Das Deutsche Volk in den Ländern Baden, Bayern, Bremen, Hamburg, Hessen, Niedersachsen, Nordrhein-Westfalen, Rheinland-Pfalz, Schleswig-Holstein, Württemberg-Baden und Württemberg-Hohenzollern, durch seine verfassungsmäßigen und gesetzlichen Organe handelnd, erfüllt von dem Willen, alle Teile Deutschlands in einer Bundesrepublik wiederzuvereinigen und seine Freiheitsrechte zu schützen, und bestrebt, vorläufig in dem Teile Deutschlands, der durch die Gebiete dieser Länder begrenzt wird, eine den Aufgaben der Übergangszeit dienende Ordnung der Hoheitsbefugnisse zu schaffen, erlässt kraft seines unverzichtbaren Rechts auf Gestaltung seines nationalen Le-

---

293 *Carlo Schmid*, aaO., S. 338.

294 Vgl. aber die Bemerkung *Carlo Schmid*, aaO., S. 335: „Sie hatten ihren *Jellinek* und wohl auch *Carl Schmitts* Staatslehre gelesen."

295 *Carlo Schmid*, aaO., S. 338.

296 Parlamentarischer Rat, Akten und Protokolle, Bd. 2, S.579.

297 Parlamentarischer Rat, Akten und Protokolle, Bd. 2, S. 579.

bens dieses Grundgesetz für einen Bund deutscher Länder, der allen anderen Teilen Deutschlands offensteht."[298]

All das, was an die *Schmittsche* „verfassungsgebende Gewalt des Volkes" hätte erinnern können, fehlte also bereits. Auf Herrenchiemsee war diese Formulierung – jedenfalls soweit ersichtlich – nie Gegenstand der Erörterungen.[299]

Ein vorläufiger Beschluss des Grundsatzausschusses des Parlamentarischen Rates von Oktober 1948 ergab dann folgende recht umständliche Fassung, ebenfalls ohne jeden Anklang an die „verfassungsgebende Gewalt des Volkes":

„Die nationalsozialistische Zwingherrschaft hat das Deutsche Volk seiner Freiheit beraubt; Krieg und Gewalt haben die Menschheit in Not und Elend gestürzt. Das staatliche Gefüge der in Weimar geschaffenen Republik wurde zerstört. Dem Deutschen Volk aber ist das unverzichtbare Recht auf freie Gestaltung seines nationalen Lebens geblieben. Die Besetzung Deutschlands durch fremde Mächte hat die Ausübung dieses Rechtes schweren Einschränkungen unterworfen.

Erfüllt von dem Willen, seine Freiheitsrechte zu schützen und die Einheit der Nation zu erhalten, hat das Deutsche Volk aus den Ländern Baden, Bayern, Bremen, Hamburg, Hessen, Niedersachsen, Nordrhein-Westfalen, Rheinland-Pfalz, Schleswig-Holstein, Württemberg-Baden und Württemberg-Hohenzollern Abgeordnete zu dem auf den 1. September 1948 nach Bonn zusammengerufenen Parlamentarischen Rat entsandt, um eine den Aufgaben der Übergangszeit dienende Ordnung für die Bundesrepublik Deutschland vorzubereiten. Diese haben unter Mitwirkung der Abgeordneten Groß-Berlins, getragen von dem Vertrauen und bewegt von der Hoffnung aller Deutschen, für das Gebiet, das sie entsandt hat, dieses Grundgesetz beschlossen.

Das Deutsche Volk in seiner Gesamtheit bleibt aufgefordert, in gemeinsamer Entscheidung und Verantwortung die Ordnung seiner nationalen Einheit und Freiheit in der Bundesrepublik Deutschland zu vollenden."[300]

Schon dieser reichlich umständlich formulierte Versuch lässt deutlich erkennen: Die Abgeordneten im Grundsatzausschuss waren weit davon entfernt, von einer „Gewalt" zu sprechen, deren Inhaber das Volk ist und die soeben „ausgeübt" werde. Ganz im Gegenteil wird betont, dass dem deutschen Volk zwar das „unverzichtbare Recht auf freie Gestaltung seines nationalen Lebens geblieben",

---

298 Parlamentarischer Rat, Akten und Protokolle, Bd. 2, S. 579.

299 Jedenfalls was Protokolle und Berichte anging.

300 Parlamentarischer Rat, Akten und Protokolle, Bd. 5/I, S. 333 f.

dass die „Ausübung“ dieses Rechts aber durch die Besetzung Deutschlands durch fremde Mächte schweren Einschränkungen unterworfen sei. Einen Beleg für das, was heute der Präambel als die die Verfassungsidentität stiftende Norm entnommen wird, liefert diese Formulierung daher bestimmt nicht.

Zentrales Anliegen der Abgeordneten war vielmehr, das in der Realität verlorene „Selbstbestimmungsrecht“ des deutschen Volkes zurückzugewinnen und dessen „schwere Einschränkungen“ angesichts der Besetzung Deutschlands durch fremde Mächte zu beseitigen. Mit diesem Ziel – so dürfte der Entwurf zu verstehen sein - hat das „Deutsche Volk“ aus den Ländern Abgeordnete in den Parlamentarischen Rat entsandt, um eine den Aufgaben der „Übergangszeit“ dienende Ordnung für die Bundesrepublik Deutschland vorzubereiten und deshalb – so heißt es weiter – „für das Gebiet, das sie entsandt hat, dieses Grundgesetz beschlossen“.

Im Vordergrund aller Überlegungen standen also zwei Dinge: Das Selbstbestimmungsrecht, das nicht in voller Freiheit ausgeübt werden konnte, und die Vorläufigkeit des gesamten Grundgesetzes. Eine in diesem Zusammenhang nicht uninteressante Bemerkung *von Mangoldts* wandte sich übrigens gegen die Formulierung, nach der „die Abgeordneten dieses Grundgesetz beschlossen haben“: Er meinte, nicht der Parlamentarische Rat habe das Grundgesetz beschlossen. Dieser „nehme es zwar an, seine Wirkungskraft erlange es aber erst durch den Beschluss des Deutschen Volkes“. Was er mit einem solchen Beschluss meinte, blieb unklar.[301]

Dass der Entwurf – und zwar nicht nur wegen seiner stilistischen, sondern auch wegen zahlreicher anderer Mängel – auf Kritik stieß, war zu erwarten..[302] Z. B. wurde ein Gottesbezug vermisst, und manche Abgeordnete verstanden sich nicht als solche der Länder, sondern als Vertreter des ganzen Volkes.

Wichtig für das Verständnis der Entstehung der Präambel sind vor allem zwei Bemerkungen der Abgeordneten *Carlo Schmid* und *Herrmann von Mangoldt*: *Schmid* erklärte: „Die Präambel wird klar zum Ausdruck bringen, dass das Grundgesetz an dem Tag automatisch außer Kraft tritt, an dem eine frei gewählte, frei handelnde, von dem ganzen Deutschen Volk entsandte Nationalversammlung – nicht in Abänderung dieses Grundgesetzes, sondern originär – die endgültige Verfassung, die wirkliche Verfassung Deutschlands geschaffen haben wird.“[303]

---

[301] Vgl. Parlamentarischer Rat, Akten und Protokolle, Bd. 5/I, S. 248. Eine sehr klare und umfassende Darstellung der folgenden Debatten im Grundsatzausschuss findet sich bei *Möller*, aaO., S. 59 ff.

[302] Parlamentarischer Rat, Akten und Protokolle, Bd. 5/I, S. 333 f.

[303] Parlamentarischer Rat, Stenographische Berichte über die Plenarsitzungen, S. 71.

Und *von Mangoldt* charakterisierte die Präambel als „eine bloße Einführung, die den Geist des Ganzen und die historischen Zusammenhänge wiedergebe und insofern auch eine „gewisse" juristische Bedeutung erhalte. Die eigentlichen Rechtssätze allerdings seien erst in den Artikeln vorhanden".[304] Diese seine Sichtweise wiederholten er im Hauptausschuss[305] und *Thomas Dehler* im Dezember 1948 im Organisationsausschuss.[306] Was daraus in seinem ganzen Umfang geworden ist, hat *von Mangoldt* nicht mehr erlebt.

Trotz weiterer Einwände unterschiedlichster Art gelangte der Hauptausschuss in seinem Beschluss vom 10. Dezember 1948 zu einer neuen, noch unförmigeren und überlangen Fassung, auf deren Zitierung hier verzichtet werden soll. Mit Recht monierte deshalb der Allgemeine Redaktionsausschuss Form und Inhalt.[307]

Das Zustandekommen seines Gegenvorschlages ist jedoch von größtem Interesse: Der Allgemeine Redaktionsausschuss, dessen Aufgabe darin lag, die vorher entwickelten gedanklichen Inhalte redaktionell zu bearbeiten und entsprechend zu glätten, nahm zum Endbeschluss des Hauptausschusses am 13.12.1948 sehr kritisch Stellung.[308] Ein wesentlicher Einwand war, dass das Weiterbestehen des deutschen Staates nicht hinreichend betont sei. Der Hinweis auf die beschränkte Souveränität sei zu resignativ. Man müsse den Willen bekunden, diese Souveränitätsdefizite zu überwinden. Es komme darauf an, die politische Entscheidung des Volkes zu motivieren und darzutun, dass das deutsche Volk, soweit es über das Grundgesetz frei entscheiden könne, auch „stellvertretend für seine von der Mitwirkung ausgeschlossenen Teile handelt".[309]

Dass eine solche inhaltlich und gedanklich neuartige und konkrete Stellungnahme weit über die Aufgaben eines Redaktionsausschusses hinausging, muss zumindest angenommen werden. Die genaue Zuständigkeitsregelung für den Ausschuss ist, soweit ersichtlich, offenbar unbekannt. Rügen von anderen Fraktionen oder Abgeordneten scheint es nicht gegeben zu haben. Aber immerhin legte der Redaktionsausschuss einen eigenen Entwurf für eine Neufassung der Präambel vor.[310]

---

304 Parlamentarischer Rat, Akten und Protokolle, Bd.5/II, S. 530.
305 Parlamentarischer Rat, Verhandlungen des Hauptausschusses, S. 52 f.
306 Parlamentarischer Rat, Akten und Protokolle, Bd. 13/II, S. 922.
307 Parlamentarischer Rat, Akten und Protokolle, Bd. 7, S. 133 f.
308 Parlamentarischer Rat, Akten und Protokolle, Bd. 7, S. 133.
309 Parlamentarischer Rat, Akten und Protokolle, Bd. 7, S. 133 f.
310 Parlamentarischer Rat, Akten und Protokolle, Bd. 7, S. 134;dazu *Möller*, aaO., S. 65 f.

Dieser lautete:: „Im Bewusstsein seiner Verantwortung vor Gott und den Menschen, von dem Willen beseelt, seine nationale und staatliche Einheit zu wahren und als gleichberechtigtes Glied in einem vereinten Europa dem Frieden der Welt zu dienen, hat das Deutsche Volk in den Ländern Baden, Bayern, Bremen, Hamburg, Hessen, Niedersachsen, Nordrhein-Westfalen, Rheinland-Pfalz, Schleswig-Holstein, Württemberg-Baden und Württemberg-Hohenzollern kraft seiner verfassungsgebenden Gewalt dieses Grundgesetz der Bundesrepublik Deutschland beschlossen. Es hat auch für jene Deutschen gehandelt, denen mitzuwirken versagt war. Das gesamte Deutsche Volk bleibt aufgefordert, in freier Selbstbestimmung die Einheit und Freiheit Deutschlands zu vollenden."

Damit war ein Grundstein für die späteren Schwierigkeiten bei der Interpretation des Art. 79 Abs. 3 GG gelegt: Zum ersten Mal in der Geschichte deutscher länderübergreifender Verfassungen tauchte der Begriff der „verfassungsgebenden Gewalt des Deutschen Volkes" auf, gewissermaßen zufällig und wie vom Himmel gefallen. Während der ganzen Beratungen des Rates hatte es keine Hinweise in den Erörterungen gegeben, dass die oben dargestellte Lehre auch nur im Geringsten Vorbildcharakter gehabt hätte für die eine oder andere staatstheoretische Argumentation.

Die Formulierung des Redaktionsausschusses musste nun die Vermutung heraufbeschwören, dass die *Schmittsche* Lehre in irgendeiner Weise doch zum geistigen Hintergrund der Inhalte der Präambel beigetragen hatte. Tatsächlich konnte – was die Verhandlungen im parlamentarischen Rat anging – davon keine Rede sein. Die „verfassungsgebende Gewalt des Volkes" rutschte gewissermaßen – man kann es schwerlich anders ausdrücken - zufällig und mit fragwürdiger Kompetenz seitens des Redaktionsausschusses ins Grundgesetz.

Im Januar 1949 beharrte der Grundsatzausschuss im Wesentlichen bei seiner Fassung. Der so genannte „Fünfer-Ausschuss" schloss sich dem im Februar 1949 weitgehend an.

Der Redaktionsausschuss blieb dagegen bei seinem Entwurf. Nach verschiedenen interfraktionellen Gesprächen einigte man sich dann offenbar auf Antrag der FDP-Fraktion durch den Abgeordneten *Dehler* auf den Entwurf des Redaktionsausschusses, der noch um die Formulierung „um dem staatlichen Leben für eine Übergangszeit eine neue Ordnung zu geben" ergänzt wurde.

Am 03.05.1949 übernahm der Hauptausschuss ohne jede Diskussion die Fassung des Allgemeinen Redaktionsausschusses. Bei der endgültigen Lesung des Grundgesetzes am 8. Mai 1949 gab es dann keine Einzelabstimmung mehr über die Präambel.

Diese Entstehungsgeschichte gibt also nicht den geringsten Anlass, dem Verfassungsgeber eine Orientierung an den von *Schmitt* und *Sieyès* entwickelten Vorstellungen zum Begriff der „verfassungsgebenden Gewalt des Volkes" zu unterstellen. Die Stellungnahme des Redaktionsausschusses macht dies noch weiter deutlich: Sie rügt, dass die „politische Entscheidung" des Volkes nicht hinreichend „motiviert" werde. Vielmehr komme es darauf an, dass „das deutsche Volk, soweit es über das Grundgesetz frei entscheiden könne, stellvertretend für seine von der Mitwirkung ausgeschlossenen Teile handele". Es müsse der Wille zum Ausdruck gebracht werden, die Beschränkung der Souveränität zu überwinden.[311]

Die Zielsetzung, die der Redaktionsausschuss hier mit seiner überraschenden Neufassung der Präambel verfolgte, ist also ganz wesentlich in die politische Zukunft gerichtet und trägt eher motivierende und aktivierende Züge, als dass das Wesen des gerade geschaffenen Verfassungstextes mit sich daraus ergebenden weitgehenden juristischen Konsequenzen charakterisiert werden sollte. Es fragt sich sehr, ob dies auch im Sinne dessen war, was *Carlo Schmid* und *Herrmann von Mangoldt* zuvor geäußert hatten.

Es dürfte jedenfalls sicher sein: Die Rückgriffe auf die alten ideologischen Thesen *Carl Schmitts* und *Sieyès* von der „verfassungsgebenden Gewalt des Volkes" mit den sich daraus ergebenden Folgen, wie sie heute von einer herrschenden Lehre und vom Bundesverfassungsgericht gemacht werden, lässt die Entstehungsgeschichte der Präambel nicht zu. Eine verfassungsgebende Gewalt des Volkes hat es bei der Entstehung des Grundgesetzes nie gegeben, was wohl auch in tatsächlicher Hinsicht unumstritten ist. Auch das ist Anlass, das Wesen und die Rechtswirkungen des Art. 79 Abs. 3 GG noch einmal zu überdenken

## C Art. 79 Abs. 3 und 20 Abs. 2 GG im Herrenchiemseer Konvent und im Parlamentarischen Rat

Es ist nicht bekannt, ob dem Ausschuss für die Organisation des Bundes im Parlamentarischen Rat, in dessen Zuständigkeit auch die Vorschriften über Verfassungsänderungen fielen, die Beschlusslage der anderen Ausschüsse zur Präambel bis hin zum Entwurf des Redaktionsausschusses voll zur Kenntnis gelangt war.

Der Konvent hatte zu den Inhalten des heutigen Art. 79 Abs. 3 GG insgesamt 3 Vorschläge gemacht: die Art. 107 und 108 mit Bezug zu Art. 110 sowie den Art. 21.[312]

---

311 Parlamentarischer Rat, Akten und Protokolle, Bd. 7, S. 134.

312 Parlamentarischer Rat, Akten und Protokolle, Bd. 2, S. 604.

Art. 107 zum Prinzip des Föderalismus in der Bundesrepublik lautete: Ein Gesetz, durch das von der bundesstaatlichen Grundordnung abgegangen wird, bedarf außer den sonstigen Erfordernissen des Art. 106 der einstimmigen Annahme im Bundesrat. Das überrascht nicht, denn der immense Druck der Alliierten in Bezug auf die föderalistische Struktur war kompromisslos und ließ kaum eine andere Wahl. Allerdings machten sich auch die Vorbehalte eines Teils der Beteiligten auf deutscher Seite bemerkbar: Die Einstimmigkeit für ein Gesetz, das die Bundesstaatlichkeit antastete, galt nur für den Bundesrat, d. h. es sollten letztendlich nur die Länder über diese Frage entscheiden. Von einer entsprechenden Mehrheit im Bundestag war nämlich zunächst keine Rede.[313]

Anders war Art. 108 formuliert: „Anträge auf Änderung des Grundgesetzes, durch die die freiheitliche und demokratische Grundordnung beseitigt würde, sind unzulässig."[314]

Während Art. 107 nur das Ergebnis des Beschlusses einer Konventsmehrheit war und sich eine Minderheit gegen jede Art von Beschränkung im Bundesrat aussprach, war man sich im Ergebnis über die Inhalte des Art. 108 im Wesentlichen einig. Allerdings gilt dies nur unter Vorbehalten, denn es war eine interessante, wenn auch im Ergebnis nicht sehr aussagekräftige Diskussion vorausgegangen.

In der Sitzung des Konvents vom 23.8.1948 gab es nämlich einen ganz kurzen Gedankenaustausch, der einen gewissen Konnex mit der heute so verbreiteten Lehre zur „Ewigkeitsklausel" und „Verfassungsidentität" für Sekunden erkennen lässt: *Carlo Schmid* wehrte sich gegen einen Antrag, nach dem zu Gunsten der Länder und deren eigener Gesetzgebungskompetenz in einem Absatz 2 der Vorschrift über die Ländergesetzgebung die Änderung bestimmter Sachverhalte durch den Verfassungsänderungsgesetzgeber verboten werden sollte. *Schmid* erklärt dazu: „Wenn man schon eine Änderung durchführen will, wer hindert es dann, der Verfassungsänderung gerade diesen zweiten Absatz zu unterwerfen, der sie verbieten soll? Man hebt eben im Wege einer Verfassungsänderung den Absatz auf, dass es verboten ist, verfassungsändernde Anträge zu stellen."[315]

*Schmid* artikuliert hier also genau die These, die zumindest seit *Maunz* im Jahre 1953 aufs Heftigste mit dessen „normlogischem" Argument und seinen zustimmenden Hinweisen auf *Carl Schmitt* bekämpft wird und ohne deren Widerlegung die herrschende Lehre von der Ewigkeit der „Ewigkeitsklausel" bis

---

313 Parlamentarischer Rat, Akten und Protokolle, Bd. 2, S. 557 ff.

314 Parlamentarischer Rat, Akten und Protokolle, Bd. 2, S. 604; vgl. *Möller*, aaO., S. 124 ff.

315 Parlamentarischer Rat, Akten und Protokolle, Bd. 2, S. 478.

hin zur unantastbaren „Verfassungsidentität" des Lissabon-Urteils schwer vorstellbar ist.

*Carlo Schmid* erhielt auf seine Ausführungen nur eine ganz kurze Antwort. Sie kam von *Hans Nawiasky*, der als Mitarbeiter für die bayrische Delegation anwesend war. Sie lautete: „Das ist unzulässig!"[316]

Diese drei Wörter *Nawiaskys* im August 1948 bilden allerdings einen Zusammenhang mit der bis heute andauernde Kontroverse. Dem Parlamentarischen Rat war dies aber wohl nicht bewusst, denn niemand antwortete *Nawiasky*. Eine Klärung erfolgte jedenfalls nicht im Parlamentarischen Rat. Dass *Nawiasky* allerdings mit seinem kurzen Hinweis an *Carl Schmitt* und dessen pouvoir constituant gedacht hat, ist keineswegs auszuschließen. Doch auch die heutige Lehre bezieht sich – soweit ersichtlich – nicht auf diese Äußerung *Nawiaskys*.

Ein weiterer Vorschlag des Konvents wurde zunächst abgelehnt, nämlich Art. 21 Abs. 1, der die Beseitigung der Grundrechte und auf ein solches Ziel gerichtete Anträge für unzulässig erklärte. Entscheidend für diese Ablehnung dürften in erster Linie die Hinweise *v. Mangoldts* im Grundsatzausschuss gewesen sein: Die Unabänderlichkeit der Grundrechte ergebe sich bereits aus der Tatsache, dass es sich bei diesen lediglich um die positivrechtliche Fixierung von Naturrecht handele.[317] Die Unabänderlichkeitserklärung sei schon deshalb überflüssig. Anträge im Gesetzgebungsverfahren mit entsprechender Zielsetzung könnten – so *v. Mangoldt* – auch nicht von einem Verfassungsgericht überprüft werden, weil dies eine unzulässige Kontrolle des Parlaments bedeute.[318]

Die Absicherung der Grundrechte mit einer „Ewigkeitsklausel" war damit im Parlamentarischen Rat zunächst zurückgewiesen, ebenso wie Art. 107 über die Verewigung des Föderalismusprinzips zunächst abgelehnt wurde.[319]

In Frage stand damit nur noch – wie man annahm – Art. 108 des Konventsvorschlages, dessen Grundgedanken vom Rat prinzipiell als wichtig angesehen wurden. Allerdings entwickelte sich eine nicht uninteressante Debatte. Die Abgeordneten *Katz* (SPD) und *Finck* (CDU) wandten sich gegen die Aufnahme der Vorschrift ins Grundgesetz.[320] *Katz* nannte den Artikel völlig überflüssig. Er sei z. B. vollkommen wirkungslos, wenn etwa Stalin die Macht über Deutschland

---

[316] Parlamentarischer Rat, Akten und Protokolle, Bd. 2, S. 478.

[317] *Möller*, aaO., S. 126.

[318] Parlamentarischer Rat, Akten und Protokolle, Bd. 5/I, S. 150.

[319] Parlamentarischer Rat, Akten und Protokolle, Bd. 7, S. 65; Akten und Protokolle, Bd. 13/I, S. 570.

[320] Parlamentarischer Rat, Akten und Protokolle, Bd. 13/I, S. 532.

erlange. Auch der Abgeordnete *Chapeaurouge* (CDU) äußerte Zweifel, dass Art. 108 im Falle von Massenbewegungen die deutsche Geschichte aufhalten könne, doch immerhin könne der Bundestag entsprechende gefährliche Anträge über Art. 108 ablehnen.[321] *Katz* blieb bei seiner Ansicht und meinte, man könne genauso gut durch Maueranschlag verkünden: „Einführung der Diktatur ist verboten", was dieselbe Wirkung habe.[322]

Das Ergebnis der Debatte: Man lehnte die Aufnahme des Artikels ab, doch die Diskussion um Art. 108 wie dann auch wieder um Art. 107 ging in späteren Sitzungen weiter: Als im Ausschuss für Verfassungsgerichtshof und Rechtspflege die Frage aufgeworfen wurde, wer denn über die Unzulässigkeit entsprechender Anträge entscheide, kam das Bundesverfassungsgericht ins Gespräch. Dagegen wehrte sich *Heinrich Grewe* massiv, weil eine Tätigkeit des Bundesverfassungsgerichts sich nur auf abgeschlossene Maßnahmen und beschlossene Gesetze beziehen dürfe.[323] Der Allgemeine Redaktionsausschuss schlug Ende November 1948 übereinstimmend die Streichung des Art. 108 vor. Im Januar 1949 wurde die Vorschrift aber auch vom Allgemeinen Redaktionsausschuss wieder aufgenommen und später vom Hauptausschuss in dieser Fassung bestätigt.[324]

Art. 107 wurde Anfang Dezember 1948 im Hauptausschuss erneut kontrovers diskutiert. Man einigte sich auf seine Einfügung ins Grundgesetz und sah diesmal eine Dreiviertelmehrheit im Bundesrat vor. Im Februar 1949 wurde dann diese Mehrheit in einem so genannten „Fünferausschuss" in eine Vierfünftelmehrheit umgewandelt und die positive Stellungnahme des Hauptausschusses zu Art. 108 bestätigt.[325]

Doch wieder gab es Interventionen der Alliierten, denen die Gewichtung des Föderalismusprinzips offenbar immer noch nicht groß genug war. Es wurde ein interfraktioneller Unterausschuss eingesetzt, der in der Folgezeit den Bereich der Gesetzgebung des Bundes noch einmal bearbeitete. Er legte am 24. Februar einen Entwurf vor, der – als Art. 106 – dem heutigen Art. 79 Abs. 3 GG bereits sehr nahe kam.[326] Er lautete: „Eine Änderung dieses Grundgesetzes, durch welche die Gliederung des Bundes in Länder, die grundsätzliche Mitwirkung der Länder bei der Gesetzgebung oder die in Art. 20 c Abs. 1 und 21 niedergelegten

---

321 Parlamentarischer Rat, Akten und Protokolle, Bd.13/I, S. 572.

322 Vgl. Fn. 323.

323 Parlamentarischer Rat, Akten und Protokolle, Bd. 13/II, S.1339; zu alldem eingehen *Möller*, aaO., S. 128 ff.

324 Parlamentarischer Rat, Akten und Protokolle, Bd. 13/II, S. 1016.

325 Parlamentarischer Rat, Akten und Protokolle, Bd. 7, S. 371.

326 Parlamentarischer Rat, Verhandlungen des Hauptausschusses, S. 455 und 656.

Grundsätze berührt werden, ist unzulässig."[327] Eine Änderung des Föderalismusprinzips war also von nun an nicht nur durch qualifizierte Mehrheiten erschwert, sondern gänzlich verboten. Der Wille der Alliierten hatte sich voll durchgesetzt. Der Allgemeine Redaktionsausschuss strich dann Anfang Mai 1949 noch den Hinweis auf Art. 20 c Abs. 1, der dem Art. 19 Abs. 2 GG entsprach. Eine innerfraktionelle Einigung, als Bezugspunkte nur noch Art. 1 und 20 GG zu nennen, brachte dann im Plenum am 6. Mai 1949 die heutige Fassung.[328]

Natürlich reicht der kurze Blick auf die Entstehungsgeschichten der Präambel und Art. 79 Abs. 3 GG nicht aus, um letztgültige und korrekte inhaltliche Aussagen zur heutigen Anwendung dieser Verfassungsbestandteile zu machen: Die historische Interpretation ist für die Rechtsfindung nur ein Merkmal unter anderen, aber eben doch ein wichtiges, das nicht übergangen werden darf. Das gilt vor allem dann, wenn pseudo-historische Fakten behauptet werden, welche die vorgelegten Interpretationsergebnisse argumentativ untermauern sollen. Nichts anderes geschieht, wenn von der „verfassungsgebenden Gewalt des Volkes" als historisch belegbarem Sachverhalt die Rede ist und eine solche These als unantastbares Gut zur „Verfassungsidentität" und zum sakrosankten Heiligtum erhoben wird.

Das Geschehen im Rahmen der Schaffung des Grundgesetzes zwischen August 1948 und Mai 1949, d. h. die Willensbildung der Verantwortlichen im Herrenchiemseer Konvent und im Parlamentarischen Rat, vermittelt ein völlig anderes Bild: Die Verewigung des Föderalismusprinzips in Art. 79 Abs. 3 GG wäre nie erfolgt, hätte es nicht die massive Einwirkung der drei westlichen Militärgouverneure gegeben. Von den drei Mächten, die sie repräsentierten, gab es allerdings nur eine, die dieses Prinzip – jedenfalls auf verfassungsrechtlicher Ebene – für den eigenen Staat anwendete. Das waren seit fast zwei Jahrhunderten die Vereinigten Staaten. Großbritannien und Frankreich hatten sich von jeher weitgehend zentralistisch organisiert.

Die Alliierten mögen angesichts der vorangegangenen Ereignisse in jener Zeit für ihr Oktroy ihre Gründe gehabt haben, die sogar verständlich erscheinen. Heute gibt es diese Gründe seit Langem nicht mehr, dafür aber die deutsche „föderalistische" „Verfassungsidentität" als Dauerstreitpunkt zwischen Bund, Ländern, Kommunen und Parteien.[329]

---

327 Parlamentarischer Rat, Akten und Protokolle, Bd. 11, S. 183.
328 Parlamentarischer Rat, Akten und Protokolle, Bd. 11, S. 183.
329 Dazu 6. Abschn.

Ähnliches gilt für einige andere Fragestellungen dieser Studie: Beim so genannten „historischen Gesetzgeber“ – gemeint sind der Konvent von Herrenchiemsee und der Parlamentarische Rat – taucht, soweit ersichtlich, nirgendwo der Begriff der „verfassungsgebenden Gewalt des Volkes“ als Diskussionsgegenstand auf, sieht man einmal von dem geschilderten Vorgang im Allgemeinen Redaktionsausschuss ab. Ebenso wenig ist von einem „pouvoir constituant“ oder „pouvoir constitué“ im Sinne *Sieyès* und *Carl Schmitts* die Rede. Die Protokolle liefern dafür nicht den geringsten Beweis. Andere ernsthaft verwendbare Belege gibt es – soweit der Verfasser weiß – leider nicht.[330]

Deutliche Hinweise zu einer gewissen Neubelebung „überpositiven“ Denkens finden sich aber – wie sich gezeigt hat – zumindest in Äußerungen einzelner Personen auf Herrenchiemsee bzw. im Parlamentarischen Rat.

Die Debatten zum Begriff der „Staatsgewalt“ i. S. Art. 20 Abs. 2 GG begannen im Grundsatzausschuss schon recht lebhaft, nachdem der Vorsitzende *v. Mangoldt* einen Entwurf vorgelegt hatte, in dem es hieß, „das Volk ist Träger der Staatsgewalt“.

*Carlo Schmid* schlug vor, besser davon zu reden, dass das Volk Träger „aller“ Staatsgewalt sei, wobei er, wie er sagte, das ausdrücken wolle, was die scholastische Staatslehre unter der „suprema potestas“ bzw. „plenitudo potestatis“ verstehe.[331]

Dieser für einen Staatsrechtler wie *Carlo Schmid* ziemlich erstaunliche Verweis auf die Scholastik stieß auf Widerstand[332], und *v. Mangoldt* äußerte im Verlauf der Diskussion, dass zwar faktisch nicht alle Gewalt beim Volke liege, weil es noch etwas gebe, was darüber stehe; man solle es aber unterlassen, religiöse oder weltanschauliche Empfindlichkeiten zu treffen.[333] Dem stimmte *Schmid* in einer späteren Sitzung des Ausschusses ausdrücklich zu:[334] Er habe mit dem von ihm vorgeschlagenen Satz nie bestreiten wollen, dass alle Obrigkeit von Gott ausgehe. Er fährt dann – und dies ist für weitere Überlegungen sehr bedeutsam – wie folgt fort:

„Um jedoch Dinge abzuschneiden, wie die Lehre, nach der sich im Monarchen der göttliche Wille verkörpere, habe die Weimarer Verfassung zum Aus-

---

330 Vgl. auch die umfassenden Ausführungen *Herzogs* in MDHS, Rn. 29 ff zu Art. 20 mit vielen Literatur- und Rechtsprechungsnachweisen.

331 Parlamentarischer Rat, Akten und Protokolle, Bd. 5/I, S. 291.

332 Vgl. Fn. 333.

333 Vgl. Fn. 333.

334 Parlamentarischer Rat, Akten und Protokolle, Bd. 5/II, S. 524.

druck gebracht, dass die Gewalt als letzte irdische Quelle auf das Volk zurückgehen solle, nicht auf Privilegien, nicht auf einen Volksgeist, den jeder nach seinem Interesse interpretieren könne, sondern auf das konkrete Volk, das nichts anderes sei als die Summe der jeweils lebenden einzelnen Deutschen." [335] Nach diesen Ausführungen *Carlo Schmids* beschloss der Grundsatzausschuss die Formulierung der Weimarer Verfassung: „Die Staatsgewalt geht vom Volke aus".[336]

*Schmids* Kennzeichnung dieser Formulierung ist deshalb im Rahmen einer historischen Interpretation des Art. 20 Abs. 2 GG, auf die zurückzukommen sein wird, nicht zu überschätzen: Er liefert zwar nur eine Negativdefinition für das in Abs. 2 Gemeinte, sie hat aber staatstheoretisch und staatsrechtlich größte Plausibilität. Die Absage an einen göttlichen Willen, der sich im Monarchen verkörpert und die Absage an die Verknüpfung der Gewalt als letzte irdische Quelle mit irgendwie gearteten irdischen Privilegien, vor allem aber die Absage an einen Volksgeist, den jeder nach seinem Interesse interpretieren kann, ist – wenn auch anders formuliert – eine Absage an den *Schmittschen* fiktiven und imaginären pouvoir constituant. Denn *Carlo Schmid* spricht von der Gewalt des konkreten Volkes, das „nichts anderes ist als die Summe der jeweils lebenden einzelnen Deutschen".[337] Darauf ist zurückzukommen.

Im November 1948 beschloss der Hauptausschuss nach einer Anregung des Allgemeinen Redaktionsausschusses die Formulierung „alle Staatsgewalt geht vom Volke aus" und betonte damit – wie man sagte – die „Einheitlichkeit" der Staatsgewalt.[338] Bei diesem Satz blieb es dann trotz verschiedener Abänderungsversuche bis zur dritten Lesung im Plenum am 8. Mai 1949.

Festzuhalten an dieser Stelle ist deshalb die Tatsache, dass auch im Rahmen der Debatten um Art. 20 Abs. 2 GG niemals Gedanken *Schmittscher* Prägung auch nur erwähnt wurden. Eine Verknüpfung des Begriffs der Staatsgewalt in dieser Vorschrift mit den alten Thesen von der „verfassungsgebenden Gewalt des Volkes" hat es beim historischen Gesetzgeber also auch nicht im Ansatz gegeben.

---

335 Parlamentarischer Rat, Akten und Protokolle, Bd. 5/II, S. 526 f.

336 Parlamentarischer Rat, Akten und Protokolle, Bd. 5/II, S. 527.

337 Parlamentarischer Rat, Akten und Protokolle, Bd. 5/II, S. 526 f.

338 Parlamentarischer Rat, Akten und Protokolle, Bd. 7, S. 537.

## Siebter Abschnitt

## Ideologie und Mythologisierung in der Methodik der Rechtsfindung

Die Studie hat an dieser Stelle einen Punkt erreicht, an dem der in der Einleitung angesprochene Verdacht der Ideologiebildung und der Mythologisierung im Zusammenhang mit dem Gedankens der „Verfassungsidentität" und der damit verbundenen „Integrationsverantwortung" näher beschrieben und begründet werden kann.

Es hat sich gezeigt, dass die verschiedensten Behauptungen in der Literatur wie auch in der Rechtsprechung des Bundesverfassungsgerichts nicht frei sind von Naturrechtsideen der Aufklärung oder der christlich-katholischen Naturrechtsphilosophie und Theologie des Mittelalters.

Die Spielart des hoch ideologischen, christlich–katholischen Denkens – das wird man sagen müssen – beherrscht die wissenschaftliche Diskussion heute nicht mehr in dem Maße, wie etwa noch zu Zeiten *Günter Dürigs*, *Ernst von Hippels* oder *Hans Peters*.[339] Die Lehre vom „Priester und Herrenbetrug" der Aufklärung hat sich in der Wissenschaft heute versachlicht. In Bezug auf bestimmte soziale Weltanschauungsgruppen wird man dies allerdings nicht sagen können.[340]

Es hat sich allerdings auch gezeigt, dass die Lehren des Abbé Sieyès aus der Zeit der Französischen Revolution mit ihrem imaginären „pouvoir constituant" über die Verfassungslehre *Carl Schmitts* Eingang gefunden haben in die heute herrschende Lehre und Verfassungsrechtsprechung, d. h. die ideologische Komponente im Deutschen Staatsrecht ist nach wie vor immens. Das ist intellektuell zu begründen.

Betrachten wir deshalb zunächst die Naturrechtslehren in ihren oben bezeichneten zwei Spielarten unter den Gesichtspunkten der Ideologietheorien. „Die geistige Erfassung, Durchdringung und Erklärung der äußeren Wirklichkeit ist

---

339 Vgl. dazu oben unter B III; im Übrigen *Gerhard Czermak*, aaO., S. 234 ff (240 ff).

340 Vgl. *Topitsch*, Erkenntnis und Illusion, passim; *Geiger*, Ideologie, S. 42.

Aufgabe des wissenschaftlichen Erkennens. Ein Satz ist wahr, wenn er mit dieser Wirklichkeit nachweisbar übereinstimmt“[341].

*Geiger* nennt diese Wirklichkeit „Erkenntniswirklichkeit“. Die entsprechenden Aussagen sind solcher Art, dass ihr gedanklicher Inhalt als richtig oder falsch ausgewiesen, d. h. verifiziert oder falsifiziert werden kann.[342] Die Lehre von den Ideologien hat vom Begriff einer solchen Erkenntniswirklichkeit auszugehen. Er ist der „Inbegriff der raumzeitlich bestimmten und daher unmittelbar oder mittelbar sinnlich wahrzunehmenden Erscheinungen“.[343] „Die ideologische Abweichung von der Erkenntniswirklichkeit besteht darin, dass eine Aussage sich gar nicht auf eine Erkenntniswirklichkeit bezieht oder beschränkt, sondern wirklichkeitsfremde Elemente enthält.“[344]

Darum ist jedes Werturteil eine ideologische Aussage: Das subjektive Verhältnis einer Person zum Objekt wird im Werturteil objektiviert, in etwas sachlich Gegebenes umgedeutet.[345] Ideologische Aussagen in diesem Sinne sind also solche, „die ihrer sprachlichen Form und dem in ihnen ausgedrückten Sinne nach sich als theoretische Sachaussagen geben, die aber atheoretische, nicht der objektiven Erkenntniswirklichkeit zugehörende Bestandteile enthalten“.[346]

Das führt zu den Aussagen des Bundesverfassungsgerichts im Lissabon-Urteil: In Abs.-Nr. 217 benutzt das Gericht völlig isolierte Worte des Grundgesetztextes, wie Würde, Freiheit und Gleichheit, und spricht ihnen „Universalität“ zu. Der Senat integriert sie dann gedanklich in die „Verfassungsidentität“ des Grundgesetzes im Sinne der Ewigkeitsgarantie des Art. 79 Abs. 3 GG mit nicht unerheblichen juristischen Konsequenzen.

Genau dies sind ideologische Aussagen, denn sie besagen in abgekürzter Form, dass es eine Realität gibt, die durch die isolierten Wörter „Freiheit“ oder „Gleichheit“ gedeckt ist.[347] Das ist aber nicht der Fall, denn das Wort „Freiheit“ erhält erst einen begrifflichen Sinn, wenn gleichzeitig gesagt wird, wovon eine

---

341 *Geiger*, Ideologie, 2. Aufl., S. 30; Der Verfasser orientiert sich im Folgenden weitgehend an der soziologischen Ideologiekritik *Geigers*; vgl. aber auch *Topitsch*, Ideologiekritik aaO.; ders., Naturrecht, S. 1 ff; *Salamun*, Perspektiven einer Ideologietheorie im Sinne des kritischen Rationalismus, aaO., S. 253 ff.

342 *Geiger*, Ideologie, 2. Aufl., S. 42.

343 *Geiger,* Ideologie, 2. Aufl., S. 44 ff.

344 Geiger, Ideologie, 2. Aufl., S. 44.

345 *Geiger*, Ideologie, 2. Aufl., S. 49.

346 *Geiger*, Ideologie, 2. Aufl., S. 58.

347 Geiger, Ideologie, 2. Aufl., S. 73.

Person frei sein soll. Dasselbe gilt für das Wort „Gleichheit“, solange nicht gesagt ist, wer oder was in Bezug auf welchen Sachverhalt gleich sein soll.[348]

Das ist aber nicht die einzige ideologische Aussage im Lissabon–Urteil. Der Hinweis auf die „Universalität“ der eben genannten Wörter kann nur – wie oben gezeigt – als naturrechtliche Argumentation verstanden werden. Und die Naturrechtsideen, ob die der Aufklärung oder die des christlichen Mittelalters, sind nun einmal zweifellos Ideologien.[349] Denn sie sind in keinem Fall auf eine Erkenntniswirklichkeit bezogen und lässt auch keine Methode erkennen, mit Hilfe der sie verifizierbar oder falsifizierbar wäre. Ob man – wie die Aufklärung – die menschliche Vernunft zur Begründung heranzieht oder – wie das christlich–scholastische Naturrecht - die Schöpferkraft Gottes, in beiden Fällen ist eine Bezugnahme auf eine Erkenntniswirklichkeit nicht erkennbar. Aussagen dieser Qualität sind wissenschaftlich illegitim und für die intellektuelle Rechtfertigung von Zwang gegenüber Menschen – nichts anderes kennzeichnet eine jede Rechtsordnung – unbrauchbar.

All das ist spätestens seit *Hans Kelsen* immer wieder gesagt, aber unverständlicherweise von zahlreichen juristischen Autoren und von der Rechtsprechung des Bundesverfassungsgerichts einfach nicht zur Kenntnis genommen worden.

Eine vielleicht noch absurdere Ideologie enthält die Lehre und Rechtsprechung von der „verfassungsgebenden Gewalt des Volkes“. Das Bundesverfassungsgericht leitet sie bekanntlich[350] aus der Präambel als Verfassungsrechtssatz ab.

Man mache sich einmal klar, was die Lehre vom pouvoir constituant gemessen an der wissenschaftlichen Messlatte der Erkenntniswirklichkeit bedeutet: Ein Verfassungsgeber, genannt pouvoir constituant bzw. „nation“, hat ganz „real“ einen Gemeinschaftswillen entwickelt und diesen seinen Willen mit konkretem Gedankeninhalt zur höchstverbindliche „Verfassung“ eines Staates erklärt. Man kann schlicht feststellen: Einen solchen realen Willensverband hat es nie gegeben und kann es auch nicht geben.

Hinzu kommt eine weitere Kuriosität, die im Rahmen eines wissenschaftlichen Erkenntnisverfahrens mehr als ungewöhnlich ist. Fragt man nämlich, wer dieser Verfassungsgeber als reales Subjekt mit einer einzigen übereinstimmenden Stimme eigentlich ist, gibt Sieyès die Antwort: Dieser Verfassungsgeber ist

---

348 *Geiger*, Ideologie, 2. Aufl., S. 73 und 75.

349 Sehr eindrucksvoll dazu *Topitsch*, Naturrecht, S. 1 ff; vgl. aber z. B. auch *Häberle* „Gott im Verfassungsstaat“? In: Festschrift für *Wolfgang Zeidler*, S. 3 – 17.

350 Vgl. dazu oben unter E III 1 und 2.

als einziger legitimiert und besteht aus dem so genannten „Dritten Stand“. Andere Bevölkerungsteile, z. B. der Adel und das Priestertum (mit Ausnahme des Abbés selbst) zählen nicht dazu.

*Carl Schmitt* modifiziert diese „Lehre“ für seine Zeit fast 140 Jahre später: Die Naturrechtsidee, von der bei Sieyès noch die Rede ist, gibt er auf und beschreibt die „verfassungsgebende Gewalt des Volkes“ ebenso „real“ als applaudierendes Volk der Öffentlichkeit mit denselben Konsequenzen wie es Sieyès beschrieben hat.[351]

Wie dem auch sei, all diese Thesen sind in erschreckendem Masse weit von der Wirklichkeit entfernt.[352] Einen Verfassungsgeber dieser Art hat es nie gegeben. Es kann ihn auch nicht geben, denn er ist nicht möglich. Die Entstehungsgeschichte des Grundgesetzes weist diese Ideologie im Übrigen sogar als Lüge aus.[353] Gleichwohl erscheint die These von der „verfassungsgebenden Gewalt des Volkes“, d. h. auch die vom pouvoir constituant, als zentraler Gedanke des Lissabon–Urteils.

Der Verfasser hat in der Einleitung diese Lehre auch einen politischen „Mythos“ genannt, was ebenfalls einer näheren Begründung bedarf.

Erinnern wir uns daran, dass der Ausgangspunkt der Lehre von der verfassungsgebenden Gewalt des Volkes in der Französischen Revolution liegt und *Sieyès* sein ganzes Gedankengebäude auf dem Begriff der „nation“ aufbaut. Auf dem, was man unter Nation versteht, baut auch *Carl Schmitt* seine Lehre auf: „Das Wort „Nation“ ist prägnanter und weniger missverständlich. Es bezeichnet nämlich das Volk als politisch aktionsfähige Einheit mit dem Bewusstsein seiner politischen Besonderheit und dem Willen zur politischen Existenz, während das nicht als Nation existierende Volk nur eine irgendwie ethnisch oder kulturell zusammengehörige, aber nicht notwendig politisch existierende Verbindung von Menschen ist“.[354] Denkt man dabei auch noch an die französische „Grande Nation“, liegt bereits in diesen Worten die ideologische Überhöhung auf der Hand.

Der amerikanische Politologe *Benedict Anderson* blickt demgegenüber auf diese Nation mit gänzlich anderen Augen: Für ihn ist die Nation eine „imagined community“. Sie ist keine real erfahrbare Gemeinschaft und existiert nur in unserer Vorstellungswelt[355], entstanden nicht zuletzt aus Mythen der Vergangen-

---

351 *Carl Schmitt*, Verfassungslehre, S. 83.

352 Vgl. dazu auch *Roellecke*, JZ 1992, S. 929 ff.

353 Vgl. oben unter F.

354 *Carl Schmitt*, Verfassungslehre, S. 79.

355 *Anderson*, aaO., S. 14 ff; vgl. vor allem die 4 Eigenschaften der Nation, S. 14.

heit, z. B. der französischen Revolution oder aus der wichtigen Frage, ob Karl der Große Deutscher oder Franzose gewesen ist.[356]

Ein solcher Mythos ist auch die Beschreibung des pouvoir constituant durch *Sieyès*, die dann über *Carl Schmitt* in die deutsche Staats- und Staatsrechtslehre eingedrungen ist und sich im Gedächtnis vieler Juristen fest verankert hat.

Die Tatsache, dass angeblich das „Volk" und niemand anders es ist, das die Gewalt im „deutschen" Staat verkörpert, wirkt glaubwürdig und „personal aktivierend", weil sie in der allgemeinen Wahrnehmung der Bevölkerung und sozialer Gruppen ebenso wie bei den politischen und kulturellen Eliten wichtige Kriterien erfüllt:

- Sie vermittelt eine positive Wertakzentuierung,
- sie ist in der Lage, eine möglichst umfassende Gemeinsamkeit zu stiften,
- sie hebt die gegenüber anderen Kollektiven scheinbar oder tatsächlich vorhandenen Besonderheiten hervor,
- sie verankert metaphysisch charakterlich–moralische und kulturelle Qualitäten,
- sie überbrückt in den politischen Subsystemen des Gemeinwesens Deutschland vorhandene Divergenzen, und
- sie weist überzeitliche Qualität auf, d. h. sie ist auf künftige Generationen und neue Angehörige übertragbar.[357]

Man vermag es kaum zu glauben: Die „Verfassungsidentität der Deutschen", wie sie das Bundesverfassungsgericht mit seinen Ausführungen zur Ewigkeitsklausel im Lissabon–Urteil charakterisiert hat, konnte nicht besser als mit diesen Stichworten *Bernd Estels* zum Begriff des politischen Mythos in ihrem Wesen beschrieben werden.

Die Verfassungsidentität enthält einen politischen Sachverhalt und ein politisches Ereignis und ist sogar verbunden mit einer Person. Sie enthält „ein kollektives sowie sinn- und identitätsstiftendes Wirkungspotential.[358] Ihr „integratives Material" entfaltet sie über soziale und kulturelle Gräben hinweg" und erlangt dabei eine selbstverständlich fraglose Geltung.[359]

---

[356] Vgl. *Münkler*, aaO., passim.

[357] Es wird hier den Überlegungen von *Estel*, aaO., S. 49 ff (S. 66 - 69); vgl. dazu auch *Geiger*, Vorstudien, passim.

[358] *Dörner*, aaO., S. 42 – 62.

[359] *Leggewie* , aaO., S. 275 – 302; zu Übergängen und Mischformen von Ideologien und politischen Mythen vgl. auch *Dörner*, aaO., S. 43.

*Geiger* zieht aus dieser Einsicht Konsequenzen, über die man streiten kann: Er meint, dass der Einzelne sich selbst „den Gehorsam und den Druck, der ihn erzwingt, erleichtert, indem er die Handlungsweise gut“ findet. So lügt er den Zwang, unter dem er handelt, in Freiheit um.[360] In der Soziologie ist dieser Typus der Ideologiebildung offenbar nicht unbekannt. *Geiger* setzt ihn gleich mit dem „Mythos von der göttlichen Abstammung einer herrschenden Kaste“.[361] Man ist versucht, an manche Autoren in der Literatur und ihr Verhältnis zum Bundesverfassungsgericht zu denken.

*Leggewie* versteht den politischen Mythos als „autoritäres Wort, welches das Gegebene bezeichnet oder, was ihn in die Nähe des Numinosen rückt, offenbart“.[362] Man wird ihm kaum widersprechen können.

Widersprechen muss man dagegen *Möller* angesichts dieser ideologisch mythologisierten Lehre und Rechtsprechung zur „verfassungsgebenden Gewalt des Volkes“ und zur Ewigkeitsklausel des Art. 79 Abs. 3 GG.[363] Er meint, das Grundgesetz könne zwar nicht anordnen, dass die Lehre von der verfassungsgebenden Gewalt richtig sei. Da hat er Recht. Nur meint er weiter, das Grundgesetz könne aber anordnen, „dass diese Lehre als richtig anzusehen“ sei. Darum ist sie - unabhängig von ihrer verfassungstheoretischen Richtigkeit – bei seiner Auslegung zugrunde zu legen. „Wer das Grundgesetz als gültig ansieht, muss im Rahmen seiner Auslegung das Modell von der verfassungsgebenden Gewalt des Volkes beachten, auch wenn er es nicht für die rechtstheoretische Wahrheit hält“.[364] *Möller* erklärt uns nicht, wo denn das Grundgesetz „angeordnet“ hat, dass die „verfassungsgebende Gewalt des Volkes“ als verbindlich zu beachten ist. Bisher ist nur bekannt, dass das Bundesverfassungsgericht einen entsprechenden Rechtssatz aus der Präambel ableitet, was vor dem KPD–Urteil niemand erwartet hätte und ohnehin schon äußerst fragwürdig ist. Wenn sich *Möller* in diesem Zusammenhang auf dessen Aufsatz aus dem Jahre 1980 beruft, mag er einmal dartun, warum er den späteren Aufsatz *Henkes* aus dem Jahre 1992 nicht erwähnt.[365] *Henke* schreibt dort wörtlich: „Der Begriff der verfas-

---

360 *Geiger*, Soziologie des Rechts, S. 256.

361 *Geiger*, Soziologie des Rechts, S. 256.

362 *Leggewie,* aaO., S. 275 ff.

363 *Mölle*r, aaO., S. 73.

364 *Möller* beruft sich auf *Henke*, Der Staat 19 (1980), S. 181 ff (209), wo *Henke* von einer Doppelnatur des Begriffs der verfassungsgebenden Gewalt als Begriff der allgemeinen Staatslehre und als Begriff des positiven Verfassungsrechts spricht. Man fragt sich, was daran Besonderes ist, denn natürlich können Begriffe sowohl im Seinsbereich wie auch im Normenbereich auftauchen. Mit einer Aussage zur normativen Funktion des Begriffs hat das nichts zu tun.

365 *Henke*, Der Staat 31, S. 265 ff.

sungsgebenden Gewalt des Volkes mit all den Interpretationen, die er in den 200 Jahren erfahren hat, bezeichnet aber die Entstehung des Rechts der Verfassung auf irreführende Weise. Volk in diesem Sinne ist ein Mythos oder eine Fiktion. Es selbst als Realität ist unzweifelhaft vorhanden, aber als eine willens- und entscheidungsfähige Gesamtheit tritt es niemals in Erscheinung."[366] Genau dies behauptet auch der Verfasser.

Dass auch der Begriff der Staatsgewalt i. S. des Art. 20 Abs. 2 GG keine Aussagen zur verfassungsgebenden Gewalt des Volkes zulässt, wird unten zu zeigen sein.

---

366 *Henke*, Der Staat, 31, S. 276.

## Achter Abschnitt

## Zwischenergebnis und Anmerkungen

Es dürfte dem Leser aufgefallen sein, dass die vorliegende Studie zum geltenden Verfassungsrecht und zur juristischen Interpretation des Art.79 Abs. 3 GG sowie zur Präambel bisher nicht das Geringste ausgesagt hat.

Was bisher dargestellt wurde, könnte man eine Phänomenologie der verfassungsgebenden Gewalt des Volkes nennen, wie sie sich in Raum und Zeit, in Literatur und Rechtsprechung erwiesen hat. Dass diese Phänomenologie auch Einsichten für den rechtsmethodischen Umgang mit der „Ewigkeitsklausel" des Art. 79 Abs. 3 GG aufweist, zeigt schon die folgende.

Anmerkung 1: Die Terminologie des Bundesverfassungsgerichts zu Wörtern wie „Verfassungsidentität", „Integrationsverantwortung" und seine Aussagen zu angeblich „universalen", aber völlig isolierten Begriffen wie „Freiheit" und „Gleichheit" löst sofort den Verdacht aus, dass allgemein bekannte, ideologiekritische Lehren überhaupt nicht beachtet wurden.

Das bestätigt
Anmerkung 2: Zwar ist es richtig, dass die in Art. 79 Abs. 3 GG bezeichneten Staatsstrukturprinzipien vorrangig „ethische" Kerngehalte des Grundgesetzes verkörpern. Dass sie deshalb im Sinne von „Überpositivität" und „Universalität" unter Heranziehung von Naturrechtslehren unterschiedlicher Spielart verstanden werden müssen, bleibt aber höchst zweifelhaft. Das wird unterstrichen durch

Anmerkung 3: Weder die gescheiterte deutsche Verfassung von 1848/49, noch die Verfassung von 1871 und noch viel weniger die Weimarer Reichsverfassung kannten Verfassungsänderungsvorschriften, welche die Änderung bestimmter Verfassungsnormen durch den Gesetzgeber verbieten.

Umso erstaunlicher wirkt die Einsicht in die frühe Literatur in
Anmerkung 4: Die zwei berühmten Schriften *Sieyès* aus dem Jahre 1789 und die Verfassungslehre *Carl Schmitts* aus dem Jahre 1928 legen zwar ein Fundament für die künftige Entwicklung einer herrschenden Lehre und Rechtsprechung, vermögen aber wissenschaftlich nicht zu überzeugen.

Dennoch entwickelt sich bis hinein in die Gegenwart eine Folgeliteratur und höchstrichterliche Rechtssprechung, wie sie

Anmerkung 5 zu D III und E III zum Ausdruck bringt: In der Zeit von 1952/53 (*Theodor Maunz*) bis heute tritt die Lehre vom pouvoir constituant – auch mit den sich bei *Sieyès* dahinter versteckenden Naturrechtshinweisen - ihren Siegeszug an. Nur wenige Autoren und auch nicht das Bundesverfassungsgericht wenden sich gegen diese Thesen, wobei die Präambel zum Grundgesetz als vermeintliche Rechtsnorm eine erhebliche Rolle spielt. Tatsächlich ist von einem gänzlich andersartigen Sachverhalt auszugehen:

Anmerkung 6 zu F I bis III: Aus der Entstehungsgeschichte der Präambel und des Art. 79 Abs. 3 GG sowie der des Art. 20 Abs. 2 GG ergibt sich nicht das Geringste für diese Annahmen, dass die Präambel eine derartige Rechtsnorm liefern sollte. Weder im Herrenchiemseer Konvent noch im Parlamentarischen Rat wurde dieses Problem in den Debatten angesprochen. Die Formel von der verfassungsgebenden Gewalt „rutschte“ im Gegenteil – möglicherweise bedingt durch eine Kompetenzüberschreitung des Redaktionsausschusses -, ohne dass die Mitglieder dies monierten, in die Präambel.

Angesichts dieser Sachlage bietet es sich an, die ganze juristische Problematik im Rahmen traditioneller wissenschaftlicher Interpretationsmethodiken noch einmal zu überdenken, ohne sich dabei von den oben herausgestellten Fragwürdigkeiten beeinflussen zu lassen. Das soll im Folgenden geschehen.

# Neunter Abschnitt

# Art. 79 Abs. 3 GG und die Grundkriterien des Rechtssatzes

## A Das Wesen des Rechtssatzes als meta-juristisches, theoretisches Problem

Man erinnere sich an die eindeutige Klarstellung *Carl Schmitts*[367], dass die Grundentscheidungen seines pouvoir constituant, also die verfassungsgebende Gewalt des Volkes, keine Rechtssätze darstellen.

Wenn nun die heutige Lehre trotz Bezugnahme auf *Carl Schmitt* und *Sieyès* diese Rechtssatzqualität der Entscheidungen ihres pouvoir constituant nicht mehr im Geringsten in Frage stellt, ist die Frage nach der Rechtsnormqualität eines Satzes wie Art. 79 Abs. 3 GG und wie die Präambel nicht mehr zu umgehen. Sie ist eine meta-juristisch theoretische Frage der Rechtsmethodenlehre und kann nicht aus dem normativen System einer Rechtsordnung beantwortet werden.[368]

Mit anderen Worten: Der Begriff des Rechtssatzes ist als Rechtsgrundbegriff jeder positiven Rechtsordnung gegenüber logisch vorrangig. Eine spezifische Rechtsordnung, etwa die deutsche, kann deshalb auch nicht entscheiden, ob ein Satz Rechtssatz ist oder nicht.[369] Das heißt, Überlegungen zum Wesen des Rechtssatzes vollziehen sich in einem Bereich, der außerhalb der konkreten Rechtsordnung liegt und deshalb mit den juristischen Mitteln im engeren Sinne, dem Handwerkszeug für die Normanalyse, allein nicht fassbar ist. Nur auf diese Weise gewinnt die juristische Methodenlehre die Fähigkeit, unabhängig von dem Rechtssystem, dem sie zugehört, kritische Maßstäbe anzulegen und die Rechtswissenschaft über Irrtümer aufzuklären.[370] Darum irrt z. B. *Möller,* wenn er meint, aus der Präambel und der dort formulierten „verfassungsgebenden Gewalt des Volkes" im Sinne des pouvoir constituant des *Sieyès* einen Verfassungsrechtssatz mit gleichzeitigem Hinweis auf die ähnliche Formulierung in

---

367 *Carl Schmitt*, Verfassungslehre, S. 75 ff.

368 Vgl. *Larenz*, Methodenlehre, S. 232 ff.

369 Das glaubte aber offenbar noch *Rauschning*, aaO., S. 23.

370 *Larenz*, Methodenlehre, S. 228; vgl. auch *Hassemer*, aaO, Rechtstheorie, der von einer „relativen Unabhängigkeit" der Methodenlehre vom jeweiligen Rechtssystem spricht.

Art. 20 Abs. 2 S. 1 GG ableiten zu können. Das ist offensichtlich ein Versuch, einen solchen Satz allein aus dem Normensystem des Grundgesetzes selbst zu gewinnen. Genau dies ist methodisch nicht zulässig.[371]

Wenn auch mit anderem Akzent, geht das Bundesverfassungsgericht in seiner Rechtsprechung nicht sehr viel anders vor: Es verweist zunächst auf die „Überpositivität" und „Universalität" einiger Grundsätze der Art. 2 und 3 GG, nämlich der Freiheit und Gleichheit, beschwört die „verfassungsgebende Gewalt des Volkes" aus der Präambel mit dem sich dahinter verbergenden allgewaltigen pouvoir constituant und findet dann auf diese Weise angeblich einen normativen Verfassungssatz, der auch die Unantastbarkeit der Ewigkeitsklausel vorschreibt.[372]

Wer – wie die herrschende Lehre und die Rechtsprechung – diesen Thesen anhängt, muss also die Rechtssatzqualität des Art. 79 Abs. 3 GG in zweierlei Hinsicht begründen: Er muss zunächst die normative Qualität der Präambel mit dem in ihr angeblich enthaltenen normativen Grundprinzip der „verfassungsgebenden Gewalt des Volkes" nachweisen. Dann muss er begründen, dass Art. 79 Abs. 3 GG eine Grundentscheidung des pouvoir constituant bestimmten Inhalts darstellt, aus dem als Rechtsnorm die eigenständige Unantastbarkeit dieses Art. 79 Abs. 3 GG gewonnen werden kann. Und das alles entgegen den Theorien *Carl Schmitts*[373], auf denen die gegenwärtige Lehre doch scheinbar aufbaut.

Ein solcher Versuch muss scheitern, weil mit der Übernahme der alten Lehre das für den Rechtssatzbegriff notwendigerweise zu klärende Willensproblem in eklatanter Weise verkannt wird. Das ist im Folgenden zu erörtern.

## B Der Rechtssatz als Norm und Ausdruck menschlichen Willens

### I. Das Problem des Willens

Als Satz des Grundgesetzes ist Art. 79 Abs. 3 GG eine Verfassungsrechtsnorm, die sich insofern von anderen Rechtsnormen nicht unterscheidet.

Jede „Norm" bringt definitorisch ein „Sollen" zum Ausdruck, und das bedeutet, dass ein solcher Sollenssatz in irgendeiner Weise die sprachliche Objektiva-

---

371 Wie *Möller*, Einleitung, S. 6, 7, 11; siehe auch die Hinweise zum „Rechtswesensbegriff" bei *Ossenbühl*, aaO., S. 154 ff (161).

372 Zu der ideologischen Komponente dieser Sicht vgl. oben unter G; aber eben auch Lissabon-Urteil, Abs.-Nr. 217; ähnlich *Geiger*, Vorstudien, S. 322 ff.

373 *Carl Schmitt*, Verfassungslehre, S. 75 ff.

tion eines von einem Subjekt geäußerten „Willens" darstellt.[374] Damit scheiden sämtliche Naturrechtslehren, ebenso wie die Thesen *Sieyès* und *Carl Schmitts* aus, weil sie aus einem nicht erfahrbaren Sein ein Sollen ableiten und einen empirisch fassbaren Willensbegriff nirgendwo erkennen lassen.[375]

Mit anderen Worten: Recht ist eine Erscheinung menschlicher Lebenswirklichkeit. Es objektiviert mittels der Sprache von Menschen entfalteten, empirisch belegbaren menschlichen Willen.[376] Ob diese Willensäußerung bei einem Einzelnen oder bei einer Gruppe von Menschen entstanden ist, ist gleichgültig: Sie ist in jedem Fall eine Willensbekundung, die ihrerseits wieder auf die Art und Weise der Willensentfaltung von Menschen ausgerichtet ist, also eine Gestaltung – in der Regel eine Beschränkung – menschlicher Entscheidungsfreiheit intendiert.[377] „Staatswillen" als reales Phänomen – wie immer man ihn in der Vergangenheit konstruiert hat – gibt es in diesem Sinne nicht, denn der „Staat" ist kein Gebilde der empirischen Wirklichkeit, sondern ein gedankliches Konstrukt, das keinen eigenen Willen zu bilden und zu entfalten vermag.[378] Darauf wird zurückzukommen sein.

Rechtsnormen sind also in der Lage, menschliche Verhaltensweisen zu steuern. Wie sich dies als natürlicher Vorgang im psychologischen Bereich vollzieht, kann nicht von der Rechtswissenschaft beantwortet werden.

Warum Menschen „in der Regel" die Regeln als Rechtsunterworfene beachten, haben sich Juristen nur sehr selten gefragt. Sie sind zu Recht davon ausgegangen, dass Letzteres eine Erfahrungstatsache ist: Die meisten Menschen begehen eben keinen Diebstahl und fahren in Deutschland auf der rechten Fahrbahnseite rechts. Sicher ist, dass die Norm etwas intendiert, das sich im Realen – im Falle ihres Wirksamwerdens – als Beeinflussung eines psychischen Prozesses in einem bestimmten Menschen kennzeichnen lässt. Bezeichnet man nun das psychische Ergebnis eines solchen Prozesses, also den sich dabei herausgebildeten Bewusstseinsinhalt, als das „Gewollte" oder auch den „Willen" (im Sinne eines Objekts des Wollens), kann man sagen, dass eine Norm im Wege der Beeinflus-

---

374 Im Rahmen der außerordentlich problematischen und vielfältigen Willenstheorien, wie sie im Staatsrecht, in der Staatslehre, vor allem aber auch in der Soziologie diskutiert werden, kann der Verfasser hier nur versuchen, seine eigene Position zu verdeutlichen. Sie gleicht mit gewissen Abstrichen den Theorien, wie sie *Geiger*, Soziologie des Rechts, S. 322 ff zum Ausdruck bringt.

375 Dazu 4. Abschn., A und B.

376 *Rode*, Rechtsbindung, S. 50 ff.

377 Zum verfehlten Schluss von einem Sein auf ein Sollen vgl. *David Hume* u. a., oben unter B III, 1.

378 Vgl. Fn. 384.

sung dieses psychischen Prozesses die Bildung eines ganz bestimmten Bewusstseinsinhaltes, eines bestimmten Gewollten, beim Normadressaten intendiert.

Worin diese Bindungsintention des Rechtssatzes oder auch die faktische Bindung selbst ihre Legitimation findet, ist eine völlig andere Frage. Jede Überlegung in dieser Richtung gerät in die Nähe eines unbrauchbaren materialinhaltlichen Rechtssatzbegriffs, in der Nähe der Frage also nach dem „richtigen" Recht oder wie immer man es ausdrücken will. Die Bindungsintention eines Rechtssatzes kann und muss also in ihm selbst gefunden werden. Man erkennt sie daran, dass der Satz von einem (mehreren oder vielen) Menschen etwas Bestimmtes verlangt, und dass er oder sie im weitesten Sinne mittelbar oder unmittelbar zu einem Tun oder Unterlassen bestimmt wird bzw. werden.[379] Allerdings ist nicht jeder Satz, der die Bestimmung eines anderen Menschen in diesem Sinne intendiert, schon ein Rechtssatz. Denn auch Sätze der Ethik oder der Religion haben die Eigenschaft der Bindungsintention.

Sätze der Rechtsordnung können aber nur Menschen zum Ausdruck bringen, die rechtlich oder auch rein faktisch, aus welchem Grund auch immer, „Rechtsetzungsgewalt" innehaben. Dies bedeutet nichts anderes als die tatsächliche Inhaberschaft einer „Befehl-Herrschermacht", d. h. die Macht, in einer Gesellschaft allgemein „für einen Befehl Erfüllung zu finden". Man sollte heute vielleicht nicht das Wort „Befehl", sondern besser das Wort „Anordnung" benutzen.

Trotzdem klinkt das Ganze „erschreckend" und extrem „positivistisch". Diese Aussage bedeutet offenbar eine Auslieferung des Rechts an die Macht, die jedem Diktator – oder wem auch immer – Verfügungsgewalt über jede Art von Rechtsgestaltung einräumt. Das ist in der Tat der Fall, ob man dies will oder nicht. Denn wo findet sich eine wissenschaftlich und erkenntnistheoretisch zulässige Alternative? Die Geschichte der Rechts- und Staatsphilosophie hat unzählige Angebote gemacht[380] und keine vermochte bei Beachtung wissenschaftstheoretischer conditiones sine qua non zu überzeugen.

Denn Recht und Macht sind keine Gegensätze.[381] Ihr Verhältnis zueinander ist eine Frage ihrer Definition: *Max Webers* Definition lautete z.B.: Macht bedeutet, jede Chance innerhalb einer sozialen Beziehung den eigenen Willen auch gegen Widerstreben durchzusetzen, gleichviel worauf diese Chance beruht.[382] Unter Anlehnung daran versteht Geiger unter Macht „die Chance, gewisse Ergebnisab-

---

379 Dazu *Rode*, Rechtsbindung, S. 69 ff und die dort Zitierten.

380 Sie beruhen vor allem auf naturrechtliche Vorstellungen der Aufklärung in Bezug auf die Idee der Freiheit, was „Macht" zum „unanständigen" Wort machte; *Geiger*, Soziologie des Rechts, S. 296.

381 *Geiger*, Soziologie des Rechts, S. 296.

382 *Max Weber*, Wirtschaft, Kapitel 1, § 16 .

läufe steuern zu können".[383] Auch wenn Geiger darüber nicht glücklich gewesen zu sein scheint: Menschliche Willen stehen hinter allen für Rechtsgestaltung und Rechtsleben bedeutsamen Handlungen, auch wenn es dieser „Willen so viele gibt und ihr Mit-, Neben– und Gegeneinander so unentwirrbar ist", dass der Anteil des einzelnen persönlichen Willens am Endresultat sich in einem Labyrinth von Strebungen verliert.[384]

Die Diskussion soll hier nicht ausarten, denn Entscheidendes für die vorgelegte Kritik dürfte feststehen: Es gibt Phänomene, die als Urquell des Rechts und des Verfassungsrechts behauptet werden, tatsächlich aber nicht einen Funken empirisch realen Willens aufweisen. Letzteres aber ist die Grundeigenschaft der Lehre vom pouvoir constituant, wie sie auch im Lissabon–Urteil[385] vorgetragen wird. Sie sollte deshalb aufgegeben werden.[386]

Feststeht auf der anderen Seite, dass der „Rechtszustand einer Gesellschaft eine Funktion ihrer faktischen Struktur" darstellt.[387] Doch wird in einem Rechtsstaat die Macht nicht nach Willkür, sonder nach Regeln ausgeübt. Das Recht erscheint also als Modalität, als Regulation der Machtverhältnisse. Das heißt, dass jeder der die Norm schaffenden Menschen in den dafür vorgesehenen Apparaten des Staates (z. B. in den Ministerien) den Willen hat, Normen, d. h. Sollenssätze zu schaffen.

Das gilt natürlich auch im vorstaatlichen Raum und in einer noch nicht staatlich organisierten Gesellschaft: Auch der „Verfassungsgeber" muss aus einer konkretisierbaren Summe von Menschen bestehen, die den Willen haben, verbindliche Rechtsnormen zu erzeugen, selbst wenn sie bestimmte, einzelne Inhalte dieser Normen nicht unbedingt akzeptieren. In jedem demokratischen Parlament ist dies das übliche Spiel. Ob ein dahingehender menschlicher Wille bei der Entstehung der Präambel vorgelegen hat, wird man bezweifeln müssen. Wäre es nicht der Fall, gäbe es keine vertretbare Interpretationsmethode, mit der man aus der Präambel Rechtssätze ableiten könnte. Darauf ist unten noch kurz zurückzukommen. Denn dass das Verständnis des positiven Rechts rein logisch von metaphysischen, in weiter Hinsicht niemals verifizierbaren Gedankeninhalten frei zu halten, dürfte heute weitgehend Allgemeingut einer erkenntnistheoretisch orientierten Rechtslehre geworden sein.[388]

---

383 *Geiger*, Soziologie des Rechts, S. 298.

384 *Geiger*, Soziologie des Rechts, S. 329.

385 Vor allem Abs.-Nr. 217.

386 Vgl. dazu auch *Rode*, Rechtsbindung, S. 69 ff und die dort Zitierten.

387 *Geiger*, Soziologie des Rechts, S. 308.

388 So jedenfalls positivistische Rechtsdenker wie *Heller*, Staatslehre, S. 36; *Sander*, aaO., S. 119, 120; vgl. aber auch *G. Jellinek,* Staatslehre, S. 176, 177.

Und das impliziert nun einmal die oben beschriebene Einsicht, dass die Entstehung positiven, von Menschen „gesetzten" Rechts, seinen empirischen Urgrund in der faktischen Macht hat. Auch das deutsche Recht ist bis zum Jahre 1919 nicht auf dem Boden heutiger demokratischer Vorstellungen entstanden. Trotzdem bezweifelt niemand ernsthaft, dass etwa die Reichsverfassung von 1871 geltendes Recht darstellte. Man wird sogar sagen können, dass keine einzige Rechtsvorschrift im deutschen Sprachbereich bis hinein ins vergangene Jahrhundert unter Beachtung heutiger Wertvorstellungen zur Rechtsentstehung zustande gekommen ist. Es war die Fähigkeit und faktische Macht des oder der Normsetzer, die alle Rechtsordnungen bis dahin zur Entstehung gelangen ließen.

Um es noch einmal zu verdeutlichen: Wie jede andere Rechtsnorm hat auch eine Verfassungsrechtsnorm kraft menschlichen Willens das Ziel, menschliche Entscheidungsfreiheit in Bezug auf ein Tun oder Unterlassen zu steuern, d. h. menschliche Entscheidungsfreiheit einzuschränken. Ein Inhaber von Rechtssetzungsgewalt, also ein Mensch oder eine bestimmbare Gruppe von Menschen steht bzw. stehen als Rechtssetzer einem anderen oder einer anderen Gruppe von Menschen als Adressaten gegenüber, die ihrerseits in ihrer psychischen Willensentfaltung durch den Willen des anderen beschränkt werden. Der Bindungsintention auf der einen Seite muss also eine entsprechende Bindungswirkung auf der anderen Seite in jeder Rechtsnorm gegenüberstehen. Das wirft bei einer Verfassungsrechtsnorm sofort die Frage auf, wer dieser Rechtssetzer ist, d. h. wer der Verfassungsgeber, der einen so beschriebenen Willen zu äußern vermag, in der empirischen Wirklichkeit überhaupt sein kann.

Es wurde oben umfassend dargestellt, dass weder eine Naturrechtslehre mit ihren Hinweisen auf Gott, noch die Thesen *Carl Schmitts* bzw. die *Sieyès* geeignet sind, hier eine erkenntnistheoretisch auch nur halbwegs akzeptable Antwort zu geben. Denn solche Theorien lösen nicht das Problem des hinter der Norm sich verbergenden menschlichen Willens. Das gilt für die Hinweise auf einen behaupteten Willen Gottes wie für die auf einen nie vorhanden gewesenen „Volkswillen" im Sinne des pouvoir constituant.

Der insoweit in der Nachkriegszeit erzeugte Mythos von einem imaginären, allgewaltigen Verfassungsgeber kann das Wesen des Art. 79 Abs. 3 GG und vor allem seine Unantastbarkeit nicht plausibel erklären. Man sollte ihn – wie schon gesagt - endlich aufgeben. Denn der Verfassungsgeber des Grundgesetzes ist eine historische Realität, die – wie die Mitglieder der Paulskirchenversammlung oder die der Weimarer Nationalversammlung – für jeden sichtbar ist.

## II. Der Parlamentarische Rat als verfassungsgebende Gewalt

Es ist der Parlamentarische Rat, der mit seinen 65 stimmberechtigten und 5 nicht stimmberechtigten Mitgliedern den konkreten Willen zur Rechtssetzung verkörpert und der auch rein faktisch die Rechtsgestaltungsmacht innehatte, ein Normensystem zu schaffen, dem sich das deutsche Volk – ebenfalls rein faktisch – als „seine Verfassung“ unterordnete.

Allein auf den Willen dieses Gremiums kommt es an, genauer gesagt auf den der 53 Abgeordneten, die am 8. Mai 1949 dem Grundgesetztext zugestimmt haben und zusätzlich den der Abgeordneten in den Volksvertretungen, die nach Art. 144 Abs. 1 GG in der Woche vom 16. – 22. Mai 1949 dieses Grundgesetz angenommen haben.

Es ist ein eigenartiges Phänomen der deutschen Staatsrechtsgeschichte, dass diese empirisch fassbare Realität der Verfassungsschöpfung von der weitaus herrschenden Lehre bis hinein in die 50er Jahre des vergangenen Jahrhunderts nie in Zweifel gezogen worden ist. Dass im Jahre 1928 ein zunächst brillanter, dann politisch abgedrifteter Rechtslehrer eine „Verfassungslehre“ geschrieben hat, ändert daran kaum etwas.

Dass zunächst die – wenn auch gescheiterte - Paulskirchenverfassung und später die Weimarer Verfassung von ganz bestimmten, namentlich bekannten Männern und Frauen geschaffen wurde, die Versammlungen dieser Menschen als Verfassungsgebung und die Menschen selbst in ihrer Gesamtheit als Verfassungsgeber bezeichnet wurden, galt als selbstverständlich.

Aber dann, 20 Jahre nach dem Erscheinen der damals wenig beachteten Verfassungslehre *Carl Schmitts* und ca. 160 Jahre nach der Erfindung des geisterhaften pouvoir constituant durch *Sieyès* in der Französischen Revolution, erfolgt etwas schwer Begreifliches: Ein Verfassungsverständnis wird plötzlich virulent, das eigentlich in der deutschen Staatslehre nie besondere Bedeutung gehabt hat. Etwa ab 1952 gedieh es dann in einer Weise, dass es heute eine weitaus herrschende Lehre und vor allem die Rechtsprechung des höchsten deutschen Gerichts zu dominieren in der Lage ist. Das jüngste herausragende Symptom ist die „Verfassungsidentität“ der Bundesrepublik Deutschland als rechtlicher und ethischer Kerngehalt unseres Staates.[389]

Es ist oben gezeigt worden, dass sich eine Rechtfertigung hierfür weder aus der Lehre *Carl Schmitts* von der „verfassungsgebenden Gewalt des Volkes“ noch aus der Verwendung der Präambel als Verfassungsrechtsnorm ableiten lässt.[390]

---

[389] Dazu vor allem Lissabon–Urteil, Abs.-Nr. 217.

[390] Dazu 4. Abschn., A und 5. Abschn., A.

Dass der Parlamentarische Rat sich nicht „Nationalversammlung", wie zur Weimarer Zeit, und nicht „verfassungsgebende Versammlung" nannte, wie die Alliierten es in den Frankfurter Dokumenten vorgeschlagen hatten, hat die bekannten Gründe: Man wollte angesichts der deutschen Teilung und der Aufsplitterung des deutschen Reiches aus politischen Überlegungen keine „Verfassung", sondern nur ein „Grundgesetz", d. h. ein Provisorium erzeugen, das kein staatsrechtliches Präjudiz für die Zukunft liefern sollte.

Keine Prämisse stand bei den ganzen Beratungen so im Vordergrund wie die „Vorläufigkeit" des zu schaffenden Gesetzestextes mit der Hoffnung auf dessen baldige Außerkraftsetzung. Dass die Entwicklung tatsächlich anders verlaufen würde, hat im Jahre 1948/49 kaum jemand geahnt, geschweige denn gewusst. Die Entstehungsgeschichte der Weimarer Verfassung und die des Grundgesetzes sind insoweit jedenfalls weitgehend ähnlich.

Daran ändert auch nichts die Tatsache, dass die einzelnen historischen Ereignisse, man könnte sagen „die Schritte", die zur gesetzgeberischen Verwirklichung der beiden Verfassungen geführt haben, unterschiedlich verlaufen sind. Im Jahre 1918 war es die Revolution, die vorausgegangen war, 1945 die totale militärische Niederlage und Besetzung Deutschlands durch ausländische Mächte. Beides führte zur weitgehenden Auflösung der zuvor vorhanden gewesenen deutschen Staatsgewalt.[391] Das heißt nicht, dass man die einzelnen historischen Schritte bis hin zum Zusammentritt des Parlamentarischen Rates als Aktivitäten beschreiben könnte, die schon mit Begriffen wie „Verfassungsgebung" oder gar „verfassungsgebender Gewalt" juristisch in Zusammenhang gebracht werden könnten.[392]

Sowohl die Londoner Sechsmächtekonferenz, wie die Überreichung der Frankfurter Dokumente, ebenso wie die Rittersturz-Konferenz mit ihren Koblenzer Beschlüssen oder der Herrenchiemseer Konvent waren nicht gekennzeichnet durch einen Rechtssetzungswillen der beteiligten Personen.

In London waren es politische Abmachungen und Pläne der drei westlichen Siegermächte und der Benelux-Staaten. Die Frankfurter Dokumente enthielten eine Aufforderung zur Rechtsgestaltung an deutsche Gremien, wenn auch mit verschiedenen Bedingungen versehen. Die Koblenzer Beschlüsse der 11 Ministerpräsidenten betrafen die Akzeptierung dieser Aufforderung mit dem ausdrücklichen Hinweis, dass man allenfalls versuchen wolle, ein Provisorium zu schaffen. All das hat nichts gemein mit Verfassungsgebung im rechtlichen Sinne, denn es gab in diesen Gremien noch keinen auch nur halbwegs inhaltlich

---

391 Vgl. dazu auch die prinzipiellen Erwägungen des Lissabon–Urteils Abs.-Nr. 211 ff.

392 Dazu 6. Abschn., A.

konkretisierten Rechtsgestaltungswillen mit dem Ziel, eine in ihrer Gedanklichkeit umrissene bindende Rechtsordnung zu erzeugen.

Jedem Mitglied all dieser Konferenzen, aber vor allem auch den alliierten Militärgouverneuren Clay, König und Robertson war klar, dass sie selbst keine „verfassungsgebende Gewalt“ für Deutschland innehatten, dass politisch für die Schaffung eines neuen deutschen Staates, den sie ja beabsichtigten, nur deutsche Stellen als Verfassungsgeber denkbar waren.[393]

Trotzdem steht außer Frage, dass der Parlamentarische Rat seine faktische Rechtsgestaltungsmacht vor allem aus der faktischen Macht der alliierten Besatzungsmächte und deren politischen Willen hat gewinnen können. Von einer verfassungsgebenden Gewalt des deutschen Volkes oder einer entsprechenden „Volkssouveränität“ kann deshalb umso weniger die Rede sein.

Man sollte deshalb – wie bereits gesagt - von diesem Mythos – auch wenn die Präambel ihm fälschlicherweise Nahrung verleiht – endlich absehen. Viel eher sollte man sich an die Tatsache erinnern, dass es gerade die deutschen Stellen waren, die sich in den Verhandlungen mit den Alliierten schon vor Zusammentreten des Parlamentarischen Rates mit erheblichem Aufwand gegen deren Verlangen nach Volksentscheidungen in den Ländern wehrten und damit letztendlich Erfolg hatten.

Auf all das kommt es im Übrigen gar nicht an: Auch wenn es im Jahre 1948 kaum einen Funken deutscher Souveränität im traditionellen Sinn des Wortes gab, wurde im Parlamentarischen Rat deutsches geltendes Verfassungsrecht geschaffen, und zwar durch die 53 stimmberechtigten Abgeordneten, die dem Grundgesetz am 8. Mai 1949 zustimmten und diejenigen, die es in den Volksvertretungen der deutschen Länder zwischen dem 16. und 22. Mai 1949 angenommen haben.

Dass die alliierten Militärgouverneure – nach letzten noch vorausgegangenen Querelen – am 12. Mai 1949 das Grundgesetz genehmigten, musste zum Inkrafttreten hinzu kommen, ändert aber nichts an der Beurteilung seiner rechtlichen Qualität als Verfassung der Bundesrepublik Deutschland, die seit dem 24. Mai 1949 in Kraft ist. Denn auch ein Verfassungsgeber muss nicht im völkerrechtlichen und innerstaatlichen traditionellen Sinne souverän sein. Das waren die Verfassungsgeber des Norddeutschen Bundes von 1867 oder des Deutschen Reiches von 1871 auch nicht.

---

393 Darum ist es abwegig, von den Siegermächten als „eigentliche Verfassungsgeber“ zu sprechen.

Entscheidend ist, dass sie Inhaber der faktischen Rechtsgestaltungsmacht waren und die Rechtswirkungen der von ihnen geschaffenen Verfassungen durchzusetzen vermochten. Im Südweststaat-Urteil dürfte das Bundesverfassungsgericht dies noch ähnlich gesehen haben.[394]

So gesehen kann man natürlich – wenn man will – den Parlamentarischen Rat als pouvoir constituant bezeichnen, aber in einem völlig anderen Sinne als dies den Vertretern der herrschenden Lehre mit den Vorstellungen *Sieyès* und *Carl Schmitts* vorschwebt: Von pouvoirs constitués als zu unterscheidendem manifestem Gegensatz dazu kann dann allerdings keine Rede mehr sein, es sei denn, man nennt die Summe aller durch den Gesetzgeber erfolgten Änderungen des Grundgesetzes seit dem 8. Mai 1949 rein formal als durch die „pouvoirs constitués" erfolgt. Ein Sinn ist darin allerdings nicht zu sehen.

Auf eine sich aufdrängende Frage gibt die herrschende Lehre keine Antwort: Wieso beruft sie sich immer noch und immer wieder auf die Entstehungsgeschichte des Grundgesetzes in Herrenchiemsee und im Parlamentarischen Rat[395], wenn doch ihr Grundgesetz in seinen wesentlichen Inhalten von jemand ganz anderem geschaffen worden ist? Könnten sich die „Vertreter" des pouvoir constituant bei ihren Formulierungen des Grundgesetztextes nicht geirrt haben, was dessen wirklichen Willen betrifft? Und woher kennt man eigentlich die gedanklichen Inhalte, die der (wahre) Verfassungsgesetzgeber gewollt hat? Stenoprotokolle oder Ähnliches liegen ja offenbar nicht vor. Auf all diese Fragen findet man keine Antwort, weil es solche Antworten nicht gibt.

## III. „Verfassungsgebende Gewalt" und „Staatsgewalt" im Sinne des Art. 20 Abs. 2 GG

Ein beliebtes Argument zur Rechtfertigung der Thesen vom nahezu unantastbaren pouvoir constituant des *Abbé Sieyès* als Bestandteil des Grundgesetzes ist der Hinweis auf Art. 20 Abs. 2 GG: Selbst das Grundgesetz besage dort klar, dass „alle Staatsgewalt vom Volk ausgehe". Das bedeute auch die Anerkennung der „verfassungsgebenden Gewalt des Volkes" wie sie die Präambel bereits vorgesehen habe. Der Inhalt der Präambel sei also weitgehend identisch mit dem, was der Verfassungstext selbst besage.[396]

Dieser Schluss ist schon aus sich heraus verfehlt. Mit *Carl Schmitt* oder *Sieyès* hat er im Übrigen nicht das Geringste zu tun. Denn „verfassungsgebende

---

[394] BVerfGE 1, 14 ff.

[395] So z. B. *Möller*, aaO., passim.

[396] Vgl. die große Zahl der Autoren, die diese Meinung vertreten, bei *Möller*, aaO., S. 113, Fn. 524 und 525.

Gewalt" – ob des Volkes oder irgendeines anderen menschlichen Individuums – ist wesenhaft etwas völlig anderes, als das, was mit „Staatsgewalt" im Sinne des Art. 20 Abs. 2 GG gemeint ist. „Verfassungsgebende Gewalt" einerseits und „Staatsgewalt" andererseits haben nur eine Gemeinsamkeit: Beide Gewalten können zur Entstehung von Recht und Verfassungsrecht führen. Qualitativ sind sie jedoch zwei deutlich voneinander zu unterscheidende Phänomene des Staatsrechts und der Staatslehre. Von dem einen auf das andere zu schließen, ist methodisch schlicht unmöglich.[397]

Die Phänomenologie der „verfassungsgebenden Gewalt" erscheint historisch gesehen höchst unterschiedlich: Sie kann mittels wie auch immer erworbener und von welchen Menschen auch immer gewonnener faktischer Rechtsgestaltungsmacht entstanden sein. Beispiele liefern dafür nicht nur die Neugründungen von Staaten „aus dem Nichts heraus".[398]

Das „Verfassungsgesetz" formuliert erst programmatisch die Regel, nach der die Ausübung der „Staatsgewalt" zu erfolgen hat, nach der der Inhaber der Herrschaftsgewalt - man kann auch sagen „die verfassungsgebende Gewalt" - seine nunmehr „staatliche Herrschaftsgewalt" - und das ist die „Staatsgewalt" - auszuüben in Aussicht stellt. Verfassungsgebende Gewalt im vorstaatlichen Bereich ist also ausschließlich ein Phänomen der Faktizität, Staatsgewalt dagegen immer ein solches des Rechts.

Auch die deutschen Verfassungen von 1867 (Norddeutscher Bund), 1871 (Deutsches Reich), 1918 (Weimarer Verfassung) bis hin zum Grundgesetz von 1949 sind nicht in einem Entwicklungsprozess aufgrund einer vorhandenen „deutschen Staatsgewalt" geschaffen worden. Sie entstanden durch Verträge zwischen souveränen Staaten bzw. regierenden Fürsten, durch militärischen Zusammenbruch und Revolution wie 1918/19 oder durch militärische Totalniederlage und Besetzung des deutschen Territoriums durch fremde Mächte.

All diese historischen Vorgänge beruhen auf Fakten und sind nicht Rechtsfolgen von bestehenden Rechtsnormen gewesen, welche die dann erfolgte Verfassungsgebung geboten oder zumindest erlaubt haben. Das gilt auch für die völkerrechtlich auf Vertragsebene ermöglichte Verfassungsgebung zum Norddeutschen Bund und zum Deutschen Reich. Ihr Ursprung ist aber immer ein empirisch feststellbarer und konkretisierbarer menschlicher Wille gewesen. In den beiden zuletzt genannten Fällen mögen eine Menge „menschlicher Willen", die

---

[397] Diesen Fehler macht *Möller*, aaO., S. 112 ff, besonders Fn. 519, obwohl er immer nur von „Volkssouveränität" spricht.

[398] Man denke an die vor nicht zu langer Zeit entstandene Republik Kosovo seit ihrer Unabhängigkeitserklärung vom 17.2.2008; etwas Ähnliches dürfte z. B. auch in den Palästinensergebieten bevorstehen.

auch namentlich ausgemacht werden können, beteiligt gewesen sein. Doch es kann auch nur ein einzelner Mensch gewesen sein, dessen individueller Willen letztendlich für die dann geschriebenen Verfassungen ursächlich war (z.B. Bismarck).

Das zeigt auch, dass die beschriebene faktische Rechtsgestaltungsmacht nicht in jedem Fall völlig frei und mit gottähnlicher Allmacht ausgestattet sein muss. Natürlich musste Bismarck vor Entstehen des Norddeutschen Bundes und des Deutschen Reiches mit den zahlreichen Fürsten um die entsprechenden vertraglichen Inhalte ringen. Der Weimarer Nationalkonvent stand politisch unter der Last der alliierten Friedensbedingungen, ähnlich wie der Parlamentarische Rat unter den Vorbehalten und Direktiven der Besatzungsmächte. All dies betrifft nur die Inhalte der dann beschlossenen Verfassungsgesetze, und die entsprachen dem Willen der Zustimmenden in den jeweiligen Beschlussgremien.

So verweist sogar *Carl Schmitt* in Bezug auf seine imaginäre „verfassungsgebende Gewalt des Volkes“ darauf, dass diese auch ein Verfassungsgesetz mit einem Diktator oder einem absoluten Monarchen an der Spitze, ebenso wie eine konstitutionelle Monarchie oder eine parlamentarische Demokratie beschließen könne.[399] Man muss dazu sagen, wenn nicht andere Kräfte auf das Beschlussgremium einwirken und bestimmte Entscheidungen von vornherein verhindern. Insofern muss man *Carl Schmitt* Recht geben, sieht man einmal davon ab, dass es die von ihm beschriebene „Gewalt“ nie gegeben hat und auch nicht geben kann.[400]

Um es noch einmal in etwas anderer Weise zu sagen: Der fundamentale Unterschied der „verfassungsgebenden Gewalt“ zu dem, was allgemein und auch nach Art. 20 Abs. 2 GG unter „Staatsgewalt“ zu verstehen ist, ist ein kategorialer. Die Staatsgewalt ist erst der Gegenstand und das Ergebnis der Inhalte eines Verfassungsgesetzes. Sie ist nur denkbar im Rahmen einer bereits vorhandenen Organisation, eben der Organisation, die die verfassungsgebende Gewalt geschaffen hat.[401] Staatsgewalt ist also (nur) rechtlicher Bestandteil und Ausfluss einer vorhandenen Rechtsordnung und gekennzeichnet und begrenzt durch deren Gebote und Verbote. Sie ist in diesem Sinne also wesenhaft etwas völlig Anderes als „Verfassungsgebungsgewalt“. Nur aus verbalen Gründen und deshalb rein zufällig entsteht die Verlockung, beide Phänomene für identisch oder zumindest für voneinander abhängig zu halten.

---

[399] *Carl Schmitt*, Verfassungslehre, S. 79 ff.

[400] Dazu 4. Abschn., A und B.

[401] Vgl. *G. Jellinek*, System, S. 17 und 38 ff.

Wäre z. B. das Grundgesetz 1948 von den drei Militärgouverneuren selbst formuliert und den Deutschen oktroyiert worden, was politisch höchst unwahrscheinlich, aber nicht völlig undenkbar gewesen wäre, würde heute wohl niemand Art. 20 Abs. 2 GG mit der Präambel in Zusammenhang bringen.

Das heißt natürlich nicht, dass sich verfassungsgebende Gewalt nicht auch innerhalb einer bereits organisierten Gesellschaft, nämlich einem Staat, neu zu entfalten vermag: Art. 146 GG sieht dies ausdrücklich vor. Eine ideologisch angehauchte Rechtskultur, die dazu noch den wesenhaften Unterschied von verfassungsgebender Gewalt und Staatsgewalt i. S. Art. 20 GG völlig verkennt, stützt sich natürlich weiter auf die behauptete „Ewigkeit" der Ewigkeitsklausel.[402]

Eine solche Lehre muss sich auch fragen lassen, wie sich ihre Thesen vom pouvoir constituant vereinbaren würden, wäre Art. 20 Abs. 2 S. 1 GG nur ein wenig anders formuliert worden: nämlich „alle Staatsgewalt geht vom wahlberechtigten Teil des Volkes" aus. Genau dies besagte nach niemals umstrittener Lehre Art. 1 Abs. 2 WRV, der fast genau wie das Grundgesetz bestimmte: „Die Staatsgewalt geht vom Volke aus". Sieht man einmal von *Carl Schmitt* ab, hat zur Weimarer Zeit kein einziger Staatsrechtslehrer von Rang Art. 1 Abs. 2 WRV anders interpretiert als in dem oben genannten Sinne.[403]

Wäre es bei dem Vorschlag, die Weimarer Regelung im Wesentlichen zu übernehmen[404], geblieben, hätte sich wahrscheinlich die Lehre vom geisterhaften pouvoir constituant nicht in der Weise entwickeln können, wie es dann tatsächlich geschehen ist.

Die oben bereits erwähnte Debatte im Grundsatzausschuss zum Inhalt des heutigen Art. 20 Abs. 2 S. 1 GG[405] macht das sehr deutlich: Gegenstand dieser Debatte war vorrangig die Frage nach der noch höher angelegten Gewalt Gottes, über die sich *von Mangoldt* und *Schmid* einig waren.[406]

*Schmids* weitere Ausführungen zum Satz „Die Staatsgewalt geht vom Volke aus" sind für die Interpretation des Art. 20 Abs. 2 GG aber von größter Bedeutung: Nachdem er Gottes Vormachtstellung nicht in Frage gestellt hatte, fährt er fort, dass die entsprechende Formulierung der Weimarer Verfassung zum Ziel gehabt habe, „Dinge abzuschneiden, die die Lehre, nach der sich im Monarchen der göttliche Wille verkörpere. Die Weimarer Verfassung habe zum Ausdruck

402 Ein Beispiel liefert *Dietrich Murswiek*, Ungeschriebene Ewigkeitsgarantien, passim.

403 Vgl. z.B. die Lehren von *Anschütz*, *Laband* oder *G. Jellinek*.

404 Parlamentarischer Rat, Akten und Protokolle, Bd. 5/I, S. 291.

405 Parlamentarischer Rat, Akten und Protokolle, Bd. 5/I, S. 291.

406 Vgl. oben unter G III.

gebracht, dass die Staatsgewalt als letzte irdische Quelle auf das Volk zurückgehen solle – nicht auf Privilegien, nicht auf einen Volksgeist, den jeder nach seinem Interesse interpretieren“[407] könne.

*Schmid* denkt im Zusammenhang mit der vom Volk ausgehenden Staatsgewalt also gerade nicht an „einen Volksgeist“ (*Schmittscher* Prägung), den jeder nach seinen Interessen interpretieren kann, sondern an das konkrete Volk, das nach ihm „nichts anderes ist als die Summe der jeweils lebenden einzelnen Deutschen“.[408] In der Ausschusssitzung am 10.11.1948 wurde dies akzeptiert und die Formulierung der Weimarer Verfassung übernommen.[409]

Diese Überlegungen Carlo Schmids zu Art. 20 Abs. 2 S. 1 GG erscheinen einsichtig: Sie liefern – wie schon oben gesagt - eine Art „Negativdefinition“ und geben insoweit einen guten Sinn: Unzulässig nach der gesamten Anlage des Grundgesetzes ist, was auch im weitesten Sinne nicht mit dem Gedanken der „Trägerschaft der Staatsgewalt durch das Volk“ vereinbar ist. Damit erweisen sich zahlreiche staatliche Institutionen, die man aus der Vergangenheit und Gegenwart kennt, als „nicht vom Volk ausgehend“ gekennzeichnet und deshalb wegen Verstoßes gegen Art. 20 Abs. 1 und 2 S. 1 GG verfassungswidrig: Die absolutistische Herrschaft eines Fürsten etwa, der Gedanke des Gottesgnadentums, die Diktaturgewalt eines „Führers“, die Oligarchie einer Privilegiertenschicht u. a. m.[410]

Das klingt zunächst recht simpel, verdeutlicht aber die teleologische Zielsetzung sowohl des Art. 20 Abs. 2 S. 1 GG wie auch die des Abs. 1. Zwar sind die Übergänge von zulässiger und nicht mehr zulässiger Staatsgewalt – man denke an bestimmte Präsidialsysteme oder an Einflussbereiche konstitutionell–monarchischer Institutionen - nach wie vor schwer konkretisierbar.[411]

Doch die in Art. 20 Abs. 2 S. 1 formulierte gedankliche Leitidee, kann – für sich gesehen – den Anspruch hinreichender Konkretisierbarkeit auch nicht erfüllen. Was z. B. „Gesamtvolk“, „Volk im natürlichen Sinne“ oder die „Totalität der Staatsbürger“ meint[412], ist völlig unerfindlich, es sei denn, man zieht wieder einmal die Chimäre des pouvoir constituant als vorhandenes, vermeintlich willens- und handlungsfähiges[413], aber trotzdem nicht handelndes Subjekt heran.

---

407 Parlamentarischer Rat, Akten und Protokolle Bd. 5/II, S. 526 ff.

408 Vgl. Fn. 409.

409 Parlamentarischer Rat, Akten und Protokolle, Bd. 5/II, S. 527.

410 Vgl. oben unter G III.

411 Vgl. Fn. 412.

412 So *Wernicke*, in BK II 2 b zu Art. 20 (Erstbearbeitung).

413 *Ridder*, Parlamentarische Demokratie, S. 123 – 130 ( Beilage).

Das aber hat sich bereits oben als wissenschaftstheoretisch unzulässig erwiesen. Die Leitidee des Art. 20 Abs.2 S. 1 GG ist deshalb angesichts der Negativbeschreibung *Carlo Schmids* von immensem Aussagewert: Sie besagt mehr als etwa die platonische Idee, was nicht ausschließt, dass man – ähnlich wie *von Mangoldt*[414] – von einer „rechtsideellen Trägerschaft" sprechen könnte, solange man nicht, wie offenbar er, dabei an ein real Gegebenes denkt.

In seinem Maastricht-Urteil beschreibt das Bundesverfassungsgericht übrigens – wenn auch in ganz anderem Zusammenhang – den Vorgang, den Art. 20 Abs. 2 S. 1 GG bereits ohne den folgenden Satz 2 erkennen lässt: Es ist die gemäß Artikel 38 GG bewirkte Legitimation und Einflussnahme auf die Ausübung von Staatsgewalt, wie sie dann in Satz 2 konkret normiert ist: eine zumindest gedankliche „Rückkopplung" dieser Staatsgewalt an den Wählerwillen.[415]

Dass in Art. 20 Abs. 1 GG angesprochene Volk wird dadurch aber nicht schon zu einem handelnden Subjekt. Im Gegenteil, es handelt überhaupt nicht, weil es nur eine gedankliche Existenz besitzt und in seiner realen Existenz stets in Wandel ist. Mehr als diese Negativbeschreibung lässt sich dem Satz 1 nicht entnehmen. Aber das ist immerhin nicht wenig.

Es mag deshalb dahinstehen, ob die Unterscheidung von „Trägerschaft" und „Ausübung von Staatsgewalt", wie sie das Grundgesetz mit Abs. 2 S. 2 zu formulieren versucht, einen praktischen Sinn erkennen lässt. Vielleicht wäre es besser und eindeutiger gewesen, die Weimarer Regelung einfach beizubehalten. Der Parlamentarische Rat war nicht dieser Ansicht. Er hatte bereits im Grundsatzausschuss einen dritten Absatz des Art. 20 vorgesehen, der wie folgt lautete: In Gesetzgebung, Verwaltung und Rechtsprechung wird die einheitliche Staatsgewalt für jeden dieser Bereiche getrennt durch besondere Organe ausgeübt.[416] Erst mit dieser Formulierung tritt das „Volk" als reales, handlungsfähiges Phänomen – nämlich als „Organ" – in die Verfassung ein. Verdeutlicht wurde dies vor allem, als man den Abs. 3 noch durch den Zusatz „das Volk übt diese einheitliche Gewalt für jeden dieser Bereiche getrennt durch besondere Organe aus" ergänzte. Das „Volk" im Sinne des Satzes 2 besteht aber nur aus der „Aktivbürgschaft", d. h. aus dem wählenden und abstimmenden Volk.[417] Und das ist die Summe jener Menschen, die am Tag der Wahl oder Abstimmung rechtlich zur Abgabe ihrer Stimme befugt sind. Diese Menschen sind konkret feststellbar und sogar namentlich benennbar. Nachdem der Allgemeine Redaktionsausschuss (erst am 2. Mai 1949) beide Absätze in einem (Abs. 2) zusammengefasst

---

414 In 2. Aufl. 1957 *v. M/Kl.*, S. 595.

415 BVerfGE 89, 155 ff.

416 Parlamentarischer Rat, Akten und Protokolle, Bd. 5/I, S. 288.

417 2. Aufl. 1957 *v. M/Kl.*, S.597.

hatte, was zu der heutigen Fassung führte, gibt es im Grundgesetz in zwei aufeinanderfolgenden Sätzen also zwei unterschiedliche Begriffe des Wortes „Volk“: Einmal den des Satzes 1 im Sinne einer Leitidee, wie beschrieben, und zum anderen den des Satzes 2, also den des handelnden, d. h. wählenden und abstimmenden Volkes.

Allerdings ist dies die einzige Teilhabe des Volkes – und nicht einmal des ganzen Volkes – an dem, was in Satz 2 des 2. Absatzes unter Staatsgewalt zu verstehen ist. Sie ist, wie in jeder repräsentativen Demokratie, minimal: „Ihre ursprünglichste und wichtigste Äußerungsform“ liegt nach Ansicht des Bundesverfassungsgerichts[418] darin, „dass die Entscheidung über den Wert des Programms einer politischen Partei und über ihr Recht, an der Bildung des Staatswillens mitzuwirken, allein von den Wählern getroffen werden darf“.

Dieser Satz des Gerichts kennzeichnet in der Tat die Wirklichkeit des Volkes, was sein Gewicht als Organ der Staatsgewalt angeht. Der einzelne Wahlberechtigte verschafft mittels der ihm insoweit zustehenden „Staatsgewalt“ einem Kandidaten oder bestimmten Mitgliedern einer Partei einen oder mehrere Sitze in einem Parlament. Dass er mit diesem Wertungsakt nicht mehr als eine hoffnungsvolle Prognose verbinden kann, ist allgemein bekannt. Denn der von ihm gewählte Abgeordnete ist gemäß Art. 38 Abs. 1 S 2 GG als Vertreter des ganzen Volkes an Aufträge und Weisungen nicht gebunden und nur seinem Gewissen unterworfen. In der sich anschließenden Wahlperiode von 4 oder 5 Jahren wird er daher die ihm nunmehr allein und höchstpersönlich zustehende Staatsgewalt völlig unabhängig von jedem Wählerwillen wahrnehmen. Zumindest gilt dies rein juristisch und verfassungstheoretisch.

Natürlich gibt es eine Fülle andersartiger, außerjuristischer Impulse, die die Willensbildung eines Parlamentsmitgliedes bei seiner Ausübung von Staatsgewalt beeinflussen: Parteiinterne Zwänge, Druck der Öffentlichkeit und der Medien, persönliche und berufliche Zielsetzungen und Vieles mehr. Aber all das steht hier nicht in Frage. Entscheidend ist die Kennzeichnung dessen, was die Konzeption des Grundgesetzes unter den Begriffen der „Staatsgewalt“ als Leitidee einerseits und als tatsächliche Ausübung andererseits verstanden wissen will. Der Anteil des Volkes an dieser Staatsgewalt - auch wenn es gemäß Art. 20 Abs. 2 S. 1 GG zunächst so scheint – ist jedenfalls äußerst gering.

## IV. Staatsgewalt und Demokratiegebot

Es hat sich gezeigt, dass die Thesen, die die derzeitige Lehre und Rechtsprechung dominieren, in keiner Beziehung zu Art.20 Abs.3 GG stehen. Das hat al-

---

[418] BVerfGE 3, 19 ff (26).

lerdings Auswirkungen auf das Verständnis des Art. 20 Abs. 1 GG und das dort normierte Demokratiegebot, dessen Grundsätze Art. 79 Abs. 3 GG ja ebenfalls dadurch zu schützen sucht, dass er es der Verfügung des verfassungsändernden Gesetzgebers entzieht.

Allgemein ist in diesem Zusammenhang immer wieder von dem Schlagwort der so genannten „Volkssouveränität" die Rede, für das natürlich dasselbe gilt wie das was oben zum Volk als Verfassungsgeber oder als „Inhaber der Staatsgewalt" gesagt wurde: Dem „Souverän Volk" fehlt - genau wie dem Volk als Verfassungsgeber oder als Rechtssetzer – das wichtigste Element der Rechtsetzung, nämlich die Willens- und Handlungsfähigkeit eines realen menschlichen Subjekts.[419] *Jean Bodin,* der „Erfinder" der Souveränität[420], hat dies im 16. Jahrhundert sehr genau gewusst und sie ausschließlich dem absolutistischen Herrscher als Person zugeordnet.

Der Gedanke der Volkssouveränität für den Demokratiebegriff des Art. 20 Abs. 1 GG kommt demnach zwar einerseits dem sehr nahe, was *Carlo Schmid* im Sinne der Negativfunktion beschrieben hat[421], also dem was auch dem Inhalt des Art. 20 Abs. 2 S. 1 GG entspricht. Auf der anderen Seite täuscht er mit den Partikel „Souveränität" einen Rechtszustand vor, den es nach dem Grundgesetz - wie in jeder parlamentarischen Demokratie – nicht gibt: Der Anteil des Volkes an der Ausübung demokratischen Staatshandelns ist, wie oben gezeigt, äußerst gering und erschöpft sich in der Stimmabgabe bei Wahlen und Abstimmungen. Alles andere obliegt Organen der drei Staatsgewalten, bei denen eine gewisse gedankliche „Rückkoppelung an das Wahlvolk" in einem sehr abstrakten Sinne mehr oder weniger vorstellbar ist.[422] Mit dem Begriff „Souveränität" hat dies aber nichts zu tun.[423]

Man wird also nicht von einer Kollision zweier Verfassungsvorschriften - Art. 79 Abs. 3 einerseits und Art. 20 Abs.1 GG andererseits - sprechen können, wenn die „Ewigkeitsgarantie" dem Gesetzgeber seine Verfügungsbefugnis für bestimmte Sachbereiche einschränkt und dadurch das Bundesverfassungsgericht im Rahmen der Gewaltenteilung zusätzliche Kompetenzen, d. h. zusätzliche Dimensionen an Staatsgewalt gewinnt.

---

419 Dazu *v. M./Kl.*, S. 597; aus diesem Grunde verklärt *Schnapps* Idee vom „tragenden Grundgedanken des demokratischen Prinzips" in *von Münch/Kunig*, GG, Art. 20, Rn. 18, die tatsächliche rechtliche Situation und besagt inhaltlich gar nichts.

420 Les six livres de la Republique, 1576.

421 Parlamentarischer Rat, Akten und Protokolle, Bd. 5/II, S. 526 ff.

422 BVerfGE 89, 155 ff.

423 Vgl. Fn. 422.

Dem Demokratiegebot des Art. 20 Abs. 1 GG mag zwar - heute unumstritten – der Gedanke einer gewissen Vorrangigkeit des Gesetzgebers im Rahmen der Gewaltenteilung immanent sein.[424] Das bedeutet aber keineswegs eine umfassende Vermutung seiner „Allzuständigkeit"[425], auch wenn im Rahmen der drei Staatsfunktionen die Gesetzgebung die deutlichste Beteiligung des Volkes an der Ausübung von Staatsgewalt verkörpert. Art. 20 Abs. 3 GG garantiert zwar das Prinzip der Gewaltenteilung, ihre staatsinterne Ausgestaltung lässt aber auch in einem demokratischen Staat durchaus Spielräume zu. Wo hier die Grenzen liegen, ist eine andere Frage, die sicherlich - schon angesichts des § 31 BVerfGG – Gewicht hat.[426] Denn wenn das höchste deutsche Gericht, wie zu befürchten ist, den durch Art. 79 Abs. 3 GG bedingten Kompetenzzuwachs mittels seiner Hinweise auf „Überpositivität" in einem naturrechtlichen Sinne, die rechtsmethodisch nicht mehr kontrollierbar sind, immer stärker rechtsschöpferisch tätig wird und den demokratischen Gesetzgeber auf diese Weise ersetzt[427], ist die Frage nach den Grenzen der Spielräume nicht mehr zu umgehen.

Denn die Unsicherheit in der Rechtspraxis wächst. Die Entscheidungen des Bundesverfassungsgerichts zur Menschenwürde und zur Grundrechtsfähigkeit der befruchteten Eizelle im Zusammenhang mit dem Schwangerschaftsabbruch beruhten auf einem logischen Fehlschluss.[428] Der Bundesgerichtshof erklärte im Juli 2010 die PID für nicht strafbar.[429] Die Spekulationen, wie dies das BVerfG beurteilen könnte, gehen weit auseinander. Ein Ergebnis hätte nach § 31 BVerfGG Gesetzeskraft.

Man denke auch an die immerwährende Diskussion um die föderalistische Struktur der Bundesrepublik. Das Deutsche Institut für Wirtschaftsforschung (DIW) verlangte soeben (Juni 2010) eine deutliche Reduzierung der Bundesländer; nur Bayern, Baden-Württemberg, Hessen, Sachsen und Nordrhein-Westfalen sollten bestehen bleiben. Das Bonner Institut für Zukunft der Arbeit (IZA) erklärte: „Nur mit wenigen und stärkeren Ländern können wir den Föderalismus retten" und sprach sich für einen Nordstaat aus Schleswig-Holstein, Mecklenburg-Vorpommern und Hamburg aus. Der Parlamentarische Geschäfts-

---

424 Umfassend dazu und mit zahlreichen Nachweisen, *Herzog* in MDHS, Rn. 37 ff zu Art. 20.

425 Zum Begriff der „Souveränität" im staats- wie im völkerrechtlichen Sinne vgl. auch *Quaritsch*, aaO., passim.

426 Dazu etwa *Herzog* (1980), in MDHS, Rn. 115 ff zu Art. 20 mit zahlreichen Nachweisen zur damaligen Rechtsprechung und Literatur.

427 *Herzog*, in MDHS, Rn. 79 und 80 zu Art. 20, spricht von einer „stillschweigend anerkannten" Allzuständigkeit des Gesetzgebers.

428 Wie z. B. in den Urteilen über den Schwangerschaftsabbruch; vgl. dazu oben unter B III 3.

429 BGH Urteil vom 6.7.2010 – 5 StR 386/09.

führer der CSU-Landesgruppe im Bundestag erklärte, Deutschland könne sich kleine Stadtstaaten nicht mehr leisten. Der Präsident des Bundes der Steuerzahler errechnete das Einsparpotenzial durch Länderfusionen auf bundesweit in die Milliarden gehend. Zwar bezieht sich die anstehende Diskussion zurzeit noch auf eine, wenn auch drastische Reduzierung der Länderzahl. Doch schon jetzt wird man nicht sicher sein können, wie sich die höchstrichterliche Rechtsprechung zu solchen Zielsetzungen stellen wird.

Eine weitere praktische Fragestellung: Die künftige Entwicklung der Europäischen Union zum Bundesstaat dürfte – wie viele meinen – vorgezeichnet sein. Das Bundesverfassungsgericht kündet für diesen Fall im Lissabon-Urteil bereits die Notwendigkeit der Schaffung einer neuen Verfassung im Sinne des Art. 146 GG an und schließt die Unantastbarkeit des Art. 79 Abs. 3 GG auch für eine eventuelle neue Verfassung nicht aus.[430]

Gerade diese naturrechtlich orientierte, rational kaum zu kontrollierende Rechtsprechung des Gerichts könnte langfristig Anlass geben, Tatbestände wie die der Art. 1 und 20 GG oder des Föderalismusprinzips zu präzisieren. Mit seinen oft erstaunlichen eigenen Wertungen hat das Gericht jedenfalls nicht selten den Eindruck hinterlassen, dass wohlüberlegte Entscheidungen des demokratischen Gesetzgebers in großen parlamentarischen Gremien die bessere Alternative hätten sein können.

Mit der im Lissabon-Urteil nun in Anspruch genommenen „Integrationsverantwortung“ hinsichtlich der deutschen „Verfassungsidentität“ gewinnt diese rechtsetzende Funktion des Gerichts einen weiteren Akzent. Das wird unten noch zu erörtern sein.

## C Die Bindungswirkung des Art. 79 Abs. 3 GG auf Seiten des Adressaten (Selbstverpflichtung des Staates)

Eine andere Frage ist an dieser Stelle zur Kennzeichnung der Rechtssatzqualität des Art. 79 Abs. 3 GG aber vorrangig: Es wurde festgestellt, dass der Parlamentarische Rat als Verfassungsgeber den von ihm entfalteten Rechtsgestaltungswillen in Verfassungsrecht – wie in diesem Fall Art. 79 Abs. 3 GG – umgesetzt hat. Wie alle anderen Rechtsnormen auch, intendiert auch Verfassungsrecht die Einschränkung der Entscheidungsfreiheit anderer Menschen, hat also „Bindungsintention“.[431]

---

430 Lissabon–Urteil, Abs.-Nr. 217.

431 Dazu *Rode*, Rechtsbindung, S. 45 ff; vor allem *Rauschning*, aaO., S.15 ff mit wichtigen Nachweisen.

Gerichtet ist diese Intention im Falle des Art. 79 Abs. 3 GG allerdings an einen besonderen Adressaten: Der Verfassungsgeber verbietet dem Folgegesetzgeber, nämlich den jeweiligen Mitgliedern des Bundestages und des Bundesrates[432], schlechthin die Änderung bestimmter Vorschriften des Grundgesetzes. Artikel 79 Abs. 3 GG ist also – untechnisch ausgedrückt – an den „Staat" und dessen Willensentfaltung als Adressaten gerichtet.

Damit steht man vor einer Frage, die bekanntlich im vergangenen Jahrhundert eine der spannendsten Diskussionen in der deutschen Staats- und Staatsrechtslehre ausgelöst hat. Verbunden war diese Diskussion vor allem mit den Namen *Georg Jellinek* und *Hans Kelsen.* Das ganze Ausmaß dieser Kontroverse muss hier allerdings nicht weiter erörtert werden.[433]

Im Ergebnis wird man jedenfalls sagen müssen, dass es einen „Staatswillen" im Sinne eines empirisch fassbaren Phänomens der Lebenswirklichkeit nicht gibt. Das Problem der „Selbstbindung" bzw. der „Selbstverpflichtung" des Staates, also die Frage, ob und wieweit der Staat an sein eigenes Recht gebunden ist, lässt sich mit einem Hinweis auf einen fiktiven „Staatswillen", z. B. als „Selbstverpflichtung" des Staates – wie *G. Jellinek* noch meinte – nicht beantworten.[434]

Sieht man deshalb Art. 79 Abs. 3 GG ohne das ganze Flechtwerk, das seine „Biografie" umrankt, erscheint er als normale Verfassungsrechtsnorm, als Rechtssatz wie jeder andere. Dessen entscheidenden Eigenschaften sind bei ihr gegeben: die Objektivierung menschlichen Willens in einer Norm, die ihr immanente Bindungsintention auf Seiten des Rechtssetzers und die sich ebenfalls daraus ergebende Bindungswirkung auf Seiten des Adressaten: Sieht man nämlich gleichzeitig den Staat rein soziologisch als gegenseitiges Anordnungs- und Unterordnungsverhältnis[435], in dem sich Menschen befinden, so erklärt sich einerseits der im vergangenen Jahrhundert heiß umstrittene Begriff des „Staatswillens" als von Menschen gegebene Anordnungen, denen Menschen sich im Rahmen der Rechtsordnung - also einer vorhandenen Organisation – unterordnen..[436] D. h., dass Menschen in einem Staat gleichzeitig anordnend wie auch sich unterordnend erscheinen können: Der Bundestagsabgeordnete z. B. ordnet an, wenn er ein Gesetz erlässt, ordnet sich aber gleichzeitig diesem Gesetz unter. Ebenso stoppt der Polizeibeamte einen Verkehrsteilnehmer wegen eines Gesetzesverstoßes, beachtet dieses Gesetz als Privatmann aber auch selbst. Daraus

---

432 Lissabon-Urteil, Rn. 217 f.

433 Vgl. hierzu und dem Folgenden vor allem *Rauschning*, aaO., S. 15 ff.

434 Dazu ebenfalls *Rauschning*, aaO., S. 59, 60; vgl. auch *Kaufmann*, Kritik, passim.

435 Dazu *Rode*, Rechtsbindung, S. 77 ff; ähnlich *Sander*, aaO., S. 155; *Heller*, aaO., S. 238 ff.

436 Dazu 9. Abschn., B I und III.

erklärt sich auch die „Bindung des Staates an das Recht“ oder besser der Sachverhalt, den man allgemein mit dieser Umschreibung zu kennzeichnen sucht.

Es gibt Menschen, die als Inhaber von Anordnungsgewalt einen psychisch-realen Willen bilden und diesen Willen in der objektivierten Form des Rechtssatzes an andere Menschen richten, bei denen sich dieser Wille dann wiederum psychologisch als „Handlungsmotiv“ auswirkt. Das Verhalten dieser „Adressaten“ wird im Sinne der Norm bestimmt. Ihre Entscheidungsfreiheit zwischen verschiedenen Wahlmöglichkeiten wird beschränkt.

Genau diese Situation gilt nun nicht nur im Verhältnis Staat – Bürger im Sinne der Lehren vom einheitlichen Staatswillen: Völlig unabhängig von einer Wesenheit „Staat“ oder einem lediglich fingierten „Staatswillen“ erteilen Menschen zwar an andere Menschen den Befehl, „nicht zu stehlen“ oder „im Straßenverkehr grundsätzlich rechts zu fahren“, also im „Außenverhältnis“ herkömmlicher Prägung. Sie „befehlen“ aber auch anderen Menschen, „ein Bundesverfassungsgericht zu errichten“ oder im Falle einer sozialen Notlage einem Bedürftigen, der einen entsprechenden Antrag stellt, einen bestimmten Geldbetrag auszuzahlen. Auch der Mensch, der in irgendeiner Weise „staatliche“ Funktionen wahrnimmt, erscheint also in seiner Eigenschaft als Amtsträger sowohl als Anordnender als auch als Anordnungsunterworfener. Wie bei jedem anderen Menschen, wirkt also auch bei einem Parlamentsabgeordneten, einem Verwaltungsbeamten oder einem Richter der Normwille, dessen Adressat er ist, für sein Verhalten motivierend. Er ist in seiner Entscheidungsfreiheit eingeschränkt, also normgebunden.

Genau darin liegt auch die Bindung des „Staates“ an das Recht: Sie ist nichts als die Bindung des einzelnen Menschen als eines Amtsträgers an höherstufige Anordnungen („Befehle“), denen gegenüber er Befehlsunterworfener ist. Sieht man diese Amtsträger als einzelne Menschen oder Menschengruppen in ihrer Funktion, wird das, was gemeint ist, recht plastisch: Rechtsbindung des Staates heißt Bindung des einfachen Gesetzgebers an den erklärten Willen des Verfassungsgebers, der Verwaltung und der Rechtsprechung an die des Gesetzgebers, des einzelnen Verwaltungsausübenden an ihm übergeordneten Stellen, des Richters an den Willen des Gesetzgebers usw. Es sind also immer Menschen, an die sich Menschen mit ihren Befehlen richten. Nennt man all diese Menschen „Amtsträger“, dann ist es deren Bindung, deren beschränkte Entscheidungsfreiheit, welche das ausmacht, was man als Staatsbindung bezeichnet. Sie alle werden durch die Rechtsnorm „bestimmt“, d. h. in der Freiheit ihrer Willensentfaltung beschränkt.[437]

---

437 Ähnlich *Sander*, aaO., S. 119, 120; vgl. aber auch *G. Jellinek*, Staatslehre, S. 176, 177.

*Geiger* macht sich diese soziologische Tatsache offenbar nicht ganz klar, kommt ihr aber sehr nahe, wenn er eine weitere Möglichkeit beschreibt, durch die eine staatliche Selbstverpflichtung einsetzen kann: Er verweist auf Organbildung. „Die Zentralmacht umspannt die gesamten Herrschaftsfunktionen. Diese aber werden nicht von ein und derselben Person unmittelbar ausgeübt, sondern sie sind ausgestückt und gewissen Organen zur Wahrnehmung übertragen.“[438] Diese Trennung ist aber – einmal in einer Rechtsgesellschaft durchgeführt – schwer revidierbar. *Geigers* Gesamtergebnis zur Selbstverpflichtung lautet dann in einem Satz: „Die Selbstverpflichtung ist auf eine in der Ebene der Wirklichkeit effektive Weise möglich dank der Gesamtstruktur des staatlich-rechtlichen Funktionsgefüges und der besonderen Art , in der dessen Instanzen und Faktoren zu einem sich selbst in der Schwebe haltenden Gleichgewichtssystem miteinander verschränkt sind.“[439]

Damit dürfte deutlich geworden sein, was unter dem in einer Rechtsordnung zum Ausdruck kommenden Willen – auch im so genannten „staatsinternen Bereich“ – zu verstehen ist: Es ist immer der Wille Einzelner oder der übereinstimmende einer Gruppe von Menschen, die im Rahmen der Sozialität „Staat“ Bestimmungssätze erzeugen und andere Menschen auf diese Weise in ihrer Willensentfaltung einschränken, d. h. binden. Darin, dass dieser Bindung nicht nur der Bürger als „Untertanen“ unterliegt, sondern auch denjenigen, der staatliche Aufgaben verwirklicht und – gewissermaßen von „oben“ nach „unten“ - seinerseits „bestimmt“ und „bestimmt wird“, liegt auch die “Bindung des Staates“ an seine Rechtssätze. Mehr kann „Bindung des Staates“ nicht sein, nämlich immer nur Bindung Einzelner oder einer Gruppe von Menschen wiederum durch Einzelne oder eine Gruppe von Menschen.[440]

Dass sich damit alle Verwaltungsvorschriften und alle im Sinne der alten Impermeabilitätslehre „innerstaatlichen Normen“ ohne Weiteres als Rechtssätze „erweisen“ – soweit sie die übrigen genannten Kriterien aufweisen – sei nur am Rande vermerkt und dürfte heute allgemein akzeptiert sein.[441]

Diese individuelle Bindung, der in dem geschilderten Sinne Menschen oder Gruppen von Menschen als Amtsträger unterliegen, könnte man in ihrer Gesamtheit nun staatliche „Verpflichtung“ nennen. Rein terminologisch wäre dies nicht zu beanstanden, bleibt man sich des dahinter stehenden Sachverhalts bewusst. Diese „Verpflichtung“ besteht selbstverständlich zunächst nur gegenüber dem (höherstufig) befehlenden Subjekt, was nicht heißt, dass dieses Subjekt

---

438 *Geiger*, Soziologie des Rechts, S. 337.

439 *Geiger*, Soziologie des Rechts, S. 339.

440 Vgl. auch *Haenel*, aaO., S. 231.

441 Dazu vor allem *Ossenbühl*, aaO., passim.

nicht möglicherweise im Wege eines konkreten Rechtssatzes subjektive Berechtigungen begründen kann, die dann auch entsprechend Rechte bzw. Ansprüche des individuellen Bürgers zur Folge haben.[442] Das ist aber eine Frage des konkreten Inhalts des jeweiligen Rechtssatzes und kann an dieser Stelle außer Betracht bleiben. Hier liegen auch nicht die eigentlichen Bedenken gegen die Verwendung des Wortes „Verpflichtung" oder „Rechtspflicht" des Staates für den hier umrissenen Sachverhalt der Bindung.

Er liegt in der (weitgehend naturrechtlichen) Geistesgeschichte des Pflichtbegriffs: In der Rechtsphilosophie unterlag er nämlich – wie auch immer man ihn konstruierte – der Gefühlsattitüde der sittlichen Bindung. Die hier beschriebene, völlig wertfreie Sicht der Bindung an die Rechtsnorm wäre mit einem Pflichtbegriff in diesem Sinne verfehlt gekennzeichnet. Wenn Bindung an Rechtssätze nichts anderes bedeutet als die Beschränkung von Willensentfaltung durch Befehle der Rechtssetzungsgewalt, dann ist die Bindung auch nichts anderes als eine psychische „Belastung" des Menschen, an den sich die Rechtsnorm richtet. Mit einer „Rechtspflicht" im ethischen Sinne hat das – wie *Hans-Ludwig Schreiber*[443] mit Recht bemerkt – nichts zu tun: „Pflicht" ist nur die tatsächliche Einschränkung der Willensfreiheit. Insoweit läge es allerdings nahe, die Konsequenz vor allem *Julius Binders* zu ziehen und den Begriff der „Rechtspflicht" für die Rechtswissenschaft überhaupt aufzugeben. Andererseits besteht dann kein Grund, das Wort nicht zu verwenden, wenn man das ethisch-sittliche Gefühlsmaterial abbaut und sich seines empirischen Hintergrundes bewusst ist.

Entscheidend ist jedenfalls: Die Bindung des Staates an das von ihm selbst gesetzte Recht erfolgt durch die normbedingte Einschränkung der Willensentfaltung auf Seiten der zahllosen einzelnen Menschen, die „Staatsgewalt" im weitesten Sinne ausüben, die also – an welcher Stelle auch immer – an der Verwirklichung der vielfältigen „Staatszwecke", wie sie dem geltenden Recht zu entnehmen sind, beteiligt sind. Die Einschränkung ihrer Entscheidungsfreiheit im Einzelfalle ist es also, die man insgesamt als „Staatsbindung" an das Recht nennen kann, d. h. die Bindung der gesetzgebenden Körperschaften als Bindung ihrer Amtsträger.[444]

Nun könnte man sagen, dass aber zumindest eine - allerhöchste - Stufe staatlicher Willensbildung, die des Verfassungsgebers, weder beschränkt noch in der oben geschilderten Weise kontrollierbar ist. Das ist richtig. Denn natürlich unterliegt der Verfassungsgeber, von Sonderfällen abgesehen, keinen höherstufigen „Befehlen". Aber wer ist dieser Verfassungsgeber? Doch nur ein Einzelner

---

442 Zweifelnd *Rupp*, aaO., S. 35.
443 aaO. S. 135.
444 *Rode,* Rechtsbindung, S. 87 ff.

oder eine Summe von Menschen, die – warum auch immer – in einem bestimmten historischen Zeitpunkt Rechtssetzungsgewalt gewonnen oder innehaben und nicht „der Staat“ als eigenständiges Wesen, was immer *Jellinek* oder *Kelsen* gedanklich damit verbunden haben. Das wurde oben unter I, II und III beschrieben.

Hier endet in der Tat das stabilisierende Element dessen, was mit dem Sachverhalt „Bindung des Staates“ bezeichnet wurde. Verfassungsgebung kann sich – wie gesagt - auch im vorstaatlichen Raum vollziehen und äußert in diesem Falle nichts anderes als rein faktische Macht. Für diese ist eine Bindung, empirisch betrachtet, nicht ersichtlich.

Prinzipiell erscheint die Bindungswirkung des Art. 79 Abs. 3 GG im Sinne eines soziologischen Rechtsnormbegriffs - also nicht problematisch. Dennoch empfindet man sofort, dass dem Artikel etwas Ungewöhnliches anhaftet: Zum ersten Mal in einer deutschen Verfassung des Gesamtstaates verbietet ein einzelner Rechtssatz des positiven Rechts dem Gesetzgeber die Änderung anderer Vorschriften derselben Verfassung, und zwar zumindest für die gesamte Dauer ihrer Rechtsgeltung, wenn nicht auf ewig. Dass dies unter rechtstheoretischen Gesichtspunkten mit dem Wesen einer – von Menschen geschaffenen – positiven Rechtsnorm vereinbar sein soll, ist schwer nachzuvollziehen: 65 Männer und Frauen haben vor vielen Jahren in Bonn einen in eine Verfassungsrechtsnorm eingeflossenen Willen geäußert, an den ihre Nachfahren bei der Gestaltung ihrer Staatlichkeit für unter Umständen Hunderte von Jahren gebunden sein sollen. Das Bundesverfassungsgericht deutet sogar die Möglichkeit, diese Bindung könnte in alle Zukunft und sogar auch nach Schöpfung einer neuen Verfassung weiter Bestand haben.

Das steht im Widerspruch zum Wesen eines positiven Rechtssatzes, der, so wie er gesetzt wurde, von der zuständigen Stelle, z. B. bei Veränderungen der Sachlage, auch wieder nach menschlichem Ermessen rücknehmbar sein muss. Es lohnt sich daher, die Frage der Änderung bzw. eventuellen Streichung des Artikels 79 Abs. 3 GG, d. h. seine „Unantastbarkeit“ als die die „Verfassungsidentität“ der Bundesrepublik ausweisende Vorschrift, unabhängig von den bisher gewonnenen Einzelergebnissen mit den herkömmlichen Mitteln der Verfassungsauslegung noch einmal zu überdenken.

## Zehnter Abschnitt

## Zwischenergebnis und Anmerkungen

Doch gibt der siebte Abschnitt zunächst Anlass, seine Ergebnisse in Form einiger Anmerkungen festzuhalten:

Anmerkung 1 zu I: Der Begriff des Rechtssatzes ist ein Rechtsgrundbegriff, der nicht aus einer bestimmten Rechtsordnung heraus zu definieren ist. Das gilt auch für Art. 79 Abs. 3 GG. Erst diese Einsicht setzt die Methodenlehre in die Lage, kritische Maßstäbe anzulegen und die Rechtswissenschaft vor Irrtümern zu bewahren.

Anmerkung 2 zu II: Eine Norm ist ein Satz, der ein Sollen zum Ausdruck bringt und deshalb nur im Rahmen realen menschlichen Willens erklärbar ist. Jede Naturrechtslehre, ebenso wie die *Schmittsche* Lehre von der verfassungsgebenden Gewalt des Volkes, verletzen dieses Grundprinzip und sind deshalb wissenschaftlich verfehlt.

Anmerkung 3 zu 2: Der Parlamentarische Rat ist der reale Verfassungsgeber des Grundgesetzes und verkörpert die verfassungsgebende Gewalt.

Anmerkung 4 zu 3: Verfassungsgebende Gewalt und Staatsgewalt sind zwei kategorial unterschiedliche Phänomene. Schlüsse von dem Einen aufs Andere lassen sich nicht ziehen. Das heißt, dass man aus Art. 20 Abs. 2 GG auch keine Schlüsse auf die Rechtsnatur der Präambel und auf die dort beschworene „verfassungsgebenden Gewalt des Volkes“ ziehen“ kann. An der Realität gemessen enthält die Präambel insoweit eine Lüge.

Anmerkung 5 zu 4: Das Schlagwort von der „Volkssouveränität“ besagt nichts über die tatsächliche verfassungsrechtliche Situation nach dem Grundgesetz. Es mag zwar die Leitidee des Art. 20 Abs. 2 S. 1 GG illustrieren, eine juristisch konkretisierbare Funktion hat das Wort aber nicht. Eine „Allzuständigkeit“ des demokratischen Gesetzgebers kann man jedenfalls aus ihm nicht ableiten. Eine Kollision des Art. 20 Abs. 1 GG mit Art. 79 Abs. 3 GG und dessen damit verbundene Verfassungswidrigkeit ist demnach nicht sichtbar.

Anmerkung 6 zu I II: Adressat des Art. 79 Abs. 3 GG ist der Staat, genauer gesagt, der verfassungsändernde Gesetzgeber. Das macht die Vorschrift nicht unwirksam, denn eine „Selbstverpflichtung“ oder auch „Selbstbindung“ des Staates ist – wie sich gezeigt hat – rechtlich durchaus möglich.

# Elfter Abschnitt

# Die „Unantastbarkeit" des Art. 79 Abs. 3 GG

Obwohl über Art. 79 Abs. 3 GG sehr viel geschrieben worden ist, erhält man in der Regel eher spezifische Antworten mit ebenso spezifischen rechtsphilosophisch, wenn nicht ideologisch umrankten Bekenntnissen, die den Anschein vermitteln sollen, die Rätselhaftigkeit der Vorschrift sei enträtselt. Tatsächlich ist dies bei den meisten Autoren nicht der Fall, wie sich unter D III gezeigt hat.

Es soll deshalb noch einmal der Versuch gemacht werden, mit den traditionellen, an *Savigny*[445] orientierten Mitteln der juristischen Methodenlehre die Inhalte der Ewigkeitsklausel näher zu bestimmen. Die bisher in den „Anmerkungen" betonten Zwischenergebnisse der Studie finden dabei Verwendung. Die aber liefern bisher nicht den geringsten Hinweis dafür, dass es z. B. eine wirksame Rechtsnorm gibt, die einer „verfassungsgebenden Gewalt des Volkes" über die Präambel eine so folgenschwere Wirkkraft verleihen, wie dies von vielen Autoren und vom Bundesverfassungsgericht behauptet wird. Genauso wenig geben sie Anlass dafür anzunehmen, dass die inzwischen seit Jahrhunderten immer wieder vorgebrachten Einwände gegen jede Art von Naturrechtslehren ungerechtfertigt wären. Insgesamt wird man an dieser Stelle bereits sagen können, dass die Lehre zur „Ewigkeitsklausel" – wie wir sie heute kennen – schlicht falsch sein dürfte.

## A Der Wortlaut und das Argument von der „Selbstbezüglichkeit des Art. 79 Abs. 3 GG

Der reine Wortlaut des Art. 79 Abs. 3 schweigt sich – was seine eigene „Ewigkeit" angeht - aus. Dem Wortsinn ist nichts zu entnehmen. Es ist darum wichtig, sich noch einmal klar zu machen, was die These von der vermeintlichen Unantastbarkeit auch des Art. 79 Abs. 3 GG selbst besagen will: Sie behauptet das Vorhandensein einer im Grundgesetztext nicht sichtbaren Norm, nach der „eine Änderung des Art. 79 Abs. 3 GG unzulässig ist". Diese Norm – so wird behaup-

---

445 Grundlage ist hier *Savigny*, „System des heutigen Römischen Rechts" sowie „Vom Beruf unserer Zeit für Gesetzgebung und Rechtswissenschaft"; zu den Grundprinzipien der Lehre *Savignys* und der Historischen Rechtsschule vgl. vor allem die präzise Darstellung bei *Larenz*, Methodenlehre; S. 11 ff.

tet - ergibt sich „rein logisch“ schon aus dem Wortsinn, weil der Artikel ansonsten mit seinem Schutzziel „leerlaufen“ würde.[446]

Es ist deshalb dem vermeintlichen Revisionsverbot bereits ein Argument entgegengehalten worden, das nicht ohne Interesse ist: Wolle die Vorschrift nach ihrem Wortlaut die eigene Unantastbarkeit anordnen, handele es sich bei ihr um einen logisch unzulässigen „selbstbezüglichen Satz“ (self references), der in einem Rechtssatz unbrauchbar sei.[447] Wäre dieser Einwand berechtigt, hätte man das Rätsel um Art. 79 Abs. 3 GG gelöst.

Es gibt nämlich ein uraltes logisches Problem, das ca. seit dem 8. Jahrhundert v. Ch. bekannt ist. Es bezieht sich auf so genannte „selbstbezügliche Sätze“ (self references). Es ist logisch von äußerster Komplexität und überfordert in der Regel die meisten, mit den schwierigsten Fragestellungen der modernen Mathematik und Logik wenig erfahrenen Juristen. Zu ihnen zählt auch der Verfasser. Die Rede ist von der schon in der Bibel[448] auftauchenden Rätselfrage um den lügenden oder nicht lügenden Kreter *Epimenides* (ca. 600 Jahre v. Chr.). Sie kann man nicht, wenn man sie schon aufwirft, wie *Möller*[449] unter Verweis auf ein altes Kultbuch[450] in einer Fußnote beiseite schieben.

Unter selbstbezüglichen Aussagen versteht man Sätze, die etwas über sich selbst aussagen und dadurch – wie man meint – zu Paradoxien führen: Der Kreter sagt, „alle Kreter lügen“. Man weiß nicht, ob dieser Satz wahr oder falsch ist, weil der Kreter, wenn er lügt, das Falsche sagt und eben nicht alle Kreter lügen, oder, wenn er nicht lügt und die Wahrheit sagt, eben wieder nicht „alle“ Kreter lügen.

Die Jahrhunderte lange Diskussion führte über *Russel* und *Whitehead* (1908 und 1910)[451] sowie *Tarski*[452] zur Unterscheidung von Objekt– und Metasprache, wobei Objektsprache diejenige ist, die den Gegenstand einer Erörterung darstellt, die Metasprache dagegen die, mit der – nach *Tarski* – die Definition des dargestellten Gegenstandes formuliert ist. Verletzt man diese logisch und hierarchisch notwendige Unterscheidung und verbindet man Beides in ein und dem-

---

446 Vgl. *Maunz*, in MDHS, Rn. 50 zu Art. 79.

447 Dazu bereits *Meyer-Goßner*, aaO., S. 53; *Möller*, aaO., S. 192 f; *Evers* in BK, Rn. 133 zu Art. 79 Abs. 3 mit zahlreichen Hinweisen.

448 Vgl. auch die Bibel, Brief des Paulus an Titus, 12 ff (Die Autorschaft des Paulus ist umstritten).

449 *Möller*, aaO., S. 192, Fn. 912.

450 *Hofstadter*, aaO., S. 19 ff.

451 Eine Lösung hatte man sich erhofft von *Russel*, Mathematical logic, in American Journal of Mathematics 30 (1908), S. 222; *Russel/Whitehead*, aaO., S. 63.

452 *Tarski*, aaO., in Scientific American 1969, 220, S. 63 ff.

selben Satz, ist eine formale Definition von Wahrheit und Falschheit unmöglich. Der Grund für die Kreter-Paradoxie war erkannt. Das Problem schien gelöst.

Überträgt man diese Gedanken auf Art. 79 Abs. 3 GG, ist die Parallelität scheinbar eklatant: Der dort formulierte Tatbestand ist ordnungshierarchisch Objektsprache, die in ihr verborgene, vermeintlich normierte Unantastbarkeit stellt eine Metaebene dar, was den Satz erkenntnistheoretisch wegen Vermischung beider Ebenen unmöglich macht.

Der Fortgang der wissenschaftlichen Forschung und ihre Ergebnisse im 20. Jahrhundert scheint diese These allerdings inzwischen wieder in Frage zu stellen. Denn, wenn bisher die Sprache als der eigentliche Übeltäter enttarnt schien, wie erklärten sich dann ähnliche Widersprüche auch in der rein formalen Welt der Mathematik und formalen Logik, die ja weitgehend sprachunabhängig ist?

Eine Antwort lieferte im Jahre 1931 der so genannte „Unvollständigkeitssatz" des in die USA emigrierten Österreichers *Kurt Gödel*: Er brachte – sehr verkürzt ausgedrückt – den Beweis, dass sich auch in der Mathematik und der formalen Logik Aussagen finden lassen, die man weder als wahr noch als falsch beweisen kann. *Gödel* konfrontierte den Menschen also bewiesenermaßen mit den Grenzen seiner Wissensmöglichkeit. Denn die von ihm untersuchten Widersprüche sind offenbar niemals zu verhindern.[453]

Die Debatte dauert bis heute an. Überraschende neue Ergebnisse liegen – soweit ersichtlich – bis heute nicht vor. Von einer Anwendung solcher höchst unterschiedlicher Theoreme der unterschiedlichsten Denker sollte man deshalb legitimer Weise in der Staatsrechtstheorie zunächst absehen. Denn auch wenn die *Gödelschen* Thesen richtig sind – und das scheint unbestritten zu sein[454] -, liefern sie kaum gedankliches Material für die theoretischen Probleme einer anwendungsbezogenen Interpretationsmethodik in der Rechtswissenschaft.

Hinzu kommt eine wichtige Überlegung: Die ganze oben in äußerster Kürze geschilderte Diskussion um die so genannten selbstbezüglichen Aussagen betreffen ganz vorrangig die Frage der „Richtigkeit" und „Falschheit" einer angenommenen Tatsachenaussage. Gegenstand der Rechtstheorie ist dagegen eine – von Ausnahmen abgesehen – völlig anders geartete Situation: Die Interpretation eines Rechtssatzes bezieht sich nicht auf „Seinstatbestände", sondern auf „Sollenstatbestände", also nicht auf explikative, sondern auf normative Sätze. Letztere sind der Kennzeichnung als „wahr" oder „unwahr" schon logisch gar

---

453 *Feferman* u. a., Collected Works of *Kurt Gödel*, aaO.; *Gödel*, *Russels* mathematische Logik, in *Russel/Whitehead*, aaO., Vorwort, S. V – XXXIV.

454 Vgl. auch *Gödel*, Monatshefte für Mathematik und Physik, 38, 1931, S. 173 – 198.

nicht zugänglich. Sie objektivieren von Menschen entwickelte gedanklichen Inhalte, die diese dann als ihren (menschlichen) Willen entäußern (als Rechtssetzer) und die von Menschen, welche diese Inhalte dann als „gesollt" zur Kenntnis nehmen bzw. nehmen müssen (Adressaten). Erkenntnistheoretisch können solche Aussagen also nicht wahr oder unwahr sein. Sie sind „gewollt" und „gesollt", und allein darum geht es, was ihre semantischen Konkretisierungen anbelangt.

Als Argument gegen die These von der Normlogik dürfte der Hinweis auf die „Selbstbezüglichkeit" des Art. 79 Abs. 3 GG deshalb höchst fraglich sein. Seine Unbrauchbarkeit für die Rechtssprache ist damit jedenfalls nicht erwiesen. Es bleibt festzustellen, dass aus dem Wortlaut des Art. 79 Abs. 3 GG für die hier anstehende Frage nichts zu entnehmen ist, dass also keine verdeckte Norm erkennbar ist, die die Änderung der Vorschrift seitens des Verfassungsänderungsgesetzgebers verbietet.

## B Die systematische Interpretation

Bereits in diesem Zusammenhang taucht deshalb schon die Frage auf, ob der Verfassungsgeber eine solche Norm überhaupt gewollt hat. Denn unter systematischen Gesichtspunkten machen einige Tatsachen nachdenklich.

Für jede Art der gesetzgeberischen Verfassungsänderung verlangt Art. 79 Abs. 1 GG bekanntlich aus Gründen der Klarheit die Änderung des Wortlauts des Grundgesetzes. Man wird daher davon ausgehen können, dass der Verfassungsgeber bei der Formulierung des Grundgesetztextes diesen Maßstab auch bei sich selbst angelegt und im Text die Unantastbarkeit der Ewigkeitsgarantie – hätte er sie gewollt - von sich aus präzise normiert hätte.

Dies gilt umso mehr, als das Grundgesetz auch zur Frage der Zulässigkeit bzw. Unzulässigkeit der Änderung des Art. 28 Abs. 1 S. 1 GG schweigt. Das verwundert, denn würde sich die Unantastbarkeit nur im Hinblick auf die in Art. 79 Abs. 3 GG ausdrücklich genannten Tatbestände beziehen, nicht aber auch für die des Art. 28 Abs. 1 S. 1 GG, könnte dieser möglicherweise vollinhaltlich gestrichen werden.[455]

Es überrascht jedenfalls nicht, dass sich zu dieser Frage sowohl *Maunz*[456] wie auch *von Mangoldt* äußerst zurückhaltend und zum Teil unklar ausdrücken. Bei *M/Kl.*[457] heißt es ganz kurz und ohne jede weitere Erörterung: Der Artikel ist in

---

[455] Vgl. dazu oben unter B II. 2 a).

[456] In MDHS, Rn. 35 zu Art. 28.

[457] *v. M/Kl.*, S. 698.

Art. 79 Abs. 3 nicht genannt und daher nach Art. 79 Abs. 1 und 2 änderbar, jedoch nur insoweit, als nicht die in Art. 79 Abs. 3 für unabänderbar erklärten Grundsätze des Art. 20 (in Verbindung mit Art. 28 Abs. 1 S. 1) in Rede stehen.[458]

Auch *Wernicke* drückt sich ungenau, unvollständig und deshalb bedenklich aus. „Die Bestimmungen[!] des Abs. 1 sind – auch als Ganzes gesehen[?] – Grundsätze im Sinne des Art. 79 III …".[459] Das gilt vorab für die Bundesstaatlichkeit.

Schwer verständlich meint *Maunz:*[460] „Freilich darf nicht übersehen werden, dass Art. 28 "der Sache nach" Verweisungen auf die Grundsätze des Art. 20 enthält, diese Grundsätze daher wieder für „im Ergebnis" ebenso von Art. 79 „verewigt" sind wie die von Art. 79 Abs. 3 GG unmittelbar erfassten Grundsätze des Art. 20. In allen wirklich wichtigen Abweichungen müsste also zunächst bundesrechtlich der Art. 28 GG geändert werden." Dass dies zulässig ist, scheint *M.* offenbar zu bejahen.[461] Wie weit dies geht, sagt er nicht.

Auch *Evers* stellt diese Frage als „Denkaufgabe" und verweist auf *Nawiasky*[462], der einen weitgehend kompetenzlosen Monarchen an der Spitze eines Landes nach Änderung des Art. 28 GG für möglich hält.[463]

Die Frage mag dahinstehen. Wichtig für das Verständnis des Art. 79 Abs. 3 GG unter systematischen Gesichtspunkten ist aber die zweifellos bestehende Unklarheit über die Antastbarkeit bzw. Unantastbarkeit auch des Art. 28 GG, die der Verfassungsgeber unschwer hätte vermeiden können, indem er diese Vorschrift – wie Art. 20 GG – in die Ewigkeitsgarantie einbezogen hätte. Das schürt natürlich die Zweifel an der Absicht des Parlamentarischen Rates, Art.79 Abs. 3 GG die „Dignität" der Unantastbarkeit zu verleihen. Allerdings kommt es allein auf den historischen Willen des Verfassungsgebers nicht an. Doch zeigt sich hier immerhin, dass eine vermeintliche Verbotsnorm des Grundgesetzes, die man dazu nur im Wege der Auslegung des Art. 79 Abs. 3 GG gewonnen hat, über diese Vorschrift hinaus weite und außerordentliche Rechtswirkungen entfalten kann.

---

458 *v. M/Kl.*, S. 610 f.

459 In BK, Erl. II 1. e zu Art. 20.

460 MDHS, Rn. 35 zu Art. 28.

461 Vgl. Fn. 467.

462 In BK., Rn. 120 zu Art. 79 Abs. 3.

463 *Nawiasky/Leusser/Schweiger/Zacher*, Kommentar, Art. 1 Rn. 5; vgl. auch *Herzog*, in MDHS, Rn. 16 zu Art. 20.

Man fragt sich, wie dies mit Art. 70 Abs. 1 und 2 GG zu vereinbaren ist, wonach den Ländern das Recht der Gesetzgebung zusteht, soweit das Grundgesetz nicht dem Bunde Gesetzgebungsbefugnisse verliehen hat. Letztere ergeben sich aber allein aus den Vorschriften über die ausschließliche und konkurrierende Gesetzgebung der Art. 71 ff GG. Von einer spezifischen, „verewigten" Ausrichtung der Länderverfassungen im Sinne der Ewigkeitsgarantie des Grundgesetzes ist dort nirgendwo die Rede.

Das soll nicht heißen, dass die Inhalte des Art. 20 Abs. 1 GG als Bundesrecht nicht auch gegenüber den Ländern Geltung haben. Es soll lediglich zeigen, dass das vermeintliche, selbstbezogene Revisionsverbot in Art. 79 Abs. 3 GG in hohem Maße fragwürdig erscheint.

Denn man wird kaum annehmen können, dass der Verfassungsgeber angesichts des Art. 79 Abs. 1 GG geschwiegen hätte, hätte er dieses Verbot bei gleichzeitiger Unantastbarkeit des Art. 79 Abs. 3 GG auch hinsichtlich der Länder, also auch im Hinblick auf Art. 28 Abs. 1 GG, und trotz der in Art. 70 ff GG ausdrücklich normierten Länderhoheit in dieser Form gewollt.

Eine weitere Überlegung kommt hinzu: Bereits lange vor den Beratungen im Parlamentarischen Rat gab es in vorhandenen Länderverfassungen bestimmte Ewigkeitsklauseln in Bezug auf spezifische Verfassungsprinzipien, wobei einige (Art. 150 der Verfassung des Landes Hessen, Art. 129 der Verfassung des Landes Rheinland-Pfalz sowie Art. 20 der Verfassung der Freien Hansestadt Bremen) sogar auch ein explizites Verbot der Änderung einer Ewigkeitsklausel aussprachen. Den vielen hervorragenden Verfassungsfachleuten unter den Mitgliedern des Parlamentarischen Rates war das Problem also sehr wohl bekannt, zumal nur kurze Zeit zuvor in der Schweiz auf literarischer Ebene[464] die ganze Frage intensiv diskutiert worden war, Dennoch hat der Grundgesetzgeber auf eine eigene entsprechende Normierung verzichtet.

Das ist zumindest ein Indiz dafür, dass man ein Änderungsverbot auch der Ewigkeitsklausel selbst nicht für sinnvoll angesehen hat. Denn was hätte man tun können? Einen Satz einfügen, der die Änderung verbietet, hätte eines weiteren Satzes bedurft, der dessen Änderung verbietet usw. usw., bis hin zu einer unendlichen Vielzahl von Sätzen.[465] Eine Lösung hätte dies nicht erbracht.

Im Übrigen befand sich schließlich auch Art. 146 GG (a. F.) in der Entstehungsphase. Er lautete: „Dieses Grundgesetz verliert seine Gültigkeit an dem Tage, an dem eine Verfassung in Kraft tritt, die von dem Deutschen Volke in

---

464 Vgl. *Nef*, aaO., S. 120, 122; *Haug*, Schranken, S. 182 ff; *Möller*, aaO., S. 120.

465 Dazu 6. Abschn.

freier Entscheidung beschlossen worden ist." Die Vorstellung von der Vorläufigkeit des Grundgesetzes als Provisorium war Allgemeingut bei den Mitgliedern des Parlamentarischen Rates[466], so dass es schon insoweit durchaus verständlich erscheint, wenn man das staatsrechtliche Problem des Art. 79 Abs. 3 GG nicht unbedingt von vornherein beschwören wollte. Denn die Realisierung des Art. 146 a. F. GG hätte die Ungültigkeit der Ewigkeitsklausel ja zunächst ohnehin mit sich gebracht. Dass die Geschichte anders verlaufen ist, wissen wir heute.

Aber auch für die heutige Rechtslage mit der neuen Fassung des Art. 146 GG, der nur auf die inzwischen gewonnene „Wiedervereinigung" zusätzlichen Bezug nimmt, gilt die Tatsache, dass mit seiner Hilfe Art. 79 Abs. 3 GG außer Kraft gesetzt werden kann, dass also die behauptete „Ewigkeit" der „Ewigkeitsklausel" keinesfalls gewährleistet ist.[467]

Es soll hier nicht auf den gewaltigen Streit, den Art.146 n. F. seit 1990 ausgelöst, eingegangen werden. Er erscheint inzwischen müßig und hat zum Teil zu grotesken Thesen geführt hat, die sich selbst zu einer vermeintlich herrschenden Lehre stilisierten.[468]

Eine politische Gruppierung, die für die Installierung einer neuen „verfassungsgebenden Nationalversammlung" eintreten, also als neuer pouvoir constituant im Sinne des Art 146 GG auftreten könnte, ist durchaus denkbar, auch wenn ein solches Unterfangen in der Gegenwart reichlich absurd erscheint. Immerhin vermag eine entsprechende politische Konstellation – verfassungsrechtlich völlig berechtigt - genau diejenigen Ziele zu erreichen, die Art. 79 Abs. 3 GG zu verhindern sucht.

Bisher sprechen jedenfalls alle Überlegungen nicht für die Unantastbarkeit der Ewigkeitsgarantie. Man könnte nun – wie manche Kommentatoren[469] - auf die gedanklichen Inhalte der „Grundsätze"[470] blicken, auf die Art. 79 Abs. 3 GG Bezug nimmt und die zu „berühren" er dem verfassungsändernden Gesetzgeber verbietet. Das Ziel dieser Auslegung unter systematischen Gesichtspunkten ist aber immer dasselbe: Es müsste sich in den Inhalten der Grundsätze eine Norm finden lassen, die dieses Verbot zum Ausdruck bringt.

---

466 Dazu 6. Abschn.

467 A. M. eine Reihe der oben unter D III genannten Autoren.

468 Vgl. z. B. *Murswiek*, Ungeschriebene Ewigkeitsgarantien, vor allem S. 6 ff.

469 Z. B. alle Vertreter des Naturrechts.

470 Dazu oben unter B II 2.

Es kann zwar keine Frage sein, dass es sich bei den meisten hier angesprochenen Verfassungssätzen, politisch gesehen, um die bedeutsamsten handelt, die das Bild des deutschen Staates prägen. Das wurde oben bereits herausgestellt[471], ebenso wie die Schwierigkeiten der methodisch sauberen Konkretisierung der Inhalte.[472]

Aber schon deshalb erweist sich das vielleicht verbreitetste Argument für die Unabänderlichkeit schon unter systematischen Gesichtspunkten als verfehlt. Man meint, dass aus der Logik dieser Vorschrift zwingend folgt, dass sie ihrerseits auf Dauer der Verfassungsänderung entzogen ist.[473]

Es ist hier nicht der Ort, diese Aussage unter den mannigfaltigen Gesichtspunkten der Aussagen der Prädikaten – und deontischen Logik zu untersuchen. Aber so sehr man sich auch bemüht, man findet in Art.79 Abs. 3 GG keinen Ansatz zu einer aussagekräftigen Prämissebildung.

Ein Obersatz könnte z. B. sein: „Dem Gesetzgeber ist es verboten, die Grundsätze der Bundesstaatlichkeit sowie die der Gedankeninhalte der Art. 1 und 20 GG im Wege der Verfassungsänderung zu berühren." Ein denkbarer Untersatz könnte sein: Diese Grundsätze beinhalten im semantischen Sinne …und werden berührt, wenn der Gesetzgeber sie …(?).

Schon die Lücken im Untersatz machen deutlich, dass ein Syllogismus hier unmöglich ist, solange es keine festliegende Konkretisierung der Tatbestandsmerkmale der Art. 1 und 20 GG und des Föderalismus gibt[474] und solange nicht konkretisierend festgestellt ist, welche „Kernbestände"[475] all diese Tatbestandsmerkmale im Sinne von „Grundsätzen" gedanklich objektivieren. Was außerdem dann weiter unter dem verfassungswidrigen „Berühren"[476] dieser Grundsätze zu verstehen ist, hängt wiederum von den bisher nicht vorhandenen generellen Konkretisierungen ab.

Man muss also zur Kenntnis nehmen: Die gedanklichen Inhalte der Tatbestandsmerkmale des Art. 79 Abs. 3 GG und die der von ihm angesprochenen Verfassungsnormen sind logisch-definitorisch in Bezug auf die Inhalte verschieden. Sie lassen deshalb einen syllogistischen Schluss vom einen aufs andere – in

---

471 Dazu 2. Abschn., A und C.

472 Dazu 2. Abschn., A und C.

473 *Herzog* in MDHS, Rn. 18 zu Art. 20 Abs. 3; *Maunz* in MDHS, Rn. 50 zu Art. 79.

474 Dazu eindrucksvoll auch *Herzog* in MDHS, Rn. 5 zu Art. 20 Abs. 3 mit Verweis auf die fatalen Wirkungen des § 31 BVerfGG.

475 Lissabon-Urteil, Abs.-Nr. 249 f und 252 ff.

476 Dazu *Möller*, aaO., S. 158 f mit zahlreichen Nachweisen.

welche Richtung auch immer – nicht zu. Das lässt sich behaupten, auch wenn hier die logischen Probleme nicht bis in alle Einzelheiten verfolgt werden können.

Auch die Versuche *Herdegens*[477], die vermeintlichen „Kernbestände“ der Art 1 oder 20 GG im Rahmen der Gewaltenteilung zu ermitteln, lassen diese Schwierigkeiten erkennen. Es ist „zunächst das Wirkungsspektrum zu ermitteln und dies in Relation zu der geminderten Steuerungskraft nach dem verfassungsändernden Eingriff zu setzen. Zugleich ist die Finalität der Wertentscheidung[478], die ratio, d.h. der normative Leitgedanke des jeweils geschützten Standards unter umfassender Würdigung von dessen (verstärkender oder abschwächender) Ausprägung außerhalb von Art. 1 GG oder Art. 20 GG zu ermitteln.[479]

Was *Herdegen* hier beschreibt, sind (möglicherweise notwendige) dezisive gedankliche Handlungsvollzüge eines Rechtsanwenders in einem zu entscheidenden Einzelfall. Sie lassen sich aber nicht in ein deontisches logisches System einpassen und rechtfertigen daher nicht die These von der „zwingende Logik“ der Unantastbarkeit des Art.79 Abs. 3 GG.

Das so häufig strapazierte „normlogische Argument“ erscheint demnach auch unter systematischen Gesichtspunkten keineswegs überzeugend.

Eine andere Überlegung kommt hinzu: Literatur und Rechtsprechung sind sich – mit Ausnahmen - darüber einig, dass eine so wichtige Vorschrift wie Art. 19 Abs. 2 GG gegenüber dem verfassungsändernden Gesetzgeber i. S. des Art. 79 Abs. 3 GG nicht geschützt ist. Sieht man einmal von den sich unmittelbar aus dem Begriff der Menschenwürde ergebenden wenigen Grundrechten ab, wäre damit nahezu der ganze Grundrechtskatalog dem Verfassungsänderungsgesetzgeber GG, weitgehend ausgeliefert.

All das zeigt, dass ohne Rückgriff auf erkenntnistheoretisch unzulässige „überpositiv“ bzw. naturrechtlich geprägte Lehren eine systematische Auslegung des Art. 79 Abs. 3 GG keine Anhaltspunkte für seine eigene Unabänderbarkeit liefert.

Einen Ausweg würde natürlich – wieder einmal – die durch nichts gerechtfertigte Heranziehung des Mythos vom pouvoir constituant bieten.[480] Das Bundes-

---

477 In MDHS, Rn. 140 ff und 144 ff zu Art. 79 Abs. 3, Rn. 139 zu Art 79 und seine Hinweise in Rn. 143 auf *Vogel*, NJW 1996, 1505 ff; *di Fabio*, in HbStR, Bd. II, § 27, Rn. 31 ff.

478 BVerfGE 30, 1 ff (28).

479 BVerfGE 30, 1 ff., mit den Leitsätzen 5 bis 8.

480 Dazu 4. Abschn., A und B.

verfassungsgericht geht diesen Weg im Urteil über die Enteignung durch sowjetisches Besatzungsrecht:[481] Zu einer Selbstbefreiung „von den im Grundgesetz festgelegten Schranken einer Verfassungsänderung wäre im Übrigen der verfassungsändernde Gesetzgeber auch nicht befugt gewesen".[482] Das sind die Gedanken *Sieyès* `und *Schmitts,* die sich oben als unhaltbar erwiesen haben.

Unter systematischen Gesichtspunkten ist die eben zitierte Rechtsprechung aber von weiterem Interesse: Nach dem Besatzungsrechts-Urteil „verlangt Art. 79 Abs. 3 GG allerdings nur, dass die (in ihm) genannten Grundsätze nicht berührt werden. Er hindere den verfassungsändernden Gesetzgeber dagegen nicht, die positiv-rechtliche Ausprägung dieser Grundsätze aus sachgerechten Gründen zu modifizieren".[483]

Diese Gedanken nimmt das Urteil über den so genannten „großen Lauschangriff"[484] wieder auf: Grundrechtseinschränkungen (hier Art. 13 GG) – so das Gericht - verbietet Art. 79 Abs. 3 GG nur, „soweit sie zur Aufrechterhaltung einer Art. 1 Abs. 1 und 2 GG entsprechenden Ordnung unverzichtbar sind". Bei Art. 79 Abs. 3 GG handele es sich „um eine eng auszulegende Ausnahmevorschrift (vgl. schon Abhör-Urteil), die den verfassungsändernden Gesetzgeber nicht hindert, die positiv-rechtlichen Ausprägungen der genannten Grundsätze aus sachgerechten Gründen zu modifizieren".[485] Insoweit billigt das Gericht dem verfassungsändernden Gesetzgeber sogar das Recht zu, „einzelne Grundrechte zu ändern, einzuschränken oder sogar aufzuheben, sofern er die in Art. 1 und 20 GG niedergelegten Grundsätze nicht berührt".

Man fragt sich sofort, wie kann eine Bestimmung der „verfassungsgebenden Gewalt des Volkes", also des fast omnipotenten pouvoir constituant, eine „eng auszulegende Ausnahmevorschrift" sein, wenn der Letztere diesen Sachverhalt mit keinem Wort irgendwo dargetan hat? Er hat ja offenbar auch Art. 19 Abs. 2 GG geschaffen, nach dem „in keinem Fall" ein Grundrecht in seinem Wesensgehalt angetastet werden darf. Doch diese Vorschrift ist bis hin zu ihrer völligen Aufhebung dem Zugriff des verfassungsändernden Gesetzgebers ohne Einschränkung geöffnet.[486]

Für eine systematische Interpretation des Art. 79 Abs. 3 GG nach Maßgabe der *Schmittschen* Verfassungslehre spricht das jedenfalls nicht. Wer konsequent

---

481 BVerfGE 84, 90, 120.

482 BVerfGE 84, 90, Abs.-Nr. 130.

483 BVerfGE 30, 1 ff (24).

484 BVerfG in NJW 2004, S. 999 ff.

485 BVerfG in NJW 999 (1001 ff).

486 *Maunz*, in MDHS, Rn. 26 zu Art. 19 Abs. 2.

diese Lehre vertritt, müsste jedenfalls[487] genau das Gegenteil für sich in Anspruch nehmen, nämlich Art. 79 Abs. 3 GG als „Normalfall" und die übrigen Absätze als „Ausnahme" verstehen.

Ein weiteres „Auslegungsmittel" ist dann natürlich auch der Verweis auf das Naturrecht, dessen Verwendung der Verfasser für die Auslegung positiver Verfassungsnormen ausschließt. Dennoch ist ein Blick auf die naturrechtliche Betrachtungsweise der Ewigkeitsgarantie im Rahmen einer systematischen Interpretation von Interesse: Sieht man einmal z. B. den gesamten gedanklichen Inhalt des Art. 1 GG im Sinne *Günther Dürigs*[488] als Niederschlag einer geltenden, christlichen Naturrechtsordnung an und ähnlich den Gedanken der Sozialstaatlichkeit[489] in Art. 20 GG, fragt man sich, wozu Art. 79 Abs. 3 GG überhaupt ins Grundgesetz eingefügt wurde. Bezogen auf die genannten Tatbestandsmerkmale ist er überflüssig bzw. hätte er nur deklaratorische Bedeutung oder allenfalls „die Funktion einer authentischen Interpretation vorgegebener Bindungen".[490] Dass die Vorschrift selbst trotz dieses ihres weitgehenden deklaratorischen Charakters in allen ihren Dimensionen unantastbar sein soll, ist nicht einzusehen. Echte positivrechtliche Bindungswirkungen würde sie gerade einmal in Bezug auf die republikanische und die föderalistisch organisierte Staatsform entfalten, denn beide Tatbestände sind auch nicht im Entferntesten mit naturrechtlichen Ideen verknüpfbar. Hinzu kommt, dass gerade die föderalistische Struktur der Bundesrepublik wohl das meist umstrittene Prinzip ist, welches das Grundgesetz vorsieht.[491]

Eine letzte Überlegung im Rahmen der systematischen Interpretation wäre noch die von *Ehmke* ausgehende These, nach der „die Unaufhebbarkeit des Art. 79 Abs. 3 GG „verfassungsimmanent" sei, weil sich das aus dem materialen Zusammenhang der Verfassung als einer wertbezogenen Ordnung ergibt, die die Ausübung der Macht beschränkt und rationalisiert und ein freies politisches Leben gewährleistet.[492]

Dieser Ansatz wird offenbar von *Evers* aufgenommen, der sich auf Tendenzen der „neueren Rechtsphilosophie" (1982) beruft, die meinen, aus einer empirischen Beobachtung des Phänomens der „Gerechtigkeit" „Teilaspekte" sichtbar

---

487 Wie *Möller*, aaO., S. 154.

488 Dazu 2. Abschn., C I und II.

489 Dazu 4. Abschn., A und B.

490 *Evers* in BK, Rn. 139 zu Art. 79 Abs. 3.

491 Vgl. z. B. die aktuelle Presse zum Atomausstieg, zur Bildung oder zur Steuerreform.

492 *Ehmke*, aaO., S. 98.

werden zu lassen.[493] Die sind dann „als aufgegebene Grundsätze" zu begreifen, so dass insoweit Art. 79 Abs. 3 GG „nicht nur als eine deklaratorische Anerkennung der Nichtumkehrbarkeit von Teilstrukturen der Gerechtigkeit, sondern selbst als eine durch Naturrecht und Rechtspositivismus hindurchführende Entscheidung des Verfassungsgebers gewertet werden" kann. „Diese Nichtumkehrbarkeit wäre als tragender Bestandteil der verfassungsmäßigen Ordnung auszuformen und so zu sichern, wie das mit Mitteln des Rechts möglich ist".[494]

Die Überlegungen *Hans Ulrich Evers* sind nicht uninteressant, versuchen sie doch, unabhängig von Ideologien einen verlässlicheren Weg für verfassungsjuristische Argumentationen zu finden, die über das positive Recht hinaus möglicherweise etwas aussagen und gleichzeitig wissenschaftliche Kriterien zu beachten sucht.[495] *Evers* selbst nannte sie nur „Denkansätze", die von Einsichten der neueren (1982) Rechtsphilosophie „fortgeführt" werden können. Er räumt selbst ein, dass diese „Besinnung auf materiale Inhalte der Sperrklausel ihre Unabänderlichkeit nicht zwingend darzutun vermögen".[496] Wie er „Gerechtigkeit empirisch beobachten und daraus normative Schlussfolgerungen gewinnen will, ist nach wie vor allerdings reichlich nebulös.

Man ist versucht, an die „Diskurstheorie" *Jürgen Habermas* zu denken[497] und auf den Spuren *Robert Alexys*[498] aus der Zeit gegen Ende des vergangenen Jahrhunderts nachzusuchen. Beide Theorien nehmen für sich in Anspruch, auch im Bereich moralischer, ethischer oder anderer normativer Sätze logischen Kriterien wie „richtig" und „unrichtig" zu genügen.

Im Mittelpunkt des Wahrheitskriteriums für eine Behauptung, sei sie auch werthafter oder normativer Natur, steht – wie die Diskurstheorie behauptet[499] - ihre „Konsensfähigkeit".[500] Sie gewinnt „Allgemeingültigkeit", in diesem Sinne also „Wahrheit", sofern man in einem „Diskurs" hinreichend akzeptable Argumente für sie in Anspruch nehmen kann.

---

493 *Evers*, in BK, Rn. 139 ff zu Art. 79 Abs. 3 unter Hinweis auf *Coing*, Naturrecht, S. 27 und *Wolff* in *W. Jellinek,* Gedächtnisschrift, S. 38; *Henkel*, S. 512 ff.

494 Rn. 142 zu Art. 79 Abs. 3.

495 *Evers*, BK, Rn. 144 ff zu Art. 79 Abs. 3.

496 Vgl. Fn. 498.

497 Vgl. vor allem *Habermas*, Wahrheitstheorien, S. 211 ff; ders., Moralbewusstsein, passim.

498 *Alexy*, aaO., passim.

499 *Habermas*, Wahrheitstheorien, S. 230.

500 I. S. der „positiven Vorstellung aller anderen" in einem „herrschaftsfreien" Diskurs, *Habermas*, Faktizität und Geltung, passim.

Für den Rahmen des „juristischen Diskurses" entwickelte *Alexy* in diesem Zusammenhang die „Sonderfallthese".[501] Es reicht die Tatsache für die Richtigkeit z. B. einer gesetzgeberischen Entscheidung, dass sie im Rahmen der vorhandenen Rechtsordnung „vernünftig" begründbar ist.[502] Diese Vernunft ist jedoch nicht die eines Individuums, sondern die eines sich aus der Diskurssituation potentiell ergebenden „Konsensus". *Habermas* nennt sie „kommunikative Vernunft". Rechtliche Regelungen gewinnen daher ihre Legitimität durch „diskursive Einlösbarkeit ihres normativen Geltungsanspruchs"[503], d. h. „letztlich aus der Frage, ob sie in einem rationalen Gesetzgebungsverfahren zustande gekommen sind – oder wenigstens unter pragmatischen, ethischen und moralischen Gesichtspunkten hätten gerechtfertigt werden können".[504]

Aus positivistischer Sicht sind diese Thesen natürlich nicht zu akzeptieren: Die wissenschaftliche Literatur ist voll von Gegenargumenten, auf die hier nur beispielsweise verwiesen werden kann. So wird bereits den Grundanliegen der Konsenstheorie mit Recht allgemein die Sünde der petitio principii vorgeworfen.

Die von *Habermas* und *Alexy* als Ausgangspunkt gemachte Behauptung, ihr „Diskurs" gewährleiste – bei Einhaltung gewisser sprachnotwendiger Diskursregeln – die Garantie eines Konsenses und damit die Richtigkeit eines normativen Satzes, ist ein verfehlter Schluss. Denn die von *Habermas* als Voraussetzungen für eine Argumentation formulierten „Diskursregeln" werden von ihm nicht einsichtig wissenschaftlich begründet. Sowohl er wie auch *Alexy* bedienen sich der These vom so genannten „performativen Widerspruch". Ein Sprecher könne die gesetzten sprachnotwendigen Voraussetzungen schon deshalb nicht in Zweifel ziehen, weil er sich selbst in Widerspruch setze: Wenn er sich zu den Regeln äußere, erkenne er sie ja gleichzeitig durch seine eigenen Äußerungen an. Die Widersprüchlichkeit dieser These liegt auf der Hand: Sie setzt die Regeln einerseits voraus und macht sie darüber hinaus zum Ergebnis.

Es geht auch nicht um diese Anmerkungen. Denn der Hinweis auf die Diskurstheorie und die darauf aufbauenden Theorien *Alexys* sollten nur ein Beispiel geben für Argumentationsebenen der Norminterpretation, die wissenschaftlichen Betrachtungsweisen zugänglich sind, gleichwohl von der Rechtsprechung aber kaum zur Kenntnis genommen werden. Es gibt eine ganze Anzahl dieser Art bis hin zu den extrem positivistischen Thesen *Norbert Hörsters*[505] oder dem beein-

---

501 *Alexy*, aaO., S. 399 – 435.

502 *Alexy*, aaO.; Zu alldem etwa *Michel Foucault*, Die Ordnung des Diskurses, 1970, Frankfurt/M. 1991; *Jean Francois Lyotard*, Das postmoderne Wissen, Wien 2006.

503 *Habermas*, Faktizität und Geltung, passim.

504 Vgl. Fn. 505.

505 *Hoerster*, Was ist Recht? ders. Was ist Moral? ders. Was können wir wissen? passim.

druckenden, aus der analytischen Sprachphilosophie heraus entwickelten Konzept *H. L. A. Harts.*[506]

Das alles kann in einer kurzen Studie wie der vorliegenden nicht beantwortet werden und betrifft auch nur mittelbar ihre zentrale Fragestellung: Die bezieht sich lediglich auf zwei im Lissabon-Urteil des Bundesverfassungsgerichts auftauchende, juristisch und erkenntnistheoretisch auffällige Begriffe, nämlich die der „Verfassungsidentität“ und (schon weniger zentral) die der „Integrationsverantwortung“.

Beide Begriffe basieren auf dem Mythos von der Unantastbarkeit des Art. 79 Abs. 3 GG hinsichtlich verfassungsändernden Tätigwerdens des Gesetzgebers. Bisher hat sich gezeigt, dass sowohl die Lehren von *Sieyès* und *Schmitt* wie auch der Rückgriff auf naturrechtliche Ideen die Unveränderlichkeit der Vorschrift nicht einsichtig zu begründen vermögen. Auch in ihrer Entstehungsgeschichte lassen sich keine Anhaltspunkte finden, die zwingend das Gegenteil zum Ausdruck bringen. Es bleibt deshalb allenfalls noch der Blick auf den Sinn und Zweck des Art. 79 Abs. 3 GG, also die teleologische Betrachtungsweise unter Heranziehung auch des Willens des Verfassungsgebers, der ja „stillschweigend“ das Werturteil der Unantastbarkeit auch des Art. 79 Abs. 3 GG in die Verfassung hätte einfließen lassen können. Allerdings müssten sich dafür im Grundgesetz unter teleologischen Gesichtspunkten bestimmte Anhaltspunkte finden lassen.

Die Lehre vom pouvoir constituant war in den Jahren 1948/49 – von den bekannten Staatsrechtslehrern einmal abgesehen - noch nicht Allgemeingut im Rechtsdenken der Zeit.[507] Es ist daher höchst unwahrscheinlich, wenn nicht ausgeschlossen, dass der Parlamentarische Rat auf den Fundamenten solcher Überlegungen die „Ewigkeitsklausel“ für sich selbst theoretisch gerechtfertigt hätte.[508] Viele der bisher gefundenen Ergebnisse sprechen jedenfalls dagegen. Aber das entbindet nicht davon, das System der traditionellen Auslegungsregeln zu durchbrechen und auf diese Weise gedankliche Lücken zu hinterlassen.

## C Die teleologische Auslegung (Die „Normlogik“ als verborgene Wertentscheidung)

Es sei deshalb noch einmal festgehalten: Sinn und Zweck des Art. 79 Abs. 3 GG ist es, gesetzgeberischen Missbrauch, wie er am Ende der Weimarer Republik zu einem Chaos geführt hatte, zu verhindern bzw. zu erschweren. Genauer gesagt,

---

506 *Hart*, The Concept of Law, (mit Tony Honore), passim.

507 Diese Entwicklung begann erst mit *Maunz*; dazu oben unter D III.

508 Irgendwelche Äußerungen im Parlamentarischen Rat in diese Richtung gibt es nicht.

der Verfassungsgeber wollte die gewichtigsten seiner Wertentscheidungen für den neuen Staat – wie er sie in Art. 1 und 20 GG getroffen hatte – zumindest für die Zeit der Dauer des Grundgesetzes auf normativem Wege schützen. Er verbot dem verfassungsändernden Gesetzgeber, die in den Tatbeständen dieser Artikel zum Ausdruck kommenden Grundsätze auch nur zu berühren. Ob er diesen Schutz ins Unendliche und über das Grundgesetz hinaus hat ausdehnen wollen, sei hier einmal dahingestellt.[509]

Um dieses sein Regelungsziel zu erreichen, hätte der Verfassungsgeber, da systematische Hinweise keine Ergebnisse liefern, entsprechende normative Vorstellungen hinter Art. 79 Abs. 3 GG verbergen müssen, die dieses Verbot erkennbar machen.[510] Doch Vorstellungen dieser Art sucht man vergebens

Ein wichtiges Moment der teleologischen Interpretation darf aber nicht übersehen werden: Die Regelungsabsicht des Gesetzgebers und der Zweck der in Frage stehenden Norm gewinnen erst dann ihre eigentliche Bedeutung, wenn der Wortsinn und der Bedeutungszusammenhang der Norm verschiedene Auslegungen zulassen.[511] Das ist – wie soeben gezeigt - angesichts der Frage nach der eigenen Unantastbarkeit der Ewigkeitsklausel aber nicht ersichtlich.

Sowohl die Überlegungen zum Wortsinn wie auch die zur Stellung des Art.79 Abs. 3 GG im System des Grundgesetzes gelangen keineswegs zu unterschiedlichen Ergebnissen: Es zeigt sich also bereits an dieser Stelle, dass das „normlogische Argument" unter beiden Kriterien nicht zwingend ist und dass von einem Widerspruch dieser Art wohl nicht die Rede sein kann.[512]

Nach den bisher getroffenen Feststellungen, also nach dem Wortlaut, dem systematischen Zusammenhang und der Entstehungsgeschichte des Art. 79 Abs. 3 GG, erscheint im Gegenteil die „normlogische These" bisher lediglich als eine von der Vorschrift selbst abgelöste, hoch abstrakte Idee: Dass die Unzulässigkeit der Änderung des Artikels oder gar seine Aufhebung durch den Gesetzgeber „notwendigerweise" aus logischen Gründen auszuschließen ist, ist durch nichts belegt.

Es sei hier noch einmal summarisch an die bisher gewonnenen Ergebnisse zu diesem Zusammenhang erinnert:

---

509 Das Lissabon–Urteil deutet diese Möglichkeit allerdings an, vgl. Rn. 217 und die dort genannten Autoren.

510 *Larenz*, Methodenlehre, S. 18 ff und 322 ff; *Müller,* Normstruktur, S. 107.

511 *Larenz*, Methodenlehre, S. 333.

512 Zum Verhältnis der Auslegungskriterien untereinander vgl. *Larenz*, Methodenlehre, S. 332 ff.

- Der Verfassungsgeber spricht an keiner Stelle von einem Verbot der Änderung, obwohl der Grundgedanke des Art. 79 Abs. 1 GG dies nahegelegt hätte.

  Allerdings hätte es einer Verbotsnorm bedurft, die ihrerseits wieder eine weitere auf sie selbst bezogene notwendig gemacht hätte – usw., usw. Es ist kaum vorstellbar, dass den vielen Fachleuten im Parlamentarischen Rat dieses Problem nicht bekannt gewesen sein sollte.[513]

- Der Verfassungsgeber schweigt auch in Bezug auf die, verglichen mit Art.20 GG, fast gleichlautenden Regelungen für die Länder in Art. 28 Abs. 1 GG, obwohl es gerade hier der Klarheit wegen geboten gewesen wäre, eine entsprechende Formulierung in den Verfassungstext aufzunehmen.

- Art. 146 GG bot und bietet in der alten wie auch in der neuen Fassung jederzeit die Möglichkeit, durch Schaffung einer neuen Verfassung – diesmal ohne eine Vorschrift, wie Art. 79 Abs. 3 GG – die Ewigkeitsklausel „leerlaufen" zu lassen.[514]

- In der Rechtsprechung des Bundesverfassungsgerichts lassen sich – sieht man einmal vom Konzept des pouvoir constituant ab - keine Hinweise auf die Unantastbarkeit des Art. 79 Abs. 3 GG unter systematischen Gesichtspunkten finden. Das zeigt insbesondere die Rechtsprechung im Abhör-Urteil, im Besatzungsmächte-Urteil, im Urteil über den „großen Lauschangriff" und im Lissabon-Urteil.[515] Die in den drei erstgenannten Entscheidungen auftretenden Widersprüchlichkeiten zum Verständnis der Ewigkeitsklausel einerseits und dem Grundrechtskatalog, einschließlich Art. 19 Abs. 2 GG, sind eklatant.[516]

- Die Interpretation der Präambel als rechtlich bindende Verfassungsnorm, wie sie auch das Lissabon–Urteil prägt, ist in dieser Weite verfehlt. Darum ist auch die Formulierung der „verfassungsgebenden Gewalt des Volkes" in einem normativen Sinne nicht zu akzeptieren. Das bedeutet auch, dass der Rückgriff auf die Verfassungslehre *Carl Schmitts* und die damit verbundene Konstruktion des pouvoir constituant als „überpositive" oder „universelle" gestaltende Kraft verfassungsrechtlich nicht haltbar ist.

---

513 Dazu 6. Abschn., C.

514 A. M. z. B. *Murswiek*, Fn. 470.

515 Vgl. *Möller*, S. 136 ff.

516 Dazu auch *Möller,* aaO., S. 137 ff.

Nach alldem erscheint es nahezu unmöglich, eine in Art. 79 Abs. 3 GG „verborgene" Wertentscheidung des Verfassungsgebers im Sinne eines Revisionsverbotes unter teleologischen Gesichtspunkten zu finden. Die Unantastbarkeit der Vorschrift aus ihrer Sinn- und Zwecksetzung heraus zu begründen, ist nicht möglich.

Angesichts all dieser Indizien gegen die von der herrschenden Lehre und Rechtsprechung behauptete Regelungsabsicht des Verfassungsgebers gewinnt eine andere - nicht abwegige – gegenteilige Überlegung an Gewicht: Es ist keineswegs auszuschließen, dass der Parlamentarische Rat ein absolutes Revisionsverbot in Bezug auf Art. 79 Abs. 3 GG gerade nicht in das Grundgesetz einfügen wollte. Schon die oben genannten Gesichtspunkte lassen dies vermuten. Es kommen aber auch positive Indikatoren hinzu:

Nichts kommt sowohl in Herrenchiemsee wie auch im Parlamentarischen Rat so deutlich zum Ausdruck wie die Vorbehalte nahezu aller Beteiligten gegen die Schaffung einer endgültigen, dauerhaften Verfassung für die künftige Bundesrepublik Deutschland. Nicht umsonst nannte man das Verfassungswerk nur „Grundgesetz", das nach der Urfassung der Präambel „dem staatlichen Leben für eine Übergangszeit eine neue Ordnung geben" sollte.

Wohl niemand hat in der damaligen Zeit daran gedacht, dass das Grundgesetz bis heute im Jahre 2011 in seiner grundlegenden Form in Kraft bleiben könnte. Es lag daher durchaus nahe, eine so schwierige und rätselhafte, unverrückbare Vorschrift mit all ihren Konsequenzen, wie sie uns heute bewusst sind, nicht ins Grundgesetz einzufügen und besser abzuwarten, bis eine neue, tiefer durchdachte Regelung in einer auf Dauer ausgerichteten Verfassung mehr Klarheit schaffen würde. Vielleicht war auch manchem Abgeordneten das ganze staats– und verfassungsrechtliche Problem in dieser Schärfe gar nicht bewusst. Ernsthaft gesprochen hat man in den Debatten – soweit ersichtlich – darüber jedenfalls nicht.

Man darf z. B auch nicht vergessen, dass lediglich die Alliierten auf einer Föderalismusregelung beharrten, wie sie dann in Art. 79 Abs. 3 GG formuliert wurde. Soweit ersichtlich hat niemand im Parlamentarischen Rat eine so stringente Regelung gewünscht. Was lag also näher, als die „Unantastbarkeit" der Ewigkeitsklausel erst einmal der Entwicklung der Zukunft zu überlassen,

Die Wiedervereinigung Deutschlands erwartete man in absehbarer Zeit, allenfalls mittelfristig. Ein erstes Verhandlungsangebot seitens der DDR-Regierung erfolgte bereits im November 1950.[517] Die berühmte Stalin-Note, mit der die Sowjetunion – mit welchem Hintergedanken auch immer – ein umfassendes Angebot zu einer friedensvertraglichen Lösung und zur Wiedervereinigung Deutschlands machte, datiert vom 10. März 1952, wurde bekanntlich von der Regierung Adenauer abgelehnt.[518]

Außerdem gab es seitens der Mitglieder des Parlamentarischen Rates durchaus Vorbehalte gegen Tatbestandselemente des Art. 79 Abs. 3 GG, wie sich in den Debatten gezeigt hat.[519] Das Fazit auch der teleologischen Interpretation liegt daher auf der Hand: Auch mit ihrer Hilfe ist ein Änderungsverbot der Ewigkeitsklausel nicht ableitbar.

Art. 79 Abs. 3 GG ist deshalb vom verfassungsändernden demokratischen Gesetzgeber jederzeit mit den in Art. 79 Abs. 2 GG verlangten Mehrheiten änderbar und sogar aufhebbar. Eine Wertentscheidung des Verfassungsgebers dieser Art gibt es also nicht. Der Mythos, der die „Verfassungsidentität“ der Bundesrepublik und der Deutschen in diesem Sinne beschreibt, bleibt ein Mythos. Die Verfassungsrechtslehre sollte ihn vergessen.

## D Die Verfassungsmäßigkeit des Art. 79 Abs. 3 GG

Es ist aber letztlich gerade dieser Mythos, der eine abschließende Frage aufwirft, auch wenn von einem Änderungsverbot des Art. 79 Abs. 3 GG nicht die Rede sein kann. Er kann also – wie die allermeisten Vorschriften des Grundgesetzes – unter Beachtung der Bestimmungen des Art. 79 Abs. 1 und 2 GG durch den verfassungsändernden Gesetzgeber sowohl abgeändert als auch gänzlich aufgehoben werden.

Aber er ist vorhanden und in der bekannten Formulierung Bestandteil der Verfassung und dementsprechend Gegenstand der verfassungsmäßigen Ordnung i. S. des Art 20 Abs. 3 GG, an die auch die Gesetzgebung gebunden ist.[520]

Man könnte nun wie folgt argumentieren: Die Vorschrift verbietet dem Gesetzgeber im Wege der Grundgesetzänderung das Föderalismusprinzip sowie die in den Art. 1 und 20 GG niedergelegten „Grundsätze“ zu „berühren“. Grundsätze dieser Art finden sich jedoch auch im Demokratiegebot des Art. 20 Abs. 1

---

[517] Am 15.9.1951 wandte sich die DDR – unter Ministerpräsident Grotewohl – an die Bundesregierung mit dem Ziel einer „gesamtdeutschen Beratung“ über freie gesamtdeutsche Wahlen, was die Bundesregierung ablehnte.

[518] *Adenauer*, Erinnerungen 1953 – 1955, S. 66; vgl. dort aber auch die Hinweise auf durchaus positive Reaktionen in der Bundesregierung.

[519] Dazu 6. Abschn., C.

[520] Jedenfalls sofern Art. 79 Abs. 3 GG nicht seinerseits verfassungswidrig ist.

GG, und die verkörpern immerhin das, was man allgemein unter „Volkssouveränität" als das höchste Rechtsgut des Staates versteht. Diese Volkssouveränität wird in erheblichem Maße „berührt", wenn dem Gesetzgeber die Entscheidungsbefugnis über die inhaltliche Gestaltung der angesprochenen Grundsätze genommen ist.

Da aber das Demokratiegebot, wenigstens im Rahmen von Verfassungsänderungsprozessen, im Rang wesentlich höher einzuschätzen ist als eine Organisationsvorschrift wie Art. 79 Abs. 3 GG, gibt es den Fall einer Kollision von zwei Verfassungsvorschriften, die auch im Wege verfassungskonformer Auslegung nicht zu überbrücken ist. Art. 79 Abs. 3 GG kollidiert mit dem rangmäßig höchsten Verfassungsgebot. Deshalb ist er - so könnte man sagen - verfassungswidrig und nichtig.[521]

Diese Vorstellung wäre irrig. Es wurde bereits oben gezeigt, dass es eine „Volkssouveränität" im Sinne des alten Souveränitätsbegriffs[522] nach dem Grundgesetz nicht gibt. Dass die Gesetzgebung als Teilgewalt wegen des hinter ihr stehenden Wählerwillens höchsten Rang genießt, soll dabei gar nicht bestritten werden. Aber die eigentliche Frage, die sich hinter dem Schlagwort von der „Volkssouveränität" verbirgt, ist die der in Art. 20 Abs. 2, S. 1 und 2 GG angesprochenen „Staatsgewalt".[523] Und die versteht sich – wie oben ausgeführt – begrifflich in einem doppelten Sinne: Sie liefert einerseits nur die Leitidee eines Legitimationsprozesses im Sinne der Negativdefinition *Carlo Schmids*[524], wie sie das Maastricht-Urteil als „Rückkoppelung"[525] andeutet, und wird andererseits von drei verschiedenen Organen, der Gesetzgebung, der vollziehenden Gewalt und der Rechtsprechung, „ausgeübt" (Art.20 Abs: 2 S. 2 GG). Die Teilhabe des „Volkes" bei Wahlen und Abstimmungen ist also minimal.[526]

Hinzu kommt, dass die Gesetzgebung in beiden Parlamenten in keiner Weise überall und immer frei agiert.[527] „Unfreiheit" der Gesetzgebung findet sich im Grundgesetz an zahlreichen Stellen. Der gesamte Grundrechtskatalog in Verbindung mit Art. 19 Abs. 2 GG ist ein eklatantes Beispiel, die enge Ausgestaltung des Gesetzesvorbehaltes ein anderes.[528] Zu solchen die Gesetzgebung einschrän-

---

521 So könnte man etwa *Tomuschat*, Verfassungsgewohnheitsrecht, S. 103 ff verstehen; vgl. auch die dort zitierten zahlreichen Nachweise.

522 Zu *Jean Bodin* vgl. Fn. 422.

523 Dazu 9. Abschn., III. und IV.

524 *Carlo Schmid*, in Parlamentarischer Rat, Akten und Protokolle, Bd. 5/II, S. 526 f.

525 BVerfGE 89, 155 ff.

526 Bundesrechtlich relevante Abstimmungen im Wege von Volksentscheiden gibt es, mit Ausnahme des Art. 29 Abs. 1 GG, kaum.

527 *Herzog* in MDHS, Rn. 9 zu Art. 20 Abs. 3.

528 *Herzog* in MDHS, Rn. 5 zu Art. 20 Abs. 3.

kenden Bestimmungen gehört selbstverständlich auch Art. 79 Abs. 3 GG, der dem Gesetzgeber die Verfügungsbefugnis über wichtige Bereiche der Staatsgestaltung verwehrt.

Doch dabei hinterlässt das Grundgesetz keine Systemlücke: Die Staatsgewalt des Art.20 Abs. 2 S. 2 GG geht insoweit auf eine andere Gewalt über, nämlich die der Rechtsprechung. Kraft seiner „Identitätskontrolle“ in Bezug auf die deutsche „Verfassungsidentität“ und – z. B. in Bezug auf die europäische Integration – kraft seiner „Integrationsverantwortung“ übernimmt das Bundesverfassungsgericht die Funktion, die man - möglicherweise allzu voreilig - dem demokratischen Gesetzgeber oder sogar der Bundesregierung zugewiesen hätte.[529] Damit erweist sich die ganze Frage nicht mehr als ein Problem des Demokratiegebotes, sondern als ein solches des Gewaltenteilungsprinzips des Art. 20 Abs. 2 S. 2 GG. Dass auch das den Schutz des Art. 79 Abs. 3 GG genießt, ist unumstritten.[530]

Äußerst schwierig ist dagegen die Konkretisierung dessen, was das Prinzip der Gewaltenteilung und Gewaltenkontrolle im Rahmen des Gesamtsystems des Grundgesetzes funktional zulässt bzw. untersagt.[531] Man kann natürlich – mit *Herdegen*-- von einer „hohen Elastizität“ des Prinzips und einer weitgehenden „Gewaltenverschränkung“ sprechen.[532] Ob die aber z. B. in Bezug auf die vollziehende Gewalt tatsächlich so weit geht, dass ein gewählter Reichspräsident mit Kompetenzen wie in der Weimarer Verfassung dem Grundgesetz entspräche, mag hier dahingestellt bleiben.[533]

Die hier anstehende Problematik betrifft vielmehr die Stellung der Rechtsprechung und vorrangig die der Verfassungsrechtsprechung.[534] Dass auch in diesem Zusammenhang nicht unerheblich debattiert wird und vor allem die ideologischen Einflussnahmen der politischen Parteien heftigst kritisiert werden, ist bekannt[535] und soll hier nicht weiter verfolgt werden. Denn das eigentliche Problem für die anliegende Fragestellung entspringt dem Gesetz und der Entwicklung der Verfassungsrechtsprechung: Noch nie zuvor war die Bindung des Gesetzgebers, nicht zuletzt angesichts „der unentwegten Konkretisierung und Verdichtung des materiellen Verfassungsrechts, durch die Entscheidungen und Ent-

---

529 Lissabon–Urteil, Abs.-Nr. 240 ff.

530 *Herzog,* in MDHS, Rn. 54 ff zu Art. 20.

531 *Herdegen*, in MDHS, Rn. 140 ff zu Art. 79.

532 *Herdegen,* in MDHS, Rn. 139 zu Art. 79.

533 So aber *Herdegen,* in MDHS, Rn. 139 zu Art. 79 Abs. 3.

534 *Herzog*, in MDHS, Rn. 5 ff zu Art. 20 Abs. 3.

535 Vgl. die oben erwähnten Diskussionen um die Besetzung von Richterstellen am Bundesverfassungsgericht.

scheidungsbegründungen des Bundesverfassungsgerichts“ so groß und eingeengt, dass dies – „man mag dies gutheißen oder nicht - jedenfalls weit über alles hinausführt, was in der deutschen Verfassungsgeschichte bisher bekannt und üblich war“.[536] *Herzog* hat dies vor ca. 30 Jahren geschrieben

Er macht dafür mit Recht die weite Auslegung des § 31 BVerfGG verantwortlich: „Es kann weder angehen, dass Sätze aus Urteilsbegründungen so interpretiert werden ..., dass die Amtliche Sammlung der BVerfG–Entscheidungen auf diese Weise zu einem Quasi-Bundesgesetzblatt wird.“[537] Treffender kann man es nicht ausdrücken.

Natürlich muss man sich fragen, ob dies in der Rechtspraxis wirklich weiterhelfen kann: *Herdegen* verweist mit Recht darauf, dass „der Schlüssel für die Machtbalance zwischen den Gewalten im Begriff der "Gesetzgebung"“ liegt[538], weil der Gesetzgeber das „Maß exekutivischer und richterlicher Bindungen“ bestimme. Das ist richtig.

Doch was heißt hier „Gesetzgebung“, wenn gleichzeitig die richterliche Gewalt, also das Bundesverfassungsgericht, in doppeltem Sinne materiell „Gesetzgebung“ betreibt: Einmal wegen der Rechtswirkungen des § 31 BVerfGG und zum anderen wegen seiner rechtsschöpferischen Methodik bei der Rechtsanwendung. Denn § 31 BVerfGG berührt nur eine Seite des Problems. Er ist lediglich eine Verfahrensvorschrift, deren Änderung schon *Herzog* mit Recht als illusorisch ansah.

Es geht hier jedoch auch um materielle Fragen und die Art der Gewinnung verkündeter Rechtsinhalte, die sich in den Entscheidungsgründen wiederfinden. Die althergebrachte Orientierung des Bundesverfassungsgerichts an überkommenen „überpositivrechtlichen“ (vor allem christlich-aristotelischen) Vorstellungen, z. B. in Bezug auf den Menschenwürde–Begriff oder der Rückgriff auf den pouvoir constituant *Carl Schmitts* haben dem Gericht inzwischen ein kaum noch zu übersehendes, weites Feld für abstrakt-generelle Regelungen[539] eröffnet, die traditionell dem Bereich der Gesetzgebung im materiellen Sinne zugeordnet werden. Das scheint heute selbstverständlich geworden zu sein.

Gerade einmal acht (oder sogar weniger) Verfassungsrichter verkünden rechtsetzend eigene Ideen aus dem Nichts heraus: Man gebiert rein subjektiv eine

---

536 *Herzog*, in MDHS, Rn. 5 zu Art. 20 Abs. 3, Fn 2.

537 Vgl. Fn. 538.

538 *Herdegen*, MDHS, Rn. 142 zu Art. 79 Abs. 3.

539 Das zeigen die im Lissabon–Urteil, Abs.-Nr. 252 ff angedeuteten Sachbereiche.

„Idee", katapultiert sie in den Himmel und holt sie als „Naturrecht" mit gewaltig gesteigertem Gewicht wieder auf die Erde zurück.[540]

Verblüffend dabei ist vor allem das Selbstverständnis, mit dem sich das Gericht inzwischen seit Jahrzehnten dieser Methoden bedient: Dem Bundesverfassungsgericht ist eine „Selbstversicherung seiner Rolle gegenüber dem politischen Prozess weitgehend fremd. Vielfach bedient es sich juristischer Konstruktionen, mit denen es die grundsätzliche Problematik zu überspielen versucht, operiert auf der Grundlage blutleerer Dogmatik oder verzichtet auf eine tragfähige Begründung ganz.".[541] *Andreas Vosskuhle*[542] nennt das Ganze jedoch „eine fruchtbare Zusammenarbeit".

Aber allein aus dem Lissabon–Urteil gewinnt man schon eine Vorstellung von den Ausmaßen der Sachbereiche, die das Bundesverfassungsgericht angesichts seiner „Identitätskontrolle" und „Integrationsverantwortung" nur in Bezug auf die Europäische Union für seine Rechtsprechung in Anspruch nimmt: Da ist zunächst die „souveräne Staatlichkeit" der Bundesrepublik Deutschland, welche von der Ewigkeitsklausel nicht nur vorausgesetzt, sondern auch garantiert wird.[543] Begrenzt wird diese Souveränität durch die Ziele der Präambel, die die vergangene Vorstellung einer selbstgenügsamen und selbstgerechten Staatlichkeit aufgegeben hat zu Gunsten der Souveränität einer völkerrechtlich geordneten und gebundenen Freiheit.[544] Allerdings erlauben diese Ziele nicht, dass durch die völkerrechtliche Übertragung von Hoheitsrechten in der EU eigenständig weitere Zuständigkeiten – wie die so genannte Kompetenz–Kompetenz – begründet werden.[545] Darüber wacht - neben den anderen deutschen Verfassungsorganen, also in erster Linie dem Gesetzgeber - das Bundesverfassungsgericht[546] im Wege seiner Identitätskontrolle.[547]

Das verbietet vor allem eine so weitgehende Integration, dass den Mitgliedstaaten kein ausreichender Raum zur individuellen politischen Gestaltung wirtschaftlicher, kultureller und sozialer Lebensverhältnisse verbleibt.[548]

---

540 Ähnlich *Geiger*, Soziologie des Rechts, S. 258 ff.
541 *Martin Nettesheim*, Entmündigung der Politik, FAZNET, v. 31.7.2010.
542 Ebenfalls FAZNET vom 31.7.2010.
543 Lissabon–Urteil, Abs.-Nr. 216.
544 Lissabon–Urteil, Abs.-Nr. 223.
545 Lissabon–Urteil, Abs.-Nr. 233.
546 Lissabon–Urteil, Abs.-Nr. 218.
547 Lissabon–Urteil, Abs.-Nr. 240.
548 Lissabon–Urteil, Abs.-Nr. 249.

Dazu gehören „als besonders sensibel“ das materielle und formelle Strafrecht, die Verfügung über das Gewaltmonopol polizeilich nach innen und militärisch nach außen, die fiskalischen Grundentscheidungen über Einnahmen und - gerade auch sozialpolitisch motivierte – Ausgaben der öffentlichen Hand, die sozialstaatliche Gestaltung von Lebensverhältnissen sowie kulturell besonders bedeutsame Entscheidungen etwa im Familienrecht, Schul- und Bildungssystem oder über den Umgang mit religiösen Gemeinschaften.[549]

In all diesen ausgedehnten Sachbereichen obliegt zwar die Integrationsverantwortung zunächst den gesetzgebenden Gremien und der völkerrechtlich handelnden Regierung. Ein Verstoß gegen das Gewaltenteilungsprinzip ist deshalb formell nicht sichtbar. Man darf aber auch nicht übersehen, dass die genannten Institutionen – weil, wie das Bundesverfassungsgericht meint, Grundsätze der Verfassungsidentität betroffen sind – nicht in gesetzgeberischer Freiheit entscheiden können. Über allem steht die „verfassungsrechtlich gebotene Reservekompetenz“[550] des Bundesverfassungsgerichts, das schließlich mit § 31 BVerfGG im Hintergrund die zulässigen bzw. unzulässigen Inhalte letztverbindlich feststellt. Rechtspraktisch bedeutet dies jedenfalls unter Gesichtspunkten der Gewalten-Balance ein nicht zu übersehendes Gewicht zu Gunsten des Bundesverfassungsgerichts und zu Lasten der legislativen Gewalt. Verfassungswidrig ist eine solche Regelung aber nicht, denn Beschränkungen der Gesetzgebung gehören nun einmal zum System des Grundgesetzes.

Das ist aber nur die eine Seite der Wirkungen des § 31 BVerfGG. Völlig unabhängig von seiner Rechtsprechung zum Europarecht und der daran gekoppelten „Integrationsverantwortung“ verhindern - wie schon in frühester Zeit - nach wie vor die Neigungen des Gerichts zu „überpositiven“, sprich: naturrechtlichen Erwägungen die Plausibilität seiner Entscheidungsgründe.

Glaubte man das Bekenntnis zum Naturrecht im Südweststaat–Urteil aus dem Jahre 1951[551] z. B. durch das Urteil über die elterliche Gewalt[552] vom 29.7.1959 weitgehend überwunden, gab es in den achtziger und neunziger Jahren, etwa mit den beiden Urteilen zum Schwangerschaftsabbruch[553], neue Impulse nach „rückwärts“. Die fatale Entscheidung über die Strafbarkeit männlicher Homosexualität vom 10.5.1957[554] zu Art. 3 und 2 GG hat das Gericht in der Folgezeit

---

549 Lissabon–Urteil, Abs.-Nr. 252.

550 Lissabon–Urteil, Abs.-Nr.341.

551 BVerfGE 1, 14.

552 BVerfGE 10, 59.

553 Vgl. oben unter B III 3.

554 BVerfGE 6, 389.

zwar weitgehend korrigiert[555], ein Beschluss zum so genannten Geschwisterinzest erst im Jahre 2008[556] lässt aber wieder aufhorchen:

§ 173 Abs. 2 S. 2 StGB, der den Vollzug des Beischlafs von nicht minderjährigen leiblichen Geschwistern unter Strafe stellt, ist mit Art. 2 Abs.1 und Art. 1 Abs. 1 GG vereinbar, weil er im Wesentlichen dem Schutz von Ehe und Familie dient. Man muss sich einmal vorstellen, welche Fälle in der Rechtswirklichkeit hier einschlägig sind.

Ein – sagen wir – über dreißig Jahre altes Geschwisterpaar, das in Flensburg bzw. in Rostock lebt und deren Eltern in einem Dorf im Hochschwarzwald wohnen, machen sich strafbar. Hätten die Eltern im Schwarzwald zwei 16 und 17 Jahre alte Kinder unterschiedlichen Geschlechts, die als Schüler bei ihnen leben, wären diese nicht strafbar. Wären diese bei ihren Eltern lebenden Kinder volljährig und gleichen Geschlechts und hätten sie regelmäßig homosexuelle Beziehungen, wäre dies genauso wenig strafbar. Nur das heterosexuelle volljährige Paar, wo auch immer es lebt und wie auch immer seine Beziehungen zu den Eltern sein mögen, macht sich strafbar, weil ansonsten Ehe und Familie der Eltern in Gefahr geraten könnten.

Es ist hier nicht der Raum, sich mit dieser Rechtsprechung auseinanderzusetzen.[557] Es sei nur auf das wohltuende (einzige) Sondervotum *Hassemers*[558] verwiesen, der überzeugend die Unhaltbarkeit des Beschlusses dartut, weil er ihn mit den Grundsätzen der Verhältnismäßigkeit und des Übermaßverbotes für nicht in Einklang hält und mit Recht die Vermutung äußert, dass § 173 Abs. 2 S. 2 StGB „in der bestehenden Fassung lediglich Moralvorstellungen, nicht aber ein konkretes Rechtsgut im Auge hat“.[559] Man wird *Hassemer* nur zustimmen können.

Und das nächste Rechtsprechungsereignis zeichnet sich bereits ab: Neue gesetzliche Regelungen für die so genannte Präimplantationsdiagnositk (PID) sind vom Bundestag beschlossen.[560] Erinnert man sich an die Entscheidungen zum Schwangerschaftsabbruch[561], ist in diesem Zusammenhang bereits ein Fixpunkt gesetzt: Die befruchtete Eizelle ist – wie das Bundesverfassungsgericht meint -

---

555 Erst 1971 erfolgte die Straflosigkeit der männlichen Homosexualität ab dem 18. Lebensjahr durch den Gesetzgeber und erst 1994 verschwand mit der Rechtsangleichung nach der Wiedervereinigung § 175 völlig aus dem Strafgesetzbuch.

556 BVerfG, Beschluss vom 13.3.2008, 2 BvR 392/07.

557 Vgl. dazu BVerfG 2 BvR 392/07.

558 *Hassemer*, Sondervotum zu BVerfG 2 BvR 392/07.

559 Vgl. Fn. 560.

560 Bundestagsbeschluss vom 7.7.2011.

561 Dazu 2. Abschn., C IV.

Grundrechtsträger gem. Art. 2 Abs. 2 S. 1 i. V. mit Art. 1 Abs. 1 GG.[562] Bleibt es bei dieser Vorstellung, gibt es kaum einen Weg, den betroffenen Menschen – was die PID angeht - entgegenzukommen.[563]

Das führt natürlich auch zu der Frage, ob die Kernelemente der deutschen „Verfassungsidentität" (Begriffe wie Menschenwürde, Menschenrechte, Demokratie, Sozialstaat usw.), von ihrer oben beschriebenen Mythologisierung einmal abgesehen, für die juristische Begriffsbildung vielleicht wenig geeignet sind. In Bezug auf das Sozialstaatsprinzip hatte man das in der früheren Literatur[564] jedenfalls schon einmal angenommen.

Eine solche Sicht wäre aber verfehlt. Zwar ist offenkundig, dass ein Wort wie „Menschenwürde" ideologisch fundierten Betrachtungsweisen stärker ausgesetzt ist als weniger komplexe Begriffe wie etwa der der „Republik". Richtig ist auch, dass die traditionelle juristische „Subsumtion" im logischen Sinne hier nicht gelingen kann.[565]

Das heißt aber nicht, dass derartige Formulierungen in der Rechtssprache nicht verwendbar sind. Denn es gibt andere logische Methoden zur Konkretisierung bestimmter Wörter in Gesetzestexten. Diese Methoden sind zwar seit Langem bekannt, haben aber in der Verfassungsrechtsprechung bisher kaum Eingang gefunden haben.[566]

Nicht möglich ist jedenfalls die Anwendung der traditionellen Begriffslogik, die, ausgehend vom allgemein–abstrakten Begriff, definitorisch gewonnene Schlüsse zulässt.[567]

Die Einsicht, dass gedankliche Operationen dieser Art nicht zu erkenntnistheoretisch zufriedenstellenden Ergebnissen führen, wäre ein Fortschritt in der Rechtsanwendung. Das gilt sowohl für den literarischen wie für den justiziellen

---

562 BVerfGE 39 1 ff (1975) und E 88, 203 ff (1993); dazu *R. Merkel*, aaO., S. 36 ff.

563 Eine Korrektur der bisherigen Rechtsprechung hängt also vorrangig von der Frage nach der Grundrechtsträgerschaft der befruchteten Eizelle ab.

564 Vgl. z. B *Forsthoff*, VVdStRL, 1954, (Heft 12), S. 1 ff; *Grewe*, DRiZ 1949, 349 ff (351).

565 Das zeigt *R. Merkels* Erörterung der Urteile über den Schwangerschaftsabbruch, aaO., S. 114 beispielhaft sehr eindrucksvoll; vgl. aber zum allgemein–abstrakten Begriff vor allem *Larenz*, Methodenlehre, S. 432 ff und 194 ff mit zahlreichen Nachweisen.

566 Zum wertorientierten Denken in der Jurisprudenz; *Larenz*, Methodenlehre, S. 200 ff mit vielen Hinweisen; *Hasse*mer, Tatbestand und Typus; *Leenen*, Typus und Rechtsfindung, *Engisch*, Die Idee der Konkretisierung.

567 *Larenz*, Methodenlehre, S. 201; dazu *Rode*, Rechtsbindung, S. 98 ff; vor allem *Leenen*, aaO., passim.

Bereich. Wer an die Geltung eines Naturrechtssystems - gleich welcher Spielart - glaubt, darf diesem Glauben anhängen. Er muss jedoch einen solchen Normenapparat mit Inhalten, die er nur in sich selbst entwickelt, hinter dem positiven Rechtssystem zurücktreten lassen. Er mag Naturrechtsideen als Maßstab einer im Recht nicht brauchbaren „Gerechtigkeitsidee" im Kopf halten. Das positive Recht muss jedoch von solchen individuell gewonnenen und deshalb nur Scheindefinitionen liefernden Kriterien frei bleiben. Denn die Rechtswissenschaft ist eine Wissenschaft vom Zwang, den Menschen über andere Menschen ausüben. Und jeder Rechtsunterworfene hat einen legitimen Anspruch auf eine rationale Rechtfertigung dieses Zwanges. Rechtswissenschaft wäre ansonsten überflüssig.

Diese rationale Rechtfertigung kann aber nur im Wege einer methodisch sauberen Auslegung erfolgen. Hinweise auf „überpositives" oder „universelles" Recht, sei es, dass man sich auf Naturrecht oder einen auf vermeintlichen pouvoir constituant *Schmittscher* Prägung beruft, vermögen diesen Anspruch nicht zu erfüllen. Genau dies ist nicht mehr Ausfluss rechtsprechender Gewalt, sondern insbesondere angesichts des § 31 BVerfGG Rechtsetzung in einem materialen Sinne.[568]

Das heißt jedoch keineswegs, dass Art. 79 Abs. 3 GG deshalb verfassungswidrig und nichtig wäre. Denn man kann Rechtsnormen und Rechtstexte nicht dafür verantwortlich machen, dass der Rechtsanwender sie mit wissenschaftlich höchst fragwürdigen Mitteln zu konkretisieren sucht[569], obwohl andere Mittel der Norminterpretation zur Verfügung stehen. Letztere genügen rechtstheoretisch kontrollierbaren Regeln und führen gleichzeitig zu akzeptablen Ergebnissen in der sozialen Wirklichkeit.

Die Rede ist hier von der Typologik[570], deren logische Grundgesetzlichkeiten in einer kurzen Studie, wie der vorliegenden, nicht erörtert werden können. Das Entscheidende eines Typus ist sein besonderer Wirklichkeitsbezug. D. h., seine Konkretisierung erfolgt anhand empirisch fassbarer Phänomene der Wirklichkeit und deren Zuordnung zum Typus als diesem mehr oder weniger „entsprechend".[571]

Stellt man sich z. B. die „Würde des Menschen" nicht als allgemein-abstrakten Begriff im Sinne der Klassenbegriffslogik vor, sondern als Typus,

---

568 Vgl. dazu *Herzog* in MDHS, Rn. 5 zu Art. 20 (Fn. 2).

569 Das gilt zumindest für jede Art der Konkretisierung mit Hilfe naturrechtlicher Hinweise.

570 Dazu *Rode*, Rechtsbindung, S. 103 ff und die dort Fn. 297 ff genannten Autoren; vor allem *Leenen*, aaO., passim.

571 *Larenz*, Methodenlehre, S. 201.

genauer gesagt als Idealtypus des Menschen, gewinnt man eine Fülle von Bezugspunkten aus der Wirklichkeit heraus, die diesem Idealtypus zugeordnet werden können.[572]

Ein interessantes Beispiel findet sich in der 2. Auflage *v. Mangoldt/Klein*, 1957, also in einer recht frühen Zeit: Weit entfernt von bewussten Überlegungen zu typologischen Interpretationsmodellen und nach breiten metaphysischen Ausführungen zur Naturrechtsqualität der „Menschenwürde"[573], die sich „im Kern aus dem Alten Testament und aus Strömungen antiker Philosophie herleite", ziehen *v. Mangoldt* und *Klein* viele richtige Folgerungen und wichtige Forderungen für die Entwicklung unserer Kultur und unserer rechtspolitischen Einrichtungen: das Verbot der Sklaverei, des Frauenkaufs, der Folter, der Hexenverbrennung, der unmenschlichen Kriegsführung, die Erweiterung der politischen Rechte.

Das ist eine typologische Sichtweise, obwohl dies den Autoren wohl nicht bewusst war. Dass tatsächlich die von ihnen beschworene christliche Naturrechtsideologie über Jahrhunderte nicht das Gegenmittel, sondern der geistige Ursprung unzähliger Menschenrechtsverletzungen gewesen ist, dürfte heute unbestritten sein.

Denn die Phänomene, wie sie *v. Mangoldt* und *Klein* beschreiben, sind ohne Zweifel im Mittelalter und weit darüber hinaus[574] empirisch feststellbare Ereignisse gewesen, die man mit Hinweisen auf die göttliche Schöpfungsordnung, dem christlichen Naturrecht, legitimierte.

Dem Idealtypus „Menschenwürde" hätte man diese Phänomene dagegen wohl kaum zuordnen können. Das heißt, dass sie– hätte in jenen Zeiten ein wissenschaftlich betriebenes Staatsrecht gegolten – auch ohne Heranziehung christlicher Naturrechtsgedanken und gerade deshalb als verfassungswidrig erkannt worden wären. Das Ganze kann hier nicht weiter verfolgt werden. Es ist aber historisch allgemein bekannt.

Es sollte hier auch nur angedeutet werden, dass es an methodischen Ansätzen außerhalb der überkommenen Klassenbegriffslogik nicht fehlt und dass alle Tat-

---

572 Zum Idealtypus vgl. vor allem *Weber*, Aufsätze, S. 190 ff ; *Rode*, Rechtsbindung, S. 114 mit zahlreichen Nachweisen

573 v. M/Kl. ebenda, vor Seite 149.

574 Schon der Sachsenspiegel sah ca. 1225 für Ketzerei und Zauberei die Todesstrafe durch Verbrennen vor, der von den dominikanischen Inquisitoren *H. Institoris* und *J. Sprenger* verfasste Hexenhammer erschien 1487; Friedrich Wilhelm I verbot 1714 in Preußen die Hexenverfolgungen; die letzte Hexe wurde in Europa offenbar in der Schweiz 1782 verbrannt.

bestandselemente des Art. 79 Abs. 3 GG entweder – wo das möglich ist – klassifikatorisch begrifflich oder – wo das nicht möglich ist - mit typologischen Mitteln konkretisierbar sein dürften.[575] Das heißt im Ergebnis auch, dass an der Verfassungsmäßigkeit des Art. 79 Abs. 3 GG - so wie er im Grundgesetz erscheint - nicht zu zweifeln ist. Er ist, wie sich gezeigt hat, zwar vom verfassungsändernden Gesetzgeber änderbar und sogar aufhebbar, doch solange in diese Richtung keine legislativen Maßnahmen erfolgen, ist er geltendes Recht.

Ein rechtspolitisch praktischer Anlass für eine Abänderung ist im Übrigen auch nicht ersichtlich. Als Verfahrensvorschrift erfüllt Art. 79 Abs. 3 GG einen guten Sinn: Solange er nicht ideologisch aufbereitet und zur Schaffung neuen Rechts missbraucht wird, vermag er wichtige Verfassungsgrundsätze auf Zeit normativ zu schützen und Entwicklungen entgegenzuwirken, die der Weimarer Staat zum Leidwesen aller erleben musste.

Ein Appell muss allenfalls an die Rechtslehre und die Rechtsprechung gehen: Die erkenntnistheoretischen Probleme der deutschen Staatsrechtslehre und der höchstrichterlichen Rechtsprechung müssen intensiver in Theorie und Praxis Beachtung finden. Nur dann kann irgendwann der Zeitpunkt kommen, in dem auch in der Rechtsprechung neuere Entwicklungen in der Rechtswissenschaft Bedeutung gewinnen.

---

[575] Vgl. die methodischen Hinweise bei *Rode*, Rechtsbindung, S. 103 ff mit zahlreichen Hinweisen und Beispielen.

# Zwölfter Abschnitt

## Zusammenfassung und Ausblick

Als Zusammenfassung mag hier nur ein Satz dienen: Die ganze Studie ist eigentlich nichts als ein Kreuzzug gegen Ideologie- und Mythosrankwerk, das in den Jahren nach 1950 ganz allmählich in Literatur und der Rechtsprechung zu wichtigsten Verfassungsnormen, wie Art. 1 und 20 GG, gediehen ist.

Das schafft Verwirrung nicht nur unter Juristen, sondern auch in anderen Gesellschaftsbereichen, wie das Lissabon–Urteil und die schwer verständliche *Mangoldt*-Entscheidung gezeigt haben und zeigen. Die Apodiktik, mit der 7 Richter und der Zauberstab des Art. 31 BVerfGG materiales Recht in einer Gesellschaft von 80 Millionen Deutscher Bürger setzen, indem sie z. B. den so genannten Geschwister–Inzest, weil er ihren Moralvorstellungen widerspricht, mit Freiheitsentzug belegen, ist nicht hinnehmbar. Der ehemalige Vizepräsident des Gerichts, *Winfried Hassemer*, durfte nur den Kopf schütteln. Es ist zu hoffen, dass wenigstens sein Wort mehr ist, als ein Rauschen im Wind. Denn die unendliche Geschichte um die „Menschenwürde" geht weiter.

Vor nur drei Tagen, am 4.8.2011 ging eine Aufsehen erregende Nachricht durch den gesamten deutschen Medienbereich und erzeugte aufschreiartige Reaktionen in den unterschiedlichsten öffentlichen Institutionen und mit den unterschiedlichsten, sich zum Teil widersprechenden Akzenten.

Das Landgericht Frankfurt hatte mit Urteil vom 4.8.2011[576] dem rechtskräftig verurteilten Mörder Magnus Gäfgen eine Entschädigung in Höhe von 3000 Euro zugesprochen, weil ihm die Polizei in einem Verhör – um das Leben des bereits toten Bankierssohns Jakob von Metzler zu retten – mit Folter gedroht hatte. Die Folterandrohung sei „eine schwere Verletzung der Menschenwürde des Mörders" gewesen, erklärte der Vorsitzende Richter, „denn das Verbot der Folter gelte absolut und dulde keine Ausnahme". Darum sei das Verhalten der Polizeibeamten „rechtswidrig und verwerflich" gewesen. Verwerflich?

Sofort nach der Bekanntgabe der Urteilsgründe feierte die deutsche Moralität mit ihrer political correctness ihre Entrüstung. *Siegfried Kauder*, Vorsitzender

---

[576] AZ 2-04 O 521/05.

des Rechtsausschusses des Deutschen Bundestages, erklärte: „Wenn, wie hier, eine verbotene Verhörmethode angewendet worden und eine psychische Schädigung die Folge ist, besteht ein Rechtsanspruch.“ Darüber hinaus scheint aber die Kritik der CDU an dem Urteil durchaus heftig zu sein, während die Opposition überwiegend eher zustimmend wirkt.

Man traut seinen Augen und Ohren nicht: Ausgerechnet die Fraktion, die für das Luftsicherheitsgesetz verantwortlich war, das die Tötung von Passagieren eines von Terroristen entführten Flugzeuges durch die Luftwaffe vorsah, was vom Bundesverfassungsgericht als Verstoß gegen die Menschenwürde und das Recht auf Leben gerügt werden musste, stellen jetzt das Folterverbot in Frage.

Auf der anderen Seite sind die Ausführungen des Frankfurter Landgerichts mit ihren Hinweisen auf den Europäischen Gerichtshof für Menschenrechte reichlich gedankenlos: Das Folterverbot wird als wissenschaftlich alternativlos dargestellt[577] und mit einer Apodiktik behauptet, die seit langem in der Staatsrechtswissenschaft zu diesem Problem nicht mehr gerechtfertigt ist.

Tatsächlich gibt es auf wissenschaftlicher Ebene seit einer Reihe von Jahren in der Welt (USA), aber auch in Deutschland eine Diskussion, ob nicht in ganz bestimmten, wenigen Sonderfällen (hier Fall Gäfgen) Schmerzandrohung aus Opferschutzgründen zu akzeptieren ist. Und wenn der Vorsitzende der Kammer an der zugegebenermaßen immer noch herrschenden Theorie eines absoluten Folterverbots festhält[578] und eine Reihe wichtiger Autoren des gegenwärtigen Staatsrechts einfach zu übersehen scheint, wird man an ähnliche Praktiken des Bundesverfassungsgerichts erinnert.[579] Jeder Öffentlichrechtler dürfte die Geschichte *Mathias Herdegens* im Zusammenhang mit seiner Neukommentierung des Art. 1 Abs.1 GG zur Menschenwürde in MDHS, 2003, Rn. 45 kennen, schon wegen des Aufschreis *Ernst-Wolfgang Böckenfördes*: „Die Menschenwürde war unantastbar!“

*Brugger*[580] grenzt das gedankliche Problem ein: „Zwar würde durch die Folter die Würde des Entführers verletzt, aber in einer solchen Situation von Würde gegen Würde kann und muss die Rechtsordnung sich auf die Seite des Opfers stellen und dem Täter die Preisgabe des Verstecks zumuten.“

---

577 Vgl. *Tomuschat* (Hrsg.), Menschenrechte, S. 292.

578 Dazu *Bielefeldt*, Essay Nr.6 und die dort S. 5, Fn. 3, Zitierten.

579 Zu diesen Autoren zählen *Brugger*, Folter, Der Staat 35 (1996), S. 67 ff; ders., Recht und Folter, in JZ 55 (2000), S. 165 ff; vgl. auch *Trapp*, Folter oder selbstverschuldete Rettungsbefragung, 2006.

580 *Brugger*, Einschränkungen APuZ 36, S. 14.

Ob das Bundesverfassungsgericht das genauso sieht, wird man bezweifeln müssen. Die stärkere Betonung rechtstheoretischer Überlegungen könnte jedenfalls auch der praktischen Rechtsfindung dienlich sein.

## Literaturverzeichnis


| | |
|---|---|
| Adams, Willi Paul | Republikanische Verfassung und bürgerliche Freiheit. Die Verfassungen und politischen Ideen der Amerikanischen Revolution 1763 – 1787, 1985. |
| Adenauer, Konrad | Erinnerungen 1945 – 1953, 1965. |
| Alexy, Robert | Theorie der juristischen Argumentation, 3. Aufl. 1996. |
| Anderson, Benedict | Imagined communities: Reflections on the Origin and Spread of Nationalism – übersetzt: Die Erfindung der Nation. Zur Karriere eines folgenreichen Konzepts, 1988 (zit. nach der Ausgabe von 1998). |
| Anschütz, Gerhard | Die Verfassung des Deutschen Reichs, Kommentar, vierte Bearbeitung, 14. Aufl., Berlin 1933. (zit.: *Anschütz*, Kommentar zur WRV). |
| Badura, Peter | Verfassungsänderung, Verfassungswandel, Gewohnheitsrecht, in: Isensee/Kirchhof, Handbuch des Staatsrechts, Band VII, § 160 (zit.: *Badura*, Handbuch des Staatsrechts, Band VII, § 160).<br>– Generalprävention und Würde des Menschen, JZ 1964, S. 340 ff. |
| Bartelsperger, Richard | Verfassung und verfassungsgebende Gewalt im vereinten Deutschland, DVBl. 1990, S. 1285 ff. |
| Bauer, Jost-Hubertus | Auf „Junk" folgt „Mangoldt" – Europarecht verdrängt deutsches Arbeitsrecht, NJW 2006, 6 ff. |
| Bielefeldt, Heiner | Menschenwürde und Folterverbot, Essay Nr. 6, 2007. |
| Bodin, Jean | Les six livres de la Republique, Paris 1576. |
| Böckenförde, Ernst-Wolfgang | Die verfassungsgebende Gewalt des Volkes – Ein Grenzbegriff des Verfassungsrechts, 1986 (zit.: *Böckenförde*, Grenzbegriff). Moderne deutsche Verfassungsgeschichte (Hrsg.) 1815 – 1918, 1972 (zit.: *Böckenförde*, Verfassungsgeschichte). |
| Bohne, Gotthold | Naturrecht und Gerechtigkeit, Festschrift für R. Lehmann, 1956. |
| Brugger, Winfried | Darf der Staat ausnahmsweise Foltern? in: Der Staat 31, 1996, S. 67 ff (zit.: *Brugger*, Staat).<br>- Vom unbedingten Verbot der Folter zum bedingten Recht auf Folter, in JZ 55, 2000, S. 165 ff (zit.: *Brugger*, Folter). |

- Einschränkungen des absoluten Folterverbots bei Rettungsfolter? in: Aus Politik und Zeitgeschichte 36, S. 14 ff, 2006 (zit.: *Brugger*, Einschränkungen).

Buscher, Daniel — Der Bundesstaat in Zeiten der Finanzkrise. Ein Beitrag zur Reform der deutschen Finanz- und Haushaltsordnung (Föderalismusreform), 2010.

Coing, Helmut — Naturrecht als wissenschaftliches Problem, 1964.

Czermak, Gerhard — Religiös-konservative Ideologie als juristisches Erkenntnismittel, in: Aufklärung und Kritik, Sonderheft 9/2004, S. 234 ff.

Di Fabio, Udo — Handbuch des Staatsrechts der Bundesrepublik Deutschland Bd. II, 2004 (zit.; *di Fabio*, HbStR, § …, Rn. ….

Dörner, Andreas — Politischer Mythos und symbolische Politik. Der Hermann-Mythos zur Entstehung des Nationalbewusstseins der Deutschen, 1996.

Dreier, Horst — - Grenzen demokratischer Freiheit im Verfassungsstaat, JZ 1994, S. 741 ff.
(Hrsg.): Grundgesetz, Kommentar, Band I: 2004, Band II: 1998, Band III: 2000 (zit.: *Dreier* in GG).
- Kommentierungen zur Präambel des GG und zu Art. 11 GG, in: Dreier, GG, Band I; Kommentierungen zu Art. 20 GG (Demokratie), Art. 79 I GG, Art. 79 II GG und Art. 79 III GG, in: Dreier, GG, Band II; Kommentierungen zu Art. 144 GG, 145 GG und 146 GG, in: Dreier, GG, Band III.

Dürig, Günter — Die Menschenauffassung des Grundgesetzes, JR 1952, S. 259 ff.

Ehmke, Horst — Grenzen der Verfassungsänderung, Berlin 1953.

Engisch, Karl — Einheit der Rechtsordnung, 1935.
- Die Idee der Konkretisierung in Recht und Rechtswissenschaft unserer Zeit, 1953; 2. ergänzte Aufl., ebd. 1968 (zit.: *Engisch*, Idee der Konkretisierung).

Estel, Bernd — Nation als Mythos, in: Wolfgang Frindte/Harald Pätzold (Hrsg.): Mythen der Deutschen. Deutsche Befindlichkeiten zwischen Geschichten und Geschichte, 1994.

Esser, Josef — Grundsatz und Norm in der richterlichen Fortbildung des Privatrechts, 1956, 3. Aufl. 1974.

Faber, Karl-Georg — Deutsche Geschichte im 19. Jahrhundert. Restauration und Revolution von 1815 – 1851, 1971.

Färber, Konrad Maria — Bayern wieder ein Königreich? Die monarchistische Bewegung nach dem zweiten Weltkrieg, in: Neuanfang, hrsg. von Wolfgang Benz, 1988.

| | |
|---|---|
| Feferman, Solomon u.a. | Collected Works of K. Gödel, Vol. 1–3, Oxford, 1986. |
| Flor, Georg | Gottesgnadentum und Herrschergnade: Über menschliche Herrschaft und göttliche Vollmacht, 1991. |
| Forsthoff, Ernst | Deutsche Verfassungsgeschichte der Neuzeit, 1972 (zit.: Verfassungsgeschichte).<br>- Begriff und Wesen des sozialen Rechtsstaats, in: Veröffentlichung der Vereinigung der Deutschen Staatsrechtslehrer Heft 12, S. 1 ff, 1954 (zit.: *Forsthoff*, VVdStRL). |
| Funk, Albert | Kleine Geschichten des Föderalismus in Deutschland. Vom Fürstenbund zur Bundesrepublik, 2010. |
| Geiger, Theodor | Ideologie und Wahrheit, 1. Aufl. Wien, 1953; 2. Aufl. Neuwied und Berlin, 1968 (zit.: *Geiger*, Ideologie).<br>- Vorstudien zu einer Soziologie des Rechts, 4. Aufl., 1987 (zit.: *Geiger,* Vorstudien). |
| Gödel, Kurt | Über formale und unentscheidbare Sätze der Principia Mathematica und verwandte Systeme I, in Monatsheft für Mathematik und Physik 38, 1931, S. 173 – 198).<br>-.Russels mathematische Logik, in Russel/Whitehead, Vorwort 1968 (zit.: *Gödel*, Russels mathematische Logik). |
| Grewe, Wilhelm G. | Das bundesstaatliche System des Grundgesetzes, DRiZ 1949, S. 349. |
| Habermas, Jürgen | Faktizität und Geltung, Beiträge zur Diskurstheorie des Rechts und des demokratischen Rechtsstaates, 1992 (zit.: *Habermas*, Faktizität).<br>- Wahrheitstheorien. in: Helmut Fahrenbach (Hrsg.): Wirklichkeit und Reflexion. Walter Schulz zum 60. Geburtstag, Pfullingen 1973 (zit.: *Habermas*, Wahrheitstheorien).<br>- Moralbewusstsein und kommunikatives Handeln, 1983 (zit.: *Habermas*, Moralbewusstsein). |
| Häberle, Peter | Die Wesensgehaltsgarantie des Art. 19 Abs. 2 GG – Zugleich ein Beitrag zum institutionellen Verständnis der Grundrechte und zur Lehre des Gesetzesvorbehalts. 3. Aufl., 1983 (zit.: *Häberle*, Wesensgehaltsgarantie).<br>- Gott im Verfassungsstaat? In Festschrift für Wolfgang Zeidler, Berlin/New York (zit.: *Häberle*, Gott). |
| Haenel, Albert | Das Gesetz im formellen und materiellen Sinne. Nachdruck zur „Studien zu deutschem Staatsrecht", 2. Bd., Heft 2, 1. Aufl. 1888, 2. Aufl. 1968. |
| Hain, Karl-E. | Kommentierung zu Art. 79 GG, in: von Mangoldt/Klein/Starck, GG, Band 3. |

von Haller, Ludwig — Restauration der Staatswissenschaft oder Theorie des natürlich-geselligen Zustands der Chimäre des künstlich-bürgerlichen entgegengesetzt, 1820.

Hart, H. L. A. — Der Positivismus und die Trennung von Recht und Moral, in Recht und Moral 1971, S. 14 ff.
- The Concept of Law, Oxford 1961 (zit.: *Hart*, Concept of Law, S. …).
- Causation in the Law (mit Tony Honore), Oxford 1959, 2. Aufl. 1985 (zit.: *Hart*, Causation).

Hassemer, Winfried — Strafbarkeit des Geschwisterinzest verfassungsgemäß – Sondervotum zum BVerfG 2 BvR 392/07 vom 26. Februar 2008.
- Tatbestand und Typus, 1968 (zit.: *Hassemer*, Tatbestand und Typus).
- In Arthur Kaufmann (Hrsg.) Rechtstheorie, 1971 (zit.: *Hassemer*, Rechtstheorie).

Haug, Hans — Die Schranken der Verfassungsrevision, Zürich 1947.

Heller, Hermann — Staatslehre, herausgegeben von Gerhart Niemeyer, Leiden 1934.

Henke, Wilhelm — Das Ende der Revolution und die verfassungsgebende Gewalt des Volkes, Der Staat 31 (1992), S. 265 ff (zit.: *Henke*, Der Staat 31, S. …).
- Die verfassungsgebende Gewalt des deutschen Volkes, Stuttgart 1957 (zit.: *Henke*, Die verfassungsgebende Gewalt des deutschen Volkes, S. …).

Henkel, Heinrich — Einführung in die Rechtsphilosophie, 1977.

Herzog, Roman — Kommentierung zu Art. 20 GG, 1980, in: Maunz/Dürig, GG (zit.: *Herzog*, MDHS, Rn. …).

Hildesheimer, Walther — Über die Revision moderner Staatsverfassungen, Tübingen 1918.

Hilgendorff, Eric — Festschrift für Winfried Brohm, 1995, S. 395 ff.

Hoerster, Norbert — Was ist Recht? Grundfragen der Rechtsphilosophie, 2006 (zit.: *Hoerster*, Grundfragen).
- Was ist Moral? s. o., 2008 (zit.: *Hoerster*, Was ist Moral? S. …).
- Was können wir wissen? s. o., 2010 (zit.: *Hoerster*, Was können wir wissen?, S. …).

Hoffmann, Hasso — Die versprochene Menschenwürde, AÖR 118 (1993), 353 ff (361).

Hofstadter, Douglas R. — Gödel, Escher, Bach, Originalausgabe New York 1979, übersetzt von Philipp Wolff-Windegg u. a. [13. Aufl.] München 1991.

Hume, David — A Treatise of Human Nature, 1740.

| | |
|---|---|
| Isensee, Josef | Schlussbestimmung des Grundgesetzes, Art. 146 in: Isensee/Kirchhof, Handbuch des Staatsrechts, Band VII, § 166 (zit.: *Isensee*, Schlussbestimmung). |
| Jellinek, Georg | Allgemeine Staatslehre, 3. Aufl. 1914, durchgesehen und ergänzt von Walter Jellinek, 3. Neudruck, Berlin 1921 (zit.: *G. Jellinek*, Staatslehre).<br>- System der subjektiven öffentlichen Rechte, 1905, Neudruck 1963 (zit.: *G. Jellinek*, System). |
| Jellinek, Walter | Grenzen der Verfassungsgesetzgebung, Berlin 1931. |
| Kann, Robert Adolf | Die Restauration als Phänomen der Geschichte, Graz 1974. |
| Kägi, Werner | Die Verfassung als rechtliche Grundordnung des Staates, 1945 (Neudruck 1971). |
| Kant, Immanuel | Kritik der reinen Vernunft, 1781, 1. Aufl.<br>- Die Metaphysik der Sitten, 1. Teil, Kants Gesammelte Schriften, Bd. VI, 1914 (zit.: *Kant*, Metaphysik). |
| Kaufmann, Erich | Kritik in der neukantischen Rechtsphilosophie. Eine Betrachtung über die Beziehungen zwischen Philosophie und Rechtswissenschaft, 1921. |
| Kelsen, Hans | Allgemeine Staatslehre, Berlin 1925.<br>- Reine Rechtslehre, 1. Aufl., Leipzig u. a. 1934; 2. Aufl., Wien 1960 (zit.: *Kelsen*, Reine Rechtslehre).<br>- Hauptprobleme der Staatsrechtslehre entwickelt aus der Lehre vom Rechtssatz, 1911, 2. und bearbeitete Aufl., 1923, Neudruck 1960 (zit.: *Kelsen*, Hauptprobleme). |
| Kirchhof, Paul | Brauchen wir ein erneuertes Grundgesetz? 1992.<br>- Der deutsche Staat im Prozess der europäischen Integration, in: Isensee/Kirchhoff, Handbuch des Staatsrechts, Band VII, § 183 (zit.: *Kirchhof*, Handbuch, § 183).<br>- Die Identität der Verfassung in ihren unabänderlichen Inhalten, in: Isensee/Kirchhof, Handbuch des Staatsrechts, 1. Aufl., Band I, § 19 (zit.: *Kirchhof*, Handbuch, § 19). |
| Klingelhöfer, Erich | Die Reichsgesetze von 1220, 1231/1232, 1235. Ihr Werden und ihre Wirkung im deutschen Staat Friedrichs II, 1955. |
| Koch, Walter | Statutum in favorem principum, Lexikon des Mittelalters, Bd. 8, 1999, Sp. 75 ff. |
| von Kutschera, Franz | Das Sein-Sollen-Problem, 1977. |
| Laband, Paul | Das Staatsrecht des Deutschen Reiches, 5. Aufl., zweiter Band, 1911. |

Larenz, Karl — Methodenlehre der Rechtswissenschaft, 6. Aufl., Berlin u. a. 1991.

Leenen, Detlef — Typus und Rechtsfindung. Die Bedeutung der typologischen Methode für die Rechtsfindung, dargestellt am Vertragsrecht des BGB, 1971.

Leggewie, Claus — Der Mythos des Neuanfangs. Gründungsetappen der Bundesrepublik Deutschland, 1949 – 1968 – 1989 in Helmut Berding (Hrsg.). Mythos und Nation. Studien zur Entwicklung des kollektiven Bewusstseins in der Neuzeit, 1996.

Lindemann — Körper und Namen des Menschen, DVBl. 1957.

Mangoldt, Hermann v. / Klein, Friedrich — Das Bonner Grundgesetz, 2. Aufl. (1957), Band III, München 1974 (zit.: Bearb. in *v. Mangoldt/Klein*).

Marcic, Renee — Vom Gesetzesstaat zum Richterstaat, Wien 1965.

Maunz, Theodor — Die verfassungsgebende Gewalt im Grundgesetz, DÖV 1953, S. 645 ff.
- Kommentierung zur Präambel des GG, 1991; alte Kommentierung zur Präambel des GG, 1976; alte Kommentierung zu Art. 146 GG, 1976; in: Maunz/Dürig, GG.
- Starke und schwache Normen in der Verfassung, in: Süsterhenn u. a. FS Laforet, 1952 (zit.: *Maunz*, Festschrift für Laforet).
- Deutsches Staatsrecht, 1955 (zit.: *Maunz*, Staatsrecht).

Maunz, Theodor / Dürig, Günter — Kommentierung zu Art. 79 GG, 1960, in: Maunz/Dürig, GG (zit.: *Maunz/Dürig* in MD).

Maunz, Theodor / Dürig, Günter u. a. — Grundgesetz, Kommentar, München, Stand Februar 2003 (Loseblatt) (zit.: Bearb. in MDHS).

Maurer, Hartmut — Staatsrecht I, 3. Aufl., München 2003 (zit.: *Maurer*, Staatsrecht).

Merkel, Karlheinz — Die verfassungsgebende Gewalt des Volkes, 1996.

Merkel, Reinhard — Forschungsobjekt Embryo. Verfassungsrechtliche und ethische Grundlagen der Forschung an menschlichen embryonalen Stammzellen, 2002.

Meyer-Goßner, Lutz — Die Verfassungsmäßigkeit des Art. 79 Abs. I Satz 2 des Grundgesetzes für die Bundesrepublik Deutschland, Diss., 1962.

Möller, Hartmut — Die verfassungsgebende Gewalt des Volkes und die Schranken der Verfassungsrevision: Eine Untersuchung zum Art. 79 Abs. 3 GG und zur verfassungsgebenden Gewalt nach dem Grundgesetz, Diss. Universität Hamburg, 2004.

Moore, Georg Edward — Principia Ethica, Cambridge University Press, 1903.

| | |
|---|---|
| Müller, Friedrich | Normstruktur und Normativität. Zum Verhältnis von Recht und Wirklichkeit in der juristischen Hermeneutik, entwickelt an Fragen der Verfassungsinterpretation, 1966 (zit.: *Müller*, Normstruktur, S. …). |
| von Münch, Ingo (Hrsg.) | Grundgesetz, Kommentar, 1. Aufl., Band 1:, Band 3:, München 1978 (zit.: Bearb. in *von Münch*, GG, 1. Aufl.).<br>- Dokumente des geteilten Deutschland, 1976 (zit.: *von Münch*, Dokumente). |
| von Münch, Ingo (Begr.) / Kunig, Philip (Hrsg.) | Grundgesetz, Kommentar, Band 1: 5. Aufl., 2000, Band 2: 4./5. Aufl., 2001, Band 3: 4./5. Aufl., 2003 (zit.: Bearb. in *v. M./K.*) Münkler, Henfried: Die Deutschen und ihre Mythen, 2009. |
| Murswiek, Dietrich | Das Wiedervereinigungsgebot des Grundgesetzes und die Grenzen der Verfassungsänderung, 1999 (zit.: *Murswiek*, Wiedervereinigungsgebot).<br>- Die verfassungsgebende Gewalt nach dem Grundgesetz für die Bundesrepublik Deutschland, Berlin 1978.<br>- Maastricht und der Pouvoir Constituant, Der Staat 32 (1993), S. 161 ff.<br>- Ungeschriebene Ewigkeitsgarantien in der Verfassung, Papers und Reprints aus dem Institut für Öffentliches Recht, 2008 (zit.: *Murswiek,* Ewigkeitsgarantien). |
| Nawiasky, Hans / Leusser, Claus / Schweiger, Karl / Zacher, Hans F. | Die Verfassung des Freistaates Bayern, Kommentar 2. Aufl., 1976. |
| Nef, Hans | Materielle Schranken der Verfassungsrevision, Zeitschrift für schweizerisches Recht, N. F. 61 (1942), S. 108 ff. |
| von Nell-Breuning | Die soziale Enzyklika, 1932.<br>- Wirtschaft und Gesellschaft heute, 3 Bde., 1956 – 1960<br>- Zur christlichen Gesellschaftslehre (mit Hermann Sacher), 1947 |
| Nettesheim, Martin | Entmündigung der Politik, in FAZ.NET vom 31.07.2010. |
| Nipperdey, Hans Carl | Die Würde des Menschen, in: Neumann-Nipperdey-Scheuner, Die Grundrechte, Zweiter Band, 1954. |
| Nipperdey, Thomas | Der Föderalismus in der deutschen Geschichte, in: Nachdenken über die Geschichte, 1986 (zit.: *Nipperdey*, Föderalismus, S. …). |

Ossenbühl, Fritz — Verwaltungsvorschriften und Grundgesetz, 1968.

Parlamentarischer Rat — Der Parlamentarische Rat 1948 – 1949: Akten und Protokolle, herausgegeben vom Deutschen Bundestag und vom Bundesarchiv, Band 2: Boppard am Rhein 1981, Band 5/I und 5/II: Boppard am Rhein 1993, Band 7: Boppard am Rhein 1995, Band 11: München 1997, Band 13, Teilband I und II: München 2002 (zit.: Parlamentarischer Rat, Akten und Protokolle).
- Stenographische Berichte über die Plenarsitzungen [ohne Titel, Bonn 1948/1949].
- Verhandlungen des Hauptausschusses [ohne Titel, Bonn 1948/1949].

Peters, Hans — Auslegung der Grundrechtsbestimmungen aus der Geschichte, Hist. Jb. 72 Jg. (1953).

Prantl, Heribert — Nur kein Streit, in Süddeutsche Zeitung vom 27.08.2010.

Quaritsch, Helmut — Staat und Souveränität, Band 1, 1970.

Radbruch, Gustav — Gesetzliches Unrecht und übergesetzliches Recht, SJZ 1946, S. 105 ff.
- Vorschule der Rechtsphilosophie, 2. Auf., 1959, S. 34.

Rath, Christian — Niederlage für nationale Hardliner. Karlsruhe bläst die Attacke ab, in Taz.de vom 26.08.2010.

Rauschning, Dietrich — Die Sicherung der Beachtung von Verfassungsrecht, 1969.

Redslob, Robert — Die Staatstheorien der französischen Nationalversammlung von 1789, 1912.

Ridder, Helmut — Die neueren Entwicklungen des Rechtsstaates, in: Schöneburg, K.-H. (Hrsg.), Wahrheit und Wahrhaftigkeit in der Rechtsphilosophie, 1987 (zit.: *Ridder*, Entwicklung).
- Parlamentarische Demokratie und autoritärer Staat, in „Diskus“ 1956 (zit.: *Ridder*, Parlamentarische Demokratie, S. …).

Rode, Karlheinz — Rechtsbindung und Staatszielbestimmung, Zugleich ein Beitrag zum Wesen des Rechtssatzes, 2010.

Roellecke, Gerd — Verfassungsgebende Gewalt als Ideologie, JZ 1992, S. 929 ff.

Rousseau, Jean-Jacques — Du contrat social ou principes du droit politique, 1. Aufl., Amsterdam 1762.

Rupp, Hans Heinrich — Grundfragen der heutigen Verwaltungslehre und Verwaltungsverständnis, 1965.

| | |
|---|---|
| Rupp von Brünnek, Wiltraut/Simon, Helmut | Minderheitenvotum zur Novellierung des § 218 StGB, in Tohidipur, M. (Hrsg.), Verfassung, Verfassungsgerichtsbarkeit, Politik, 1976. |
| Russel, Bertrand | Mathematical logic as based on the theory of types, in American Journal of Mathematics 30 (1908). |
| Russel, Bertrand / Whitehead, Alfred North | Principia Mathematica, Bd. 1, 1910 |
| Salamun, Kurt | Perspektiven einer Ideologietheorie im Sinne des kritischen Rationalismus, in Karl R. Popper und die Philosophie des kritischen Rationalismus: Zum 85. Geburtstag von Karl R. Popper, Bd. 14 von Studien zur österreichischen Philosophie, 1989. |
| Sander, Fritz | Allgemeine Staatslehre. Eine Grundlegung, 1936. |
| Savigny, Friedrich-Carl | System des heutigen Römischen Rechts, 1. Bd., 1840.<br>- Vom Beruf unserer Zeit für Gesetzgebung und Rechtswissenschaft, 1814 (zit.: *Savigny*, Gesetzgebung und Rechtswissenschaft, S. …). |
| Schmid, Carlo | Erinnerungen, Bern u. a. 1979. |
| Schmitt, Carl | Die Diktatur, München u. a. 1921 (zit.: *Carl Schmitt*, Diktatur).<br>- Verfassungslehre, München u. a. 1928 (zit.: *Schmitt* Verfassungslehre). |
| Schmitt, Eberhard | Repräsentation und Revolution, München 1969. |
| Schneider, Hans-Peter | Die verfassungsgebende Gewalt, in: Isensee / Kirchhof, Handbuch des Staatsrechts, Band VII § 158, 1992 (zit.: *Schneider*, Verfassungsgebende Gewalt, Rn. …). |
| Schreiber, Hans-Ludwig | Der Der Begriff der Rechtspflicht: Quellenstudien zu seiner Geschichte, 1966. |
| Schurz, Gerhard | The Is – Ougt – Problem, Dordrecht 1997. |
| Selzam, Joachim | Monarchistische Strömungen in der Bundesrepublik Deutschland 1945–1989, Diss. Nürnberg-Erlangen, 1994. |
| Sieyès, Emmanuel Joseph | Qu'est – ce que le Tiers état? Kritische Ausgabe, herausgegeben von Roberto Zappen [Erstausgabe 1789] Genf 1970 (zit.: *Sieyès*, Tiers Etat). |
| Starck; Christian | Menschenwürde als Verfassungsgarantie im modernen Staat, JZ 1981, S. 457 ff. |
| Steiner, Udo | Verfassungsgebung und verfassungsgebende Gewalt des Volkes, Berlin 1966. |
| Storost, Ulrich | Das Ende der Übergangszeit, Der Staat 29 (1990), S. 321 ff. |
| Talmon, J. L., [Yaakov Leib] | The Origins of Totalitarian Democracy, Erstausgabe 1952, Neudruck London 1955. |

Tarski, Alf4red — Truth and Proof, Scientific American 220, 1969.

Thatcher, Margaret — Downing Street No. 10 – Die Erinnerungen, 2. Aufl., Düsseldorf, Wien, New York, Moskau 1993.

Tomuschat, Christian — Verfassungsgewohnheitsrecht? Heidelberg 1972 (zit.: *Tomuschat*, Verfassungsgewohnheitsrecht).
- (Hrsg.) Menschenrechte. Eine Sammlung internationaler Dokumente zum Menschenrechtsschutz, 2. Aufl., 2002 (zit.: *Tomuschat*, Menschenrechte).

Topitsch, Ernst — Erkenntnis und Illusion. Grundstrukturen unserer Weltauffassung, 1979 (zit.: *Topitsch*, Erkenntnis).
- Naturrecht im Wandel des Jahrhunderts, in Aufklärung und Kritik 1/Graz 1994, S. 1 ff, Graz (zit.: *Topitsch*, Naturrecht).
- Ideologiekritik und Demokratietheorie bei Hans Kel sen (Hrsg. mit Krawietz und Peter Koller), 1982 (zit.: Ideologiekritik und Demokratietheorie).

Trapp, Rainer — Folter oder selbstverschuldete Rettungsbefragung, 2006.

Vogel, Hans-Jürgen — Gewaltenvermischung statt Gewaltenteilung, NJW 1996, 1505 ff.

Vosskuhle, Andreas — Fruchtbares Zusammenspiel, FAZ.NET, 31. Juli 2010.

Weber, Max — Wirtschaft und Gesellschaft. Grundriss der verstehenden Soziologie, 1. Handband, 1972 (zit.: *Weber*, Wirtschaft).
- Die „Objektivität" sozialwissenschaftlicher und sozialpolitischer Erkenntnis, Gesammelte Aufsätze zur Wissenschaftslehre, 1922, 3. Aufl., 1968 (zit.: *Weber*, Ausätze).

Wernicke, Kurt Georg — Kommentierung zu Art. 1 Abs. 3 GG a. F. [Erstbearbeitung], in Dolzer u. a., Bonner Kommentar zum GG (zit.: *Wernicke*, in BK).

Wertenbruch, Wilhelm — Grundgesetz und Menschenwürde, 1977.

Wintrich, Josef — Über Eigenart und Methode verfassungsgerichtlicher Rechtsprechung, in Festschrift für Laforet, 1952, S. 227 ff.

Wittekindt, Christoph — Materiell-rechtliche Schranken von Verfassungsänderungen im deutschen und französischen Verfassungsrecht, 2000.

Wolff, Hans-J. — Rechtsgrundsätze und verfassungsgestaltende Grundentscheidungen als Rechtsquellen, in: Bachof, Otto u. a. (Hrsg.), Forschungen und Berichte aus dem öffentlichen Recht, Gedächtnisschrift für Walter Jellinek, 1955.

| | |
|---|---|
| Wuermeling, Joachim | Was bleibt noch vom Lissabon-Urteil? in Europa Professionel vom 30.08.2010. |
| Zweig, Egon | Die Lehre vom Pouvoir Constituant, 1909. |

**Schriften zum internationalen und zum öffentlichen Recht**

Herausgegeben von Gilbert Gornig

Band 1 Michael Waldstein: Das Asylgrundrecht im europäischen Kontext. Wege einer europäischen Harmonisierung des Asyl- und Flüchtlingsrechts. 1993.

Band 2 Axel Linneweber: Einführung in das US-amerikanische Verwaltungsrecht. Kompetenzen, Funktionen und Strukturen der „Agencies" im US-amerikanischen Verwaltungsrecht. 1994.

Band 3 Tai-Nam Chi: Das Herrschaftssystem Nordkoreas unter besonderer Berücksichtigung der Wiedervereinigungsproblematik. 1994.

Band 4 Jörg Rösing: Beamtenstatut und Europäische Gemeinschaften. Eine Untersuchung zu den gemeinschaftsrechtlichen Anforderungen an die Freizügigkeit der Arbeitnehmer im Bereich des öffentlichen Dienstes. 1994.

Band 5 Wolfgang Wegel: Presse und Rundfunk im Datenschutzrecht. Zur Regelung des journalistischen Umgangs mit personenbezogenen Daten. 1994.

Band 6 Sven Brandt: Eigentumsschutz in europäischen Völkerrechtsvereinbarungen. EMRK, Europäisches Gemeinschaftsrecht, KSZE – unter Berücksichtigung der historischen Entwicklung. 1995.

Band 7 Alejandro Alvarez: Die verfassunggebende Gewalt des Volkes unter besonderer Berücksichtigung des deutschen und chilenischen Grundgesetzes. 1995.

Band 8 Martin Thies: Zur Situation der gemeindlichen Selbstverwaltung im europäischen Einigungsprozeß. Unter besonderer Berücksichtigung der Vorschriften des EG-Vertrages über staatliche Beihilfen und der EG-Umweltpolitik. 1995.

Band 9 Rolf-Oliver Schwemer: Die Bindung des Gemeinschaftsgesetzgebers an die Grundfreiheiten. 1995.

Band 10 Holger Kremser: „Soft Law" der UNESCO und Grundgesetz. Dargestellt am Beispiel der Mediendeklaration. 1996.

Band 11 Michael Silagi: Staatsuntergang und Staatennachfolge: mit besonderer Berücksichtigung des Endes der DDR. 1996.

Band 12 Reinhard Franke: Der gerichtliche Vergleich im Verwaltungsprozeß. Auch ein Beitrag zum verwaltungsrechtlichen Vertrag. 1996.

Band 13 Christoph Eichhorn: Altlasten im Konkurs. 1996.

Band 14 Dietrich Ostertun: Gewohnheitsrecht in der Europäischen Union. Eine Untersuchung der normativen Geltung und der Funktion von Gewohnheitsrecht im Recht der Europäischen Union. 1996.

Band 15 Ulrike Pieper: Neutralität von Staaten. 1997.

Band 16 Harald Endemann: Kollektive Zwangsmaßnahmen zur Durchsetzung humanitärer Normen. Ein Beitrag zum Recht der humanitären Intervention. 1997.

Band 17 Jochen Anweiler: Die Auslegungsmethoden des Gerichtshofs der Europäischen Gemeinschaften. 1997.

Band 18 Henrik Ahlers: Grenzbereich zwischen Gefahrenabwehr und Strafverfolgung. 1998.

Band 19 Heinrich Hahn: Der italienische Verwaltungsakt im Lichte des Verwaltungsverfahrensgesetzes vom 7. August 1990 (Nr. 241/90). Eine rechtsvergleichende Darstellung. 1998.

Band 20 Christoph Deutsch: Elektromagnetische Strahlung und Öffentliches Recht. 1998.

Band 21 Cordula Fitzpatrick: Künstliche Inseln und Anlagen auf See. Der völkerrechtliche Rahmen für die Errichtung und den Betrieb künstlicher Inseln und Anlagen. 1998.

Band 22 Hans-Tjabert Conring: Korporative Religionsfreiheit in Europa. Eine rechtsvergleichende Betrachtung. Zugleich ein Beitrag zu Art. 9 EMRK. 1998.

Band 23 Jörg Karenfort: Die Hilfsorganisation im bewaffneten Konflikt. Rolle und Status unparteiischer humanitärer Organisationen im humanitären Völkerrecht. 1999.

Band 24 Matthias Schote: Die Rundfunkkompetenz des Bundes als Beispiel bundesstaatlicher Kulturkompetenz in der Bundesrepublik Deutschland. Eine Untersuchung unter besonderer Berücksichtigung natürlicher Kompetenzen und der neueren Entwicklung im Recht der Europäischen Union. 1999.

Band 25 Hermann Rothfuchs: Die traditionellen Personenverkehrsfreiheiten des EG-Vertrages und das Aufenthaltsrecht der Unionsbürger. Eine Gegenüberstellung der vertraglichen Gewährleistungen. 1999.

Band 26 Frank Alpert: Zur Beteiligung am Verwaltungsverfahren nach dem Verwaltungsverfahrensgesetz des Bundes. Die Beteiligtenstellung des § 13 Abs. 1 VwVfG. 1999.

Band 27 Matthias Reichart: Umweltschutz durch völkerrechtliches Strafrecht. 1999.

Band 28 Nikolas von Wrangell: Globalisierungstendenzen im internationalen Luftverkehr. Entwicklung der Regulierung und Liberalisierung unter Berücksichtigung strategischer Allianzen und des Code-Sharing. 1999.

Band 29 Marietta Hovehne: Ein demokratisches Verfahren für die Wahlen zum Europäischen Parlament. Legitimation gemeinschaftlicher Entscheidungsstrukturen im europäischen Integrationsprozeß. 1999.

Band 30 Nina Kaden: Der amerikanische Clean Air Act und das deutsche Luftreinhalterecht. Eine rechtsvergleichende Untersuchung. 1999.

Band 31 Brigitte Daum: Grenzverletzungen und Völkerrecht. Eine Untersuchung der Rechtsfolgen von Grenzverletzungen in der Staatenpraxis und Folgerungen für das Projekt der International Law Commission zur Kodifizierung des Rechts der Staatenverantwortlichkeit. 1999.

Band 32 Andreas Fürst: Die bildungspolitischen Kompetenzen der Europäischen Gemeinschaft. Umfang und Entwicklungsmöglichkeiten. 1999.

Band 33 Gilles Despeux: Die Anwendung des völkerrechtlichen Minderheitenrechts in Frankreich. 1999.

Band 34 Michael Reckhard: Die rechtlichen Rahmenbedingungen der Sanktionierung von Beitragsverweigerung im System der Vereinten Nationen. 1999.

Band 35 Carsten Pagels: Schutz- und förderpflichtrechtliche Aspekte der Religionsfreiheit. Zugleich ein Beitrag zur Auslegung eines speziellen Freiheitsrechts. 1999.

Band 36 Bernhard Mehner: Die grenzüberschreitende Wirkung direktempfangbaren Satellitenfernsehens aus völkerrechtlicher Sicht. 2000.

Band 37 Karl-Josef Ulmen: Pharmakologische Manipulationen (Doping) im Leistungssport der DDR. Eine juristische Untersuchung. 2000.

Band 38 Jochen Starke: Die verfassungsgerichtliche Normenkontrolle durch den Conseil constitutionnel. Zum Kompetenztitel des Art. 61 der französischen Verfassung. 2000.

Band 39 Marco Herzog: Rechtliche Probleme einer Inhaltsbeschränkung im Internet. 2000.

Band 40 Gilles Despeux: Droit de la délimitation maritime. Commentaire de quelques décisions plutoniennes. 2000.

Band 41 Christina Hackel: Der Untergang des Landes Braunschweig und der Anspruch auf Restitution nach der Wiedervereinigung Deutschlands. 2000.

Band 42 Peter Aertker: Europäisches Zulassungsrecht für Industrieanlagen. Die Richtlinie über die integrierte Vermeidung und Verminderung der Umweltverschmutzung und ihre Auswirkungen auf das Anlagenzulassungsrecht der Bundesrepublik Deutschland. 2000.

Band 43 Karsten Bertram: Die Gesetzgebung zur Neuregelung des Grundeigentums in der ersten Phase der Französischen Revolution (bis 1793) und deren Bedeutung für die deutsche Eigentumsdogmatik der Gegenwart. 2000.

Band 44 Ulrike Hartmann: Die Entwicklung im internationalen Umwelthaftungsrecht unter besonderer Berücksichtigung von *erga omnes*-Normen. 2000.

Band 45 Thomas Jesch: Die Wirtschaftsverfassung der Sonderverwaltungsregion Hongkong. Eine Darstellung vor dem Hintergrund der Wiedereingliederung in die Souveränität der Volksrepublik China. 2001.

Band 46 Sven Gottschalkson: Der Ausschluß des Zivilrechtsweges bei Eigentumsverlusten an Immobilien in der ehemaligen DDR. 2002.

Band 47 Gilbert Hanno Gornig / Gilles Despeux: Seeabgrenzungsrecht in der Ostsee. Eine Darstellung des völkerrechtlichen Seeabgrenzungsrechts unter besonderer Berücksichtigung der Praxis der Ostseestaaten. 2002.

Band 48 Andreas Zühlsdorff: Rechtsverordnungsersetzende Verträge unter besonderer Berücksichtigung des Umweltrechts. 2003.

Band 49 Katja Schmitz: Durchgriffswirkung von Maßnahmen der UN und ihrer Sonderorganisationen unter besonderer Berücksichtigung von Resolutionen des UN-Sicherheitsrates – Die Entwicklung supranationaler Strukturen. 2003.

Band 50 Stefanie Rothenberger: Die angemessene Nutzung gemeinschaftlicher Ressourcen am Beispiel von Flüssen und speziellen Ökosystemen. Eine vergleichende Betrachtung zum modernen Verständnis eines klassischen völkerrechtlichen Nutzungsprinzips. 2003.

Band 51 Christoph von Burgsdorff: Die Umsetzung der EG-Datenschutzrichtlinie im nicht-öffentlichen Bereich. Möglichkeit einer zukunftsorientierten Konzeption des Datenschutzes in der Privatwirtschaft unter besonderer Berücksichtigung des BDSG. 2003.

Band 52 Frank Reinhardt: Powerline. Verfassungs-, verwaltungs- und telekommunikationsrechtliche Probleme. 2003.

Band 53 Chie Sato: Immunität Internationaler Organisationen. 2004.

Band 54 Johannes Thoma: EU-Recht und Schranken hoheitlicher Staatstätigkeit. 2004.

Band 55 Wolf Peterhoff: Rechtsansprüche enteigneter Volksgruppen und ihre Durchsetzbarkeit. 2004.

Band 56 Do-Hyub Kim: Das deutsche parlamentarische Regierungssystem als mögliches Modell für Korea. 2004.

Band 57 Alexander Koberg: Die Exilregierung im Völkerrecht. Eine Untersuchung ihrer rechtlichen Klassifikation. 2005.

Band 58 Nils Christian Carstensen: Das Verhältnis des Seerechtsübereinkommens der Vereinten Nationen von 1982 zu fischereirechtlichen Übereinkommen und deren Streitbeilegungsvorschriften. 2005.

Band 59 Oliver Franz: Osttimor und das Recht auf Selbstbestimmung. Eine Untersuchung zur Anwendung des Selbstbestimmungsrechts der Völker am Beispiel Osttimors. 2005.

Band 60 Michael Kadgien: Das Habsburgergesetz. 2005.

Band 61 Felix Wolf: Terrorversicherungen und europäisches Wettbewerbsrecht. Verschiedene Modelle staatlicher Beteiligung an einer Terrorversicherung für Wirtschaftsbetriebe und ihre Vereinbarkeit mit dem europäischen Wettbewerbsrecht. 2005.

Band 62 Heiko Bertelmann: Die Europäisierung des Staatshaftungsrechts. Eine Untersuchung zum Einfluss des Europäischen Gemeinschaftsrechts auf das deutsche Staatshaftungsrecht unter besonderer Berücksichtigung der Haftung für judikatives Unrecht. 2005.

Band 63 Cedric Christian Meyer: Konkretisierung unbestimmter Rechtsbegriffe im deutschen und französischen Anlagenzulassungsrecht. 2005.

Band 64 Philippe Gréciano: Die Gerichtsbarkeit der Europäischen Gemeinschaften. Rechtsprechung und Rechtssprache Europas aus französischer Perspektive. Mit einem Vorwort von Theodor Öhlinger. 2007.

Band 65 Anne-Louise Schümer: Die Stellung des Ministerpräsidenten in den Bundesländern im Vergleich. 2006.

Band 66 Helen Ghebrewebet: Identifying Units of Statehood and Determining International Boundaries. A Revised Look at the Doctrine of *Uti Possidetis* and the Principle of Self-Determination. 2006.

Band 67 Arne Hertel: Beihilfen an kleine und mittlere Unternehmen. 2006.

Band 68 Markus Günther: Europol. Rechtsschutzmöglichkeiten und deren Vereinbarkeit mit nationalen und internationalen Anforderungen. 2006.

Band 69 Christian Wicker: The Concepts of Proportionality and State Crimes in International Law. An Analysis of the Scope of Proportionality in the Right of Self-Defence and in the Regime of International Countermeasures and an Evaluation of the Concept of State Crimes. 2006.

Band 70 Hauke Stöwsand: Zyperns Beitritt zur Europäischen Union. Vom Antrag auf Mitgliedschaft bis zum Protokoll der Beitrittsakte. 2007.

Band 71 Natalie Rowohl: Weltbank und Internationaler Währungsfonds: Ihre Mandate und deren Abgrenzung. Stand und Reformvorschläge. 2007.

Band 72 Ru-Huei Liu: Europäisierung des deutschen Umweltrechts. 2008.

Band 73 Katja Lange: Der Status der Aufständischen im modernen humanitären Völkerrecht. 2007.

Band 74 Tarik El-Shabassy: Die Durchsetzung finanzieller Sanktionen der Europäischen Gemeinschaften gegen ihre Mitgliedstaaten. 2008.

Band 75 Karsten Seifert: Das interamerikanische System zum Schutz der Menschenrechte und seine Reformierung. 2008.

Band 76 Nora Graaff: Staatenverantwortlichkeit. Vom „völkerrechtlichen Verbrechen" zur „schwerwiegenden Verletzung einer zwingenden Völkerrechtsnorm" anhand der ILC-Kodifikationsarbeit. 2008.

Band 77 Aldona Szczeponek: Die Umsetzung des Völkerrechts und des europäischen Gemeinschaftsrechts in Polen. Unter Berücksichtigung verfassungsrechtlicher Lösungen anderer europäischer Staaten. 2008.

Band 78 Christian Friedrich Fonk: Europäische Luftqualitätsziele und nationale Erfüllungsverantwortung. 2009.

Band 79 Christina Prinzhorn: Der Grundsatz des öffentlichen Zugangs zu amtlichen Dokumenten aus der Perspektive des internationalen Rechts. Materiell-rechtliche Vorgaben durch das internationale Recht für Informationszugangsrechte in den nationalen Rechtsordnungen Europas. 2009.

Band 80 Steffen Eicker: Der Deutsch-Herero-Krieg und das Völkerrecht. Die völkerrechtliche Haftung der Bundesrepublik Deutschland für das Vorgehen des Deutschen Reiches gegen die Herero in Deutsch-Südwestafrika im Jahre 1904 und ihre Durchsetzung vor einem nationalen Gericht. 2009.

Band 81 Niels Beisinghoff: Corporations and Human Rights. An Analysis of ATCA Litigation against Corporations. 2009.

Band 82 Gesine Wolf-Zimper: Zielgerichtete Sanktionen des Sicherheitsrates der Vereinten Nationen und effektiver Rechtsschutz. 2009.

Band 83 David Bergius: Die offene Frage des Privateigentums der Vertriebenen im deutsch-polnischen Verhältnis. 2009.

Band 84 Axel Rolf Schneider: Petitionen zum Europäischen Parlament mit Berücksichtigung des Bürgerbeauftragten. 2009.

Band 85 Tobias Nord: Rechtsnachfolge bei zwischenstaatlichen Organisationen. 2010.

Band 86 Marcel Bongard: Emissionshandel und effektiver Rechtsschutz: Ein unvereinbarer Gegensatz? Eine Untersuchung zu den Auswirkungen marktwirtschaftlicher Umweltschutzinstrumente auf den Individualrechtsschutz am Beispiel des Emissionshandelssystems. 2010.

Band 87 Armin Huhn: Amtshaftung im bewaffneten Auslandseinsatz. Anwendbarkeit und Leistungsfähigkeit des Amtshaftungsrechts bei Verletzung des *ius in bello*. 2010.

Band 88 Johannes Mosters: Ethische Beschaffung. Sekundärzwecke im Zeitalter der Globalisierung. 2010.

Band 89 Thomas Herntrich: Thüringen. Von den thüringischen Kleinstaaten nach Zerfall des Alten Reiches bis zum Freistaat Thüringen. Eine völkerrechtliche und verfassungsrechtliche Betrachtung. 2010.

Band 90 Marcelo Antonio Villagrán Abarzúa: Verfassungsrechtliche Grundlagen der Gemeindeverwaltung in Chile. Auch ein Beitrag zur Dezentralisierung und Dekonzentration. 2010.

Band 91 Manfred Hechtl: Die offensive Defensive: Das Recht der präventiven Selbstverteidigung? Lösungsansätze für (scheinbare) Bedrohungen durch einzelne Staaten und internationale Terrornetzwerke. 2011.

Band 92 Christian Grüner: Quantität und Qualität der europäischen Rechtsetzung. 2011.

Band 93 Anna Keller: Der neue Rechtsrahmen für den öffentlichen Rundfunk in Frankreich. 2011.

Band 94 Jörn Eschment: Musterprozesse vor dem Europäischen Gerichtshof für Menschenrechte. Probleme und Perspektiven des Piloturteilsverfahrens. 2011.

Band 95 Marija Dietrich: Staatliches Souveränitätsverständnis im Wandel der gesellschaftspolitischen Strukturen. Eine Perspektive der Europäischen Union nach Inkrafttreten des Vertrags von Lissabon. 2011.

Band 96 Philipp Austermann: Die Anrechnungsbestimmungen im Abgeordnetenrecht des Bundes und der Länder. Eine verfassungsrechtliche und verfassungspolitische Untersuchung unter besonderer Berücksichtigung des Abgeordnetenstatus. 2011.

Band 97 Gilbert Gornig (Hrsg.): Krisengebiete der Welt. Völkerrechtliche und politische Aspekte. 2011.

Band 98 Jörg Brackmann: Genehmigung, Anmeldung und Anzeige gentechnischer Arbeiten und Anlagen. Nach den Änderungen des Gentechnikrechts 2002, 2005 und 2008. 2011.

Band 99 Giuseppe de Vergottini / Valeria Piergigli (eds.): Topographical Names and Protection of Linguistic Minorities. 2011.

Band100 Nevzat Kirkagac: Verdachtsausweisungen im deutschen Rechtsstaat. 2011.

Band101 Karlheinz Rode: Verfassungsidentität und Ewigkeitsgarantie. Anmerkungen zu einem Mythos der Deutschen Staatsrechtslehre. 2012.

www.peterlang.de